대한민국을 세일즈하라

한국무역협회 지음

한국경제신문

Copyright ⓒ 2004, 한국무역협회

이 책은 한국경제신문 한경BP가 발행한 것으로
본사의 허락없이 이 책의 일부 혹은
전체를 복사하거나 전재하는 행위를 금합니다.

발간사

　우리나라 수출이 1억 달러를 달성한 1964년 11월 30일을 수출의 날로 제정했고, 그 후 1987년 그 명칭이 무역의 날로 변경되었으며, 지난 2003년은 40돌이 되는 해였습니다.

　지난해 우리 수출은 1,943억 달러에 달했고, 2004년에는 대망의 2,000억 달러를 상회할 것으로 전망되며, 이와 같은 성과는 우리 무역인들의 피땀 어린 노력과 정부의 적극적인 지원의 결과라고 생각합니다.

　특히 수출은 지난 40년 간 급변하는 국내외 환경 속에서 우리 경제 성장의 견인차 역할을 담당했으며, 고용증대를 위한 중요한 밑거름이 되었습니다. 그러나 젊은 세대들은 수출 증대를 통한 경제성장 과정이 얼마나 힘들고 어려운지 잘 알지 못하고 있습니다.

지난 40년 간 수출 견본을 들고 5대양 6대주를 누볐으며, 밤잠을 자지 않고 좋은 품질의 제품을 만들어 정해진 납기에 선적하기 위해 뜬눈으로 밤을 새운 선배 무역인들의 노력이 없었다면, 오늘날 우리 경제가 세계 12위 무역대국이 되기는 어려웠을 것입니다.

이에 따라 우리 협회는 무역의 날 40주년을 기념하고 수출현장에서 각고의 노력을 기울였던 선배 무역인들의 성공과 실패담, 그리고 수출 드라이브의 주역이었던 전직관료들의 이야기를 담아 이 책을 간행했습니다.

이 책에 수록된 28편의 원고 중 16편은 지난해 말 〈한국경제신문〉의 특집 '한국의 수출 영웅—우리는 이렇게 뛰었다'에 연재되어 독자들로부터 많은 호평을 받았으며, 지면상 게재되지 못한 12편도 독자 여러분에게 크게 도움이 될 것으로 생각합니다.

《논어(論語)》 위정편(爲政篇)에서 공자(孔子)는 "온고이지신(溫故而知新)이면 가이위사의(可以爲師矣)니라"고 말했습니다. 즉 옛것을 익혀 새로운 것을 알면 다른 사람의 스승이 될 수 있다고 했습니다. 이 책에는 '본받아야 할 전범(典範)' 뿐만 아니라, 다시 되풀이하지 않도록 '조심하고 경계해야 할 전례'도 담고 있습니다.

아무쪼록 이 책에 실린 스물여덟 분의 이야기를 통해 무역인과 미래의 무역인을 꿈꾸는 젊은이들이 '온고이지신'의 지혜를 얻을 수 있기를 바라며, 아울러 이 책이 독자들에게 무역인 정신을 헌정하는 소중한 자료가 되었으면 합니다.

이 책의 출간은 많은 분들의 도움이 있었기에 가능했습니다. 자신의 경험을 독자들이 공유할 수 있도록 흔쾌히 인터뷰에 응해주신 스물여덟 분의 무역인과 전직 관료들께 감사드립니다. 아울러 이 책의 내용을 특집으로 연재해주신 한국경제신문 최준명 사장님과 편집국 기자분들께도 감사의 마음을 전합니다. 또한 원고 작성을 맡아 일일이 인터뷰 과정을 거쳐 깔끔하게 원고를 작성해 주신 (주)사사연의 김규진, 이종남 두 분 작가의 노고에 깊이 감사드립니다.

끝으로 이 책이 많은 무역인들과 젊은이들에게 읽힐 수 있도록 출판을 맡아주신 (주)한경BP의 김경태 사장님과 관계자 여러분께도 감사드립니다.

2004년 2월

한국무역협회 회장

김 재 철

차례

■ 발간사 003

끊임없는 투자로 세계적 브랜드를 키우다

세계 여성을 감싸라 ■■■ (주)남양L&F 남상수 회장 | 011
작지만 다이아몬드처럼 ■■■ 한국도자기(주) 김동수 회장 | 020
오직 월드 마켓이 있을 뿐이다 ■■■ (주)삼보컴퓨터 이용태 회장 | 029
조랑말, 세계를 달리다 ■■■ 현대자동차(주) 정세영 전 회장 | 040
제품과 함께 '브랜드'를 수출하라 ■■■ (주)로만손 김기문 사장 | 052
정글의 랠리에서 1위를 지켜라 ■■■ (주)HJC 홍완기 회장 | 063

지구촌을 누비며 세계를 감동시키다

세계인이 고개 숙이게 만들라 ■■■ LG전자(주) 우남균 사장 | 077
브랜드가 부(富)랜드 ■■■ (주)코맥스 변봉덕 회장 | 087
종합상사는 살아 있다 ■■■ (주)대우 이경훈 전 회장 | 098
세계 1등 기업과 거래하라 ■■■ (주)에이스테크놀로지 구관영 사장 | 108
경쟁력을 갖춘 섬유산업은 기간산업이다 ■■■ (주)국동 변효수 회장 | 118
세계가 우리를 필요로 하게 만들어라 ■■■ (주)유니더스 김덕성 사장 | 129

007

세계 최고의 제품으로 승부하다

영원한 도전 ■■■ (주)삼성전자 이윤우 부회장 | 141
세계시장을 움직인 '원더풀' 손재주 ■■■ (주)세한아프릭 이봉상 회장 | 155
시장은 정직하다 ■■■ LG전자(주) 서기홍 부사장 | 167
세계인 절반이 쓰는 손톱깎이 ■■■ 쓰리쎄븐(주) 김형규 명예회장 | 177
김치를 세계인의 밥상에 ■■■ (주)두산 종가집 사업부 박성흠 사장 | 186
현장 마케팅이 수출의 지름길 ■■■ 삼원테크(주) 이택우 사장 | 201

가능성 1퍼센트에 도전하다

팔 수 있는 것은 다 팔아라 ■■■ 두산중공업(주) 윤영석 부회장/전 대우중공업 회장 | 213
생명을 걸고 수출하다 ■■■ (주)신원 박성철 회장 | 224
틈새시장 제품을 공략하라 ■■■ (주)다미상사 이기철 사장 | 234
불량품은 바다에 버려라 ■■■ 동양석판(주) 손열호 명예회장 | 244
세계적인 중소기업을 만들어라 ■■■ 중소기업협동조합중앙회 김영수 회장/(주)케드콤 회장 | 254
리스크가 없으면 이익도 없다! ■■■ (주)한화 송재복 부회장 | 264

수출의 역사를 개척한 사람들

쓴맛, 단맛 수출 20년 ■■■ 남덕우 전 국무총리 | 277
수출 100억 달러, 그 후의 노래 ■■■ 최각규 전 상공부 장관 | 288
수출은 국력의 총화 ■■■ 김정렴 전 상공부 장관 | 300
수출입국은 한국혁명이었다 ■■■ 김진현 전 과학기술처 장관 | 316

끊임없는 투자로 세계적 브랜드를 키우다 1

(주)남양L&F | 남상수 회장

세계 여성을 감싸라

《《《 스타킹으로 홍콩을 주름잡다

나일론 원단을 생산하는 공장을 운영하다 보니 자연 의류사업에 관심을 갖게 되었다. 원단만 만드는 것보다 가공해서 제품을 팔면 좋을 것 같았다. 그래서 궁리 끝에 스타킹을 생산하기로 계획했다.

돌이켜보면, 여성 속옷만 가지고 40여 년 동안 사업을 했다. 속옷을 사업 아이템으로 선정한 이유는 의외로 단순하다. 당시 국내에서는 여러 회사가 의류를 생산하고 있었는데, 그들과의 경쟁에서 자신이 없었다. 이른바 패션이란 너무 빨리 바뀌어 기복이 심할 뿐만 아니라 그 흐름을 따라잡기가 여간 어려운 게 아니었다. 그래서 그 추세가 좀더 느리게 변하는 속옷을 선택했던 것이다.

요즘은 이너웨어도 유행에 따라 빠르게 변화하지만, 당시에는 이너웨어에 패션이라는 개념이 가미되지 않았다.

1960년대 초까지 시중에 나와 있는 스타킹은 '피시넷(fishnet) 스타킹'이 주종을 이루었다. 말 그대로 어망처럼 작은 구멍이 송송 나 있어 속이 훤히 비쳤고 제조 과정에서 단번에 원통형으로 짜내지도 못했다. 일단 평면으로 짠 다음 바느질로 꿰매 완성품을 만들었다. 그러다 보니 위에서 발바닥에 이르기까지 뒷면에 재봉선 자국이 그대로 남았다.

1963년 어느 날 이탈리아에서 두 명의 손님이 나를 찾아왔다. 그들은 로나티(LONATI)라는 회사를 경영하는 아버지와 아들이었다. 로나티는 스타킹 편직기를 생산하는 세계적인 이탈리아 기업이었다. 이들은 사업차 일본에 들렀다가 한국에도 여자 속옷을 만드는 회사가 있다는 이야기를 듣고 수소문해 나를 찾아온 것이었다.

"스타킹에는 재봉선이 없어야 각선미가 예쁘게 살아납니다. 당신이 만드는 스타킹은 재봉선 때문에 각선미를 제대로 보여주지 못합니다."

"재봉선 없는 스타킹을 어떻게 만들어요?"

"심리스 스타킹이라고, 재봉선 없는 스타킹을 짜는 기계가 있습니다."

로나티 부자는 자신들이 가져온 견본을 보여주었다. 나는 눈을 의심하지 않을 수 없었다. 미리 짠 천으로 스타킹을 만드는 것이 아니라 기계에서 바로 둥근 모양의 재봉선이 없는 완제품이 나오는 게 아닌가. 그 신기한 견본을 보는 순간 감탄을 금치 못했다.

그 자리에서 심리스 스타킹 기계를 17대 주문했다. '심(seam)'이란 '솔기'의 뜻이므로 '심리스(seamless)'는 '솔기가 없는 스타킹'을 의미한다.

나는 이 기계를 한국 최초로 도입했다. 그 무렵, 일본에서도 이 기계를 도입했다. 어쨌든 재봉선이 감쪽같이 사라진 스타킹은 한국 여성 사이에서 대단한 인기를 모으며 날개 돋친 듯 팔려나갔다. 폭주하는 주문을 대기 위해 심리스 스타킹 기계를 계속 수입했다. 불과 몇 년도 안 돼 기계는 무려 50대로 늘어났다. 나는 심리스 스타킹을 일본이나 홍콩으로 수출하고 싶어졌다. 수출 물량을 생산하려면 기계가 더 필요했다. 하지만 기계 값이 너무 비싸서 엄두를 못내고 있었다.

마침 그 때 일본 이토추(伊藤忠)상사의 소개로 미나미 나일론회사의 미나미 히데미스(南秀光) 사장을 알게 되었다. 미나미 사장은 내 사업이 잘 되는 것을 보고 합작을 제의했다. 나는 흔쾌히 응했다. 합작을 하면 기계를 많이 사들일 수 있고, 일본에 자연스럽게 수출도 할 수 있을 것으로 예상했기 때문이다.

1970년 내가 50%, 미나미 사장이 30%, 이토추상사가 20%의 지분을 갖고 충남 천안에 합작회사 '남남나이론'을 설립했다. 심리스 스타킹 기계 140대를 들여온 뒤 일본과 홍콩 수출에 나섰다. 수출을 시작한 지 얼마 안 되어 우리 스타킹은 홍콩 시장에서 30%의 점유율을 차지했다.

홍콩에 수출한 스타킹 브랜드는 '아나벨(ANNABEL)'과 '씨팅 걸 (SEATING GIRL)'로 내가 작명했다. '아나벨'은 발음이 좋아서, '씨팅 걸'은 '앉아 있는 여자'란 뜻으로 각선미를 강조한 이름이었다. 상표에 서양 여자가 스타킹을 신고 앉아 있는 사진을 사용했다. 당시 수출액은 100만 달러를 웃돌았다. 1972년 말 1,276대를 피크로 원사가 질겨지고 스타킹을 안 신는 것이 유행이 되어 천안과 중국 칭다오 공장을 합해 700대로 반으로 줄었다.

이상한 사람?

"아니, 왜 이러십니까?"

공항 세관원이 내 가방을 뒤지다 말고 기분 나쁜 눈초리로 힐끗힐끗 쳐다보았다.

"당신 혹시 이상한 사람 아닙니까?"

"이상한 사람이라뇨?"

독일 프랑크푸르트 공항의 세관 검색대를 통과할 때였다. 나는 세관원과 날카로운 입씨름을 벌였다. 세관에 걸릴 만한 물건을 가지고 있지 않았으므로 두려울 게 없다는 입장이었다. 그러다가 어디서 문제가 발생한 것인지 금세 알아차렸다. 트렁크 속에 형형색색의 여자 속옷이 가득 들어 있었기 때문이다. 번듯하게 생긴 신사의 트렁크 안에서 브래지어와 팬티가 한두 장도 아니고 무더기로 쏟아져 나왔으니 기겁할 수밖에. 그는 나를 변태성욕자쯤으로 생각했던 모양이다.

어처구니없는 일이었지만 세관원의 오해부터 풀어주지 않으면 안 되었다. 결국 세관원에게 내 직업을 설명해 줬다.

어쨌든 남들로부터 이런 오해까지 받아가며 열심히 해외 유명 브랜드의 란제리 샘플을 모았다. 외국에 한 달 이상 체류하게 될 경우에는 견본을 보고 그린 디자인 그림을 편지에 동봉해 서울 본사로 보내기도 했다.

이처럼 외제 란제리 샘플 수집에 매달린 것은 해외시장 개척에 대한 굳은 의지 때문이었다. 처음 브래지어를 만들 때부터 국내 시장보다 해외시장을 겨냥했다. 내가 속옷 의류공장을 차린 무렵, S(신영)사에서도 속옷을 생산해 국내 시장에 내놓았다. 그 회사는 주로 국내 시장만을 상대했으나, 나는 무역에 자신이 있었기 때문에 수출에 더 역점을 두었다. 국내 시장 30%, 해외시장 70%라는 전략을 세워 시장공략에 나섰다.

당시 가장 큰 시장은 미국이었다. 여성의류는 품이 많이 드는 공정을 거쳐야 하기 때문에 인건비가 비싼 미국이나 유럽에서는 단가가 맞지 않았다. 따라서 자체 생산보다 수입에 더 의존하고 있는 형편이었다.

1960년대 미국 여성속옷 시장의 대부분은 일본이 점유하고 있었다. 그 때까지 일본은 인건비가 그리 비싸지 않은 편이었다. 미국 시장의 제품은 일본을 비롯해 홍콩·필리핀 등에서 생산된 것이었고, 유럽 시장에서는 홍콩과 대만 제품이 인기를 끌었다.

일단 미국 시장을 공략하기로 마음먹었다. 그러나 일본이 일찌감치 터를 잡고 있던 미국 시장에 후발주자로 뛰어들어 경쟁을 하기란 결코 쉬운 일이 아니었다. 그래서 나는 외국 여성들의 체형에 맞는 속옷을 만들기 위해 미국은 물론 유럽 여러 나라를 돌아다니며 샘플을 사들였다. 특히 여성의류 회사를 열심히 찾아다녔다. 그 회사의 전시실에 진열해 놓은 신제품을 발견하면, 그 때마다 수첩에 스케치했다.

프랑스 파리 패션가의 란제리 전문점 쇼윈도를 앞에 두고 연신 카메라 셔터를 누르고 있을 때였다.

"당신, 지금 거기서 뭐하는 거요?"

날카로운 프랑스 말이 등골을 찍어내렸다.

"보시다시피 사진을 찍고 있습니다."

란제리 매장의 매니저로 보이는 그 사람은 손을 가로저었다. 사진을 찍지 말라는 것이었다.

"그림이라도 안 되겠습니까?"

그는 마지못해 허락해 주었다.

아예 쇼윈도 앞에 주저앉아 수첩을 펴놓고 마네킹에 입혀진 브래지어, 거들, 팬티를 차례차례 그려나갔다. 그림 솜씨는 형편없지만 우리 회사 디자이너가 알아보기만 하면 된다는 생각이었다. 무엇보다 정밀하게 그리는 것이 중요했다. 우리 직원들은 그런 나를 두고 '왕디자이너'라고 불렀다.

《《《카피 제품을 본사에 팔아?

속옷은 겉옷과 다르다. 여성의 몸매를 다듬어주는 기능성도 있어야 하고, 겉옷을 입었을 때 바느질 자국이 드러나면 안 된다는 것도 알았다.

제품의 수준을 향상시키기 위해서는 체계적인 연구가 필요하다. 우리 회사의 디자이너와 생산직 근무자 들을 선진기술을 가진 일본 속옷업체에 보내 봉제기술과 선진화된 패션을 배워오도록 했다.

최근에는 기업들의 직원 해외연수가 보편화되어 있지만, 당시 중소기업으로서 그 같은 결정을 하기까지는 나름대로 대단한 각오를 필요로 했다.

우리 회사 디자이너들은 대부분 대학에서 가정학을 전공한 여성들이었다. 그들은 대학에서 옷 만드는 기술을 배워오기는 했지만 속옷에 관한 지식은 초보 수준에 지나지 않았다. 속옷을 어떻게 디자인하고, 바느질은 어떻게 해야 하는지 제대로 아는 이가 없었다.

우리는 하루에도 몇 차례씩 회의실에 모이곤 했다. 내가 해외에서 대충 그려온 란제리 그림과 외국에서 모은 샘플이 유일한 교과서 노릇을 했다. 이들 자료를 테이블에 쭉 늘어놓고 디자인은 물론 바느질 기법까지 하나하나 눈으로 익혔다.

한번은 독일을 방문해 그 곳 바이어에게 샘플을 내밀었다. 그는 황당하다는 표정을 짓더니 갑자기 마구 웃는 것이었다.

"이것은 우리 회사에서 개발한 디자인입니다."

제품 디자인을 카피해 개발사에 물건을 팔려고 했으니 웃지 않을 수 없는 일이었다. 우리의 제조능력이 그만큼 뛰어나다는 것을 보여주기 위해 만든 것이라며 어물쩡 넘어갔지만 얼굴이 화끈거렸다. 바이어는 제조 능력에 감탄했다며 그 자리에서 주문까지 해주었다.

지금 돌이켜 생각하면 눈물 없이 말할 수 없는 갖가지 일을 겪었지만 피나는 노력 끝에 수출은 꾸준히 늘어났다. 1980년대 들어 미국에 연간 800만 장을 수출하는 기록을 세웠다. 미국 여성 10명 중 한 명이 비비안 제품을 입고 다니는 셈이었다.

한국의 영원한 세일즈맨

"비비안이 만든 브래지어가 저희 회사를 살렸습니다."

미국 굴지의 브래지어 회사인 메이든폼(Maidenform)의 토머스 회장과 모리스 사장이 2002년 4월에 한국의 나를 찾아와 고마움을 표시했다. 1920년대에 세워진 이 회사는 여성 속옷을 제조할뿐더러 세계 여러 나라에서 제품을 수입했다. 그러다가 적자가 여러 해 누적돼 2001년에 부도가 나고 말았지만, 내 책임 아래 메이든폼 상표 믿고 300만 달러까지 외상으로 모험 수출을 했다.

마침 그 해에 우리 회사가 출시한 신제품을 메이든폼에 '피트(FIT)'란 브랜드로 수출했다. 이 제품은 미국 백화점에서 매월 50만 장씩 팔려나가는 선풍적인 인기를 모았다. 그 덕분에 회사가 흑자까지 냈다. 그 때까지 미국 시장에서 한 가지 브래지어가 한 달에 올린 판매 기록이 10만 장도 안 된 점을 감안하면 대박이 터진 셈이었다.

그들은 베스트셀러였던 피트 브래지어를 도금해 감사패를 만들어 가지고 나를 찾아왔다.

"고객들의 반응이 좋습니다. 수출을 매월 100만 장으로 늘려주시오."

메이든폼에서는 브래지어 수출 물량을 두 배 이상 늘려달라고 요청했다.

현재 해외 공장 중 인도네시아에서 생산한 제품은 미국과 유럽 시장에, 중국 칭다오 공장 제품은 주로 일본에 수출하고 있다. 이들 공장의 종업원은 4,500명에 이른다. 한 해에 수출하는 여성 속옷은 2,400만 벌, 스타킹은 2,000만 족에 달한다. 전세계적으로 손가락에 꼽히는 제조시설이다.

지금도 나는 비비안 회장으로서 일하고 있지만, 외국 바이어를 만날 때 사용하는 명함에는 직함이 없다.

"실례 되지만, 직함이 어떻게 되십니까?"

"저는 회사를 대표하는 세일즈맨입니다."

지금도 나는 세계 여성의 몸을 감싸기 위해 해외시장을 돌고 있다. 일흔여덟이 넘은 나이지만 일을 하는 게 가장 큰 행복이기 때문이다. 우리 회사 제품을 파는 일이라면 나이와 공간은 넘을 수 없는 벽이 되지 못한다.

"나는 영원한 세일즈맨이다."

한국도자기(주) | 김동수 회장

작지만 다이아몬드처럼

1968년 초, 한국도자기는 서울 명동 신사조빌딩에 '서울 사무소'를 냈다. 겨우 네 평 공간에 직원도 고작 여직원 한 명이었다. 규모야 말 그대로 코딱지만했지만 1959년 대학을 졸업하자마자 아버지의 부름으로 고향 청주의 한국도자기에 입사한 이래, 꼭 10년 만의 서울 입성이었다.

상대를 졸업한 후 교수가 되려는 꿈을 접고 그릇과 함께 묻혀 산 10년 세월은 정말 사금파리 위를 맨발로 걷는 듯한 고난의 연속이었다. 생산설비라곤 장작불을 때서 굽는 벽돌가마가 고작이었고 기술은 적당히 구워낸 초벌구이 수준이었다. 게다가 회사는 200여 장의 사채카드를 가진 빚투성이로 매출의 40%가 이자로 나가는 판이었다. 그런데도 신용 하나를 밑천으로 70여 명의 직원과 살림을 꾸려

나갔는데, 문제는 품질이었다.

"제품이 이게 뭐요?"

그릇도매상들은 결재를 해주는 것은 고사하고 그런 이야기를 툭툭 뱉어냈다. 제품을 깔보는 말투가 비수로 가슴을 에이는 것 같았다. 25가지나 되는 공정에 정성을 들인다고는 하지만 가마의 한계는 극복할 수 없었다.

'1,200도를 낼 수 있는 현대식 소성로 하나만이라도 있었으면…'

그렇게 간절히 기도했지만 사채도 못 갚는 터에 현대식 가마는 꿈도 꿀 수 없었다. 그런데 말 그대로 기적이 일어났다. 우리 식구가 다니던 청주서문교회의 헌당식이 있던 날, 선교사 엘마 길보른이 캐나다에서 보내온 기독실업인 지원자금 2만 달러를 대여해 준 것이다.

나는 이 자금으로 선진국의 최신식 소성로 4기를 도입했다. 그리고 세계적인 도자기회사 로열 덜튼(Royal Doulton) 그룹 산하 존슨 맷시 회사와 '황실장미' 전사지 공급계약을 맺었다. '황실장미'는 1963년부터 한국도자기가 내놓은 브랜드였는데 품질이 좋지 않아 인지도가 낮았다. 그런데 최신식 설비에 최고급 전사지로 처리한 신제품 황실장미 홈세트가 출시되자 그야말로 제품은 불티나게 팔려나갔다. 지인의 도움으로 워커힐을 비롯한 각급 호텔에 납품도 할 수 있게 되었다.

나는 때를 놓칠세라 TV 광고를 시작했다. 우리의 TV 광고는 우리나라 도자기 업계로서는 최초의 일이며 관련업계를 깜짝 놀라게 했다. TV뿐만 아니라 일간·주간·월간지와 함께 버스 광고까지 펼치자 매출은 팽팽하게 치솟았다.

'수출을 하자!'

내수판매에 어느 정도 성공을 거두자 나는 수출을 해야겠다고 생각했다. 경제학을 전공한 나는 무역의 중요성을 잘 알고 있었고, 인구가 적은 우리나라의 시장만으로는 한계가 있음을 직감하고 있었다. 그래서 원색 카탈로그를 해외 바이어들에게 주기적으로 보내기 시작했다. 당장은 아니더라도 언젠가는 기회가 올 것이라는 생각 때문이었다.

1968년 어느 날, 무역대행을 맡고 있는 한국교역에서 연락이 왔다. 태국의 바이어가 샘플을 보고 싶다는 것이었다. 우리 회사의 최고급품을 보여주며 계약을 유도하고자 안간힘을 썼다. 첫 계약은 쉽지 않았다. 기독교 신자로서 술을 먹으면 안 되지만 술자리를 마련하기도 했다. 이 같은 노력의 결과로 10만 달러의 수출고를 기록하게 되었고, 그 해 총수출액은 45만 달러에 이르렀다. 조그만 중소기업으로서 대단한 성과를 올린 셈이었다.

본 차이나에 혼을 뺏기다

'황실장미'가 성공을 거두자 후발업체들이 이를 모방한 제품을 가지고 시장에 뛰어들면서 과당경쟁이 예상되었다. 기술개발만이 살 길이라고 생각하고 있던 터에 때마침 유엔개발기구(UNDP)에서 보내주는 경제시찰단에 선발되었다. 회사는 작았지만 기업진단을 성실하게 받았고 내가 직접 치른 영어시험에 1등한 결과였다.

마침내 경제시찰단은 1971년 10월 하순 호주 시드니에 도착했다. 한 백화점에서 나는 눈이 번쩍 뜨이는 물건을 발견했다. 자줏빛 시트

위에 투명하면서도 부드러운 유백색 자태를 드러내고 있는 우아한 자기 하나. 품위 있으면서도 만지면 날아갈 듯한 신비한 질량감이 내 혼을 빼놓고 있었다.

"이게 뭡니까?"

"오, 본 차이나(Bone China)!"

가격을 물어보았다. 종업원은 무려 20달러라고 답했다. '커피잔 하나에 20달러라니, 우리 제품의 20배가 아닌가?' 부족한 여행경비를 쪼개고 쪼개어 그 커피세트를 샀다. 호텔로 돌아와 커피세트를 만져보고, 멀리 놓아보고, 맛을 보며 밤을 하얗게 샜다.

'바로 저거다. 본 차이나를 만들어야 한다.'

서울에 돌아와 여러 경로를 통해 본 차이나의 제조 방법을 알게 되었다. 잘 정제된 젖소뼈 50%, 점토 25%, 도석 25%를 원료로 삼아 철분과 공기를 완전히 제거한, 그야말로 '꿈의 도자기'였다. 당시 생산지는 영국·독일·일본뿐. 일본에서는 요업의 명문 나고야 공업연구소에서 만들고 있었다. 황급히 일본으로 날아갔다.

"하하! 한국에서 이것을 만들겠다구요? 우리는 영국에서 기술을 도입한 지 30년 만에 이를 성공시켰는데, 기술도 없는 한국에서 어떻게 성공하겠어요?"

다행히 연구소의 수석연구원이 제조방법을 자세히 가르쳐 주었다. 그렇지만 그것으로는 부족했다. 이번에는 영국으로 날아가 영국 도자기의 2대 명가(名家)인 로열 덜튼과 웨지우드를 방문했다. 그런데 이들은 바늘구멍 하나 들어갈 틈이 없었다. 기술이전에 회의적이었다. 개발비로 40만 달러를 요구했다. 나는 세계시장과의 아득한 거리

감만 느끼며 풀이 죽은 채 귀국해야 했다.

아, 육영수 여사

"김 전무! 청와대에 좀 오셔야겠소."

1973년 3월 청와대에서 호출이 왔다. 그 때가 1973년 3월이었다. 청와대의 호출은 자못 나를 긴장시켰다. 전석영 총무수석비서관의 안내를 받아 들어가니 육영수 여사가 기다리고 있었다.

영부인은 이것저것을 묻더니 이야기를 꺼냈다.

"식탁 위의 이 식기들은 모두 일제랍니다. 청와대에서 외산 제품을 사용하면 되겠습니까? 이참에 우리 식기를 만들었으면 합니다."

해외공관에서 보낸 서독산 식기를 내놓으며 우리 기술로 같은 제품을 만들어보라는 것이었다. 영부인이 보여준 것은 바로 본 차이나였다. 나는 눈앞이 캄캄했다. 2년 동안 뛰어다녀도 해결 못한 숙제를 여기서 다시 만나다니.

"해보겠습니다."

청와대를 등지고 나오는 동안 등줄기에 땀이 흘렀다.

지체할 틈 없이 곧장 영국으로 날아갔다. 한국도자기는 당시 로열덜튼의 존슨 맷시와 전사지 공급계약을 맺고 있어, 그 회사에 자문을 구하기로 했다. 어렵게 미팅 약속을 얻어내고 만찬을 갖게 되었다. 짧은 영어실력으로는 그들과 상대하기 힘들 것 같아 영어사전을 펴놓고 일일이 찾아가며 대화를 했다. 그 모습이 재미있었는지 호의적인 태도를 보였다. 작업복 조끼 차림의 중년의 사나이가 일어났다.

"미스터 킴, 아주 훌륭합니다. 내가 바로 스튜어드 라이언이오."

그는 바로 덜튼그룹의 회장이었다. 이로써 우리는 덜튼그룹 산하의 크레스콘사와 기술제휴를 맺을 수 있었다.

크레스콘의 기술제공으로 한국도자기는 1973년 말 드디어 꿈에 그리던 본 차이나 개발에 성공했다.

3,000여 개의 생산품 가운데에서 고르고 골라 디너세트와 커피세트 각 세 벌을 만들었다. 그것을 받아본 박정희 대통령과 육영수 여사는 너무나 기뻐했다. 육 여사는 청와대 식기 전체를 봉황 문양을 넣은 한국도자기로 교체하도록 지시했다. 이 때부터 한국도자기는 청와대에 식기를 계속 납품하고 있다.

국제 도자기쇼 200개사 참가, 랭킹 200위

본 차이나의 개발 성공으로 자신감을 얻은 한국도자기는 1976년 12월 청주시 송정동에 연건평 3,210평의 수출 제1공장을 준공했다. 이 무렵, 나는 부지런히 해외를 돌아다니며 판로를 개척했다. 그렇지만 영국·독일·일본 제품이 강세를 이루고 있어 일단 '메이드 인 코리아'라고 하면 쳐다보지도 않았다. 그나마 애써 따온 물량도 OEM이었고, 이마저 많은 물량이 아니었다.

1968년에 10만 달러의 수출액을 기록한 이래 1976년 86만 달러로, 강산이 한 번 변한 10년 동안에 받은 성적표는 초라한 것이었다. 기술개발에 의한 신상품 출시 없이는 세계시장에서 살아남을 수 없다는 것을 통감해 1977년 일본의 상고 차이나와 기술 및 판매제휴를 맺었고, 이어서 노리다께와도 기술협력을 맺었다.

상고 차이나와 제휴를 맺은 첫 해, 자신들이 미국에 수출하는 물량의 10%를 우리에게서 가져갔다. 이 비율은 해마다 늘어나 1982년에 가서는 90%를 우리에게서 가져가는 형국이 되었다. 이 때 우리 제품을 세계시장에 직접 팔아야겠다는 결심을 굳혔다.

1978년 애틀란타에서 열리는 '국제 도자기쇼'에 참가했다. 이 전시회는 한 마디로 '도자기 올림픽'이라 할 수 있으며 세계 기술 및 디자인의 트렌드를 가늠할 수 있는 행사였다. 개막제에서는 미국 유수 일간지의 담당기자들이 채점한 심사결과가 순위를 통해 발표되었다. 나는 웬만큼 자신이 있었다. 오랫동안 기술개발에 힘써왔으며 청와대에 납품하고 있다는 자부심도 섞여 있었다.

개막식에서 화려한 오프닝 세레모니가 펼쳐지고 마침내 순위가 발표되었다.

"한국도자기, 랭킹 200위!"

나는 기절할 뻔했다. '200개사 출품작 중에 200등이라니! 오 마이 갓!' 정말 하늘이 노랬다. 기술제휴사인 상고 차이나의 기술 취체역 가시와바라가 우리의 제품을 초급 수준이라고 했을 때 반감을 가졌는데, 그 말이 사실이었던 모양이다. 직원에게 전시장 부스를 맡기고 호텔방에 들어왔다. 가족과 직원들을 생각하니 눈물이 핑 돌았다.

'그래도 팔고 가야지.'

마음을 가다듬고 전시장에 나와 남들보다 싼 값을 매겨놓고 상담을 진행했다. 가격이 싸니 좀 먹히겠지 생각했는데 들르는 사람마다 계약은커녕 "넘버 투 헌드레드!"를 연발했다. 어떤 노파는 우리 그릇을 들고 킁킁 냄새를 맡아보기까지 했다.

정말 참담한 패배였다. 보름 간의 일정을 간신히 채우고 진열품들을 꾸려 호텔로 돌아와서는 체면이고 뭐고 생각지 않고 참았던 울음을 터뜨렸다.

'다시 미국에 온다!'

비행기에 오르며 아랫입술을 깨물었다.

계약고 세계 1위

한국도자기는 영국 크레스콘의 와일드 블러드를 기술고문으로 초빙했다. 그의 기술적 조언과 본사 기술진의 노력 끝에 마침내 1977년 11월 미국 식품의약청(FDA)의 '무공해 위생식기'라는 판정을 받아냈다. FDA의 기준치는 7ppm이었는데 우리 제품은 0.05ppm 이하의 우수한 성적이었다.

이 무렵 우리 회사는 수출 100만 달러를 넘어섰으며 1979년에는 500만 달러어치를 수출했다. 그러나 애틀란타 국제 도자기쇼에서 당한 참패를 거울 삼아 기술개발에 역점을 기울이지 않을 수 없었다. 미국에서 돌아온 뒤 전사적으로 세계 일류화 운동을 펼쳤던 것이다.

1979년 4,500평의 수출 제2공장을 준공하고, 1980년에는 전사지를 자체 공급할 수 있는 '한국특수인쇄(주)'도 설립했다. 1982년에 지은 제3공장은 전공정의 96%를 컴퓨터 시스템을 통해 생산하는 첨단설비도 갖추었다.

1984년 1월, 다시 미국 애틀란타의 '국제 도자기쇼'에 참가했다.

다소 긴장되긴 했으나 이번에는 어느 정도 자신이 있었다. 결과는 420개사 참가 제품 중 품평 순위 20위. 세계 최고는 아니었지만 선두권에 진입한 것이다. 그 후 마케팅에 열중했다. 그런데 행사 마감결과, 우리의 계약실적이 세계 1위를 차지한 것으로 집계되었다. 6년 전에 당한 치욕과 서러움을 일시에 만회하는 순간이었다. 세계적인 권위지 〈시카고 트리뷴(Chicago Tribune)〉은 우리를 '도자기의 여왕'으로 칭하며 대서특필했다. 이 기세를 몰아 이 해에는 드디어 1,000만 달러의 수출실적을 거두었다.

그 후 한국도자기는 한국도자기 중앙연구소를 설립, 첨단장비를 구비하고 신소재 개발과 엄격한 품질 테스트를 실시했다. 1988년부터 3년 동안 20억 원을 투입해 특수 초강자기인 '슈퍼 스트롱'의 자체 개발에도 성공했다. 이제는 도자기의 본고장인 영국의 로열 덜튼과 독일의 빌레로이앤보흐에 우리 제품을 수출하고 있는 실정이다. 1999년부터는 교황청 식기 납품업체로 선정되었으며 노벨상 만찬장 식기도 공급한 바 있다. 최근에는 초고가 브랜드인 '프라우나'를 개발해 고가품 시장을 공략하고 있다.

한국도자기는 모두가 어려웠던 IMF 외환위기 상황에서도 무차입 경영을 실현, 언론에 집중 조명을 받은 적이 있다. 이 또한 사업 초창기에 부채에 너무 시달린 탓에 '작지만 다이아몬드처럼 단단한 기업'을 만들겠다는 의지 때문에 가능했다. 이번에는 한국도자기의 임직원 모두가 2005년에 세계 1위 기업이 되겠다는 목표를 갖고 뛰고 있다. 가능한 목표를 세우고 이를 반드시 달성한다면, 우리 한국도자기는 다이아몬드처럼 영원히 빛나는 기업이 될 것이다.

(주)삼보컴퓨터 | 이용태 회장

오직 월드 마켓이 있을 뿐이다

《《《 e-머신즈, 미국 시장을 석권하다

"회장님! e-머신즈가 미국 시장에서 3위를 차지했습니다. 물론 저가 (低價) 시장에서는 1위였답니다."

상기된 표정으로 회장실 문을 활짝 열어젖히며 뛰어들어온 이홍순 사장이 말했다.

1999년 여름, 삼보컴퓨터의 전략모델인 'e-머신즈'는 컴퓨터 기업의 대명사라 불리는 IBM을 제치고 11.8%의 시장점유율을 기록했다. 그리고 600달러 미만의 저가 시장에서는 46%의 시장점유율을 차지하는 놀라운 성과를 보였다. IMF의 거센 파고를 넘기 위해 운명을 건 승부수를 띄운 지 1년여, 신제품을 출시한 지 8개월 만에 드디어 미국 시장을 석권한 것이었다.

　1997년 말 해일처럼 밀려온 IMF는 삼보컴퓨터에도 적잖은 타격을 입혔다. 이 무렵 삼보컴퓨터는 여의도에 사옥을 마련하는 사세확장과 함께 기술개발 부문에 대한 과감한 투자를 아끼지 않고 있었다. 하지만 갑자기 터진 IMF 외환위기로 인해 삼보컴퓨터 주가는 반 토막이 났고, 판매부진으로 경영악화까지 심화되었다. 결국 일부 계열사를 정리하고 직원 중 20%를 내보내야 하는 쓰라린 고통을 맛봐야 했다. 그러나 나는 그 와중에서도 '위기가 곧 기회다' 라는 말을 결코 잊지 않고 있었다.

　하루하루 힘든 나날을 보내던 어느 날, 나는 부사장으로 재직 중이던 정철 박사를 불렀다. 애플(Apple)을 탄생시킨 스티브 잡스와 함께 컴퓨터 설계의 천재로 불리던 그였다.

　"정 박사! 우리 삼보컴퓨터가 살아남을 길은 무어라 생각하시오?"

　내 목소리가 너무나 비장하고 단호했기 때문일까? 정 박사는 입을 굳게 다문 채 내 눈만 묵묵히 쳐다보고 있었다.

　"초저가 컴퓨터를 만드는 길밖에 없소. 우리가 500달러 이하의 컴퓨터를 만들어봅시다."

　"500달러 이하요?"

　정 박사는 짧게 반문을 한 뒤 잠시 침묵을 지켰다. 나도 아무 말 없이 이어질 다음 말을 기다렸다. 정 박사는 머릿속으로 뭔가 계산을 하고 있는 눈치였다.

　"회장님, 한번 해보겠습니다."

　이윽고 그가 환한 웃음을 지어보이며 대답했다.

이홍순 사장과 정철 박사를 정점으로 한 개발팀은 곧바로 극비리에 초저가 컴퓨터 개발을 위한 'X-프로젝트'에 돌입했다.

1998년 9월, 삼보컴퓨터는 스페인 리스본에서 열린 국제회의에서 'e-머신즈'를 발표하게 되었다. 그런데 이 자리에서 생각지도 않은 일이 생겼다. 원래 내가 발표할 순서는 빌 게이츠 뒤였다. 그런데 빌 게이츠 앞에 발표하기로 한 사람이 펑크를 내는 바람에 발표순서가 빌 게이츠 앞으로 옮겨진 것이다.

당당히 단상에 오른 나는 삼보컴퓨터가 500달러 이하의 초저가 컴퓨터를 생산·공급한다고 전격 발표했다. 순식간에 발표회장은 흥분의 도가니로 변했다. 참석자들이 휘파람을 부는 등 난리였다. 연설을 마치고 단상을 내려오자 기자들이 에워쌌다. 그들이 앞다퉈 인터뷰를 요청하는 통에 발표회장 분위기가 어수선해졌다.

다음 발표자였던 빌 케이츠는 단상에 올라 무안한 표정을 지을 수밖에 없었다.

1998년 11월 e-머신즈가 출시되자 세계시장은 충격에 휩싸였다. 삼보컴퓨터 제품이 불티나게 팔려나갔기 때문이다. 1999년 상반기에만 미국에서 100만 대 이상의 수출실적을 올렸으니 돌풍을 일으켰다고 해도 과언이 아니다. 이로써 세계의 PC 시장에는 500달러 미만의 새로운 시장군이 형성되었으며 삼보컴퓨터는 선두자리를 완전히 굳혔다. 우리 때문에 보따리를 싼 회사들도 여럿 생겨났다.

"어떻게 500달러 이하의 컴퓨터가 가능할 수 있죠?"

기자들의 질문에 나는 이렇게 답했다.

"세계 유수의 부품업자 중 3위 업체들만 불러모았습니다."

실제로 우수한 기술력은 갖고 있지만 1~2위가 되지 못한 업체들을 골라 파트너십을 맺고, 그들이 신제품 개발에 주력하도록 독려하고 지원했다. 이들 업체는 살아남기 위해 전력을 기울였고, 결국 제품 생산에 성공한 것이다.

《《《 '컴퓨터 전도사' 이용태

삼보컴퓨터를 설립한 것은 1980년 여름이었다. 서울 청계천 근처 조그만 사무실에 '삼보 전자엔지니어링'이라는 간판을 내걸고 7명의 종업원과 함께 시작했다.

한국전자기술연구소 부소장이라는 직함을 과감히 버리고 보잘것 없는 회사를 차린 것은 돈을 벌기 위해서가 아니었다. 10년 넘게 컴퓨터 전도사를 자임하며 국산 컴퓨터를 만들자고 외쳐대도 귀기울이는 사람이 없었다. 그래서 아예 '내 손으로 해버리자'고 직접 나서기로 마음을 고쳐먹은 것이다.

1960년대 말, 미국 유타 대학에서 박사과정을 밟는 동안 컴퓨터의 기능을 직접 체험하면서 경이감을 감추지 못했다. 그리고 머잖아 컴퓨터 세상이 올 것을 예견했다. 박사학위를 받고 귀국한 이후에는 국산 컴퓨터 개발을 위해 동분서주했다. 한국과학기술연구소(KIST), 전자기술연구소에서 근무하며 국산 컴퓨터 개발을 주도한 나는 정부 당국자, 기업인들을 발이 부르틀 정도로 찾아다녔다.

"나에게 연구원 100명만 주십시오. 3년 뒤에는 세계에서 제일 성능이 좋은 마이크로 컴퓨터를 만들 수 있습니다. 그러면 우리나라는 최첨단 분야에서 세계 제일이 되는 겁니다."

그러나 그들은 모두 나를 외면했다. 사서 쓰면 될 것을 뭣 때문에 경쟁력이 없는 분야에 돈을 들이냐는 것이었다. 어떤 고위공직자는 심지어 "미친 놈"이라는 말을 뒤에서 하기도 했다.

오기가 생긴 나는 내 손으로 직접 컴퓨터를 만들어야겠다고 생각했다. 그리고 1981년 1월 드디어 국내 최초로 개인용 마이크로 컴퓨터를 만들었다. 'SE-8001'이라고 이름 붙여진 이 컴퓨터는 애플 2기종을 거의 복사한 것이나 다름없었지만 한글 사용이 가능했고, 국내에서 처음으로 상품화된 개인용 PC였다.

당시의 PC는 어떤 회사 제품 할 것 없이 TV 수상기에 전동타자기가 붙어 있는 모양이었다. 하지만 삼보컴퓨터에서 만든 제품은 케이스 디자인도 산뜻했고 성능이 좋아 국내에서 인기를 얻었다. 처음 회사를 설립하면서부터 컴퓨터라는 제품은 세계시장을 겨냥하고 만들어야 한다는 것이었다. 그래서 1981년 11월 비록 소량이나마 캐나다로 수출을 하기 시작했다. 물론 이것이 본격적인 수출이라고 말할 수는 없겠지만, 어쨌든 한국 최초의 컴퓨터 수출이라 할 수 있겠다. 시작은 미미했지만 삼보컴퓨터는 교육용 컴퓨터 붐에 따라 급신장을 거듭했다.

삼보컴퓨터가 미국 시장에 본격적으로 진출할 수 있었던 것은 IBM PC의 확산 때문이다. 주로 중형·대형 컴퓨터를 만들던 IBM이 1981년 가을 개인용 IBM PC를 발표하고, 이어서 16비트 XT급의 PC를 발표하자 폭발적인 반응을 불러일으켰다.

그 때 국내 수출용 컴퓨터는 주로 애플 기종이었는데 특허항목이 많아 수출에 어려움이 많았다. 따라서 나는 특허항목을 피할 수 있는 컴퓨터를 만들어 캐나다, 미국, 이집트, 프랑스 등지의 나라에 소량 수출을 하고 있던 중이었다. 그런데 IBM PC가 시장을 급속하게 장악해 나가는 걸 본 나는 '바로 이거다' 라며 무릎을 쳤고, 누구보다 발빠르게 IBM PC의 호환기종을 개발했다. 나의 이런 전략은 적중했다. 삼보컴퓨터 제품은 시장에서 곧 좋은 반응을 불러일으켰으며, 이는 곧 세계시장의 진출로 이어졌다.

컴퓨터랜드와 독점계약

1986년 봄, 나는 미국 쪽을 향해 내 관심의 모든 촉수를 곤두세우고 있었다. 당시 미국의 컴퓨터랜드가 좀더 높은 수익을 올리기 위해 자사 상표를 붙인 컴퓨터 시판 계획을 세우고 있었기 때문이다. 컴퓨터를 직접 만들지는 않았지만 미국에서 가장 큰 컴퓨터 판매회사로 전 세계 700여 곳에 지점을 가지고 있는 컴퓨터 업계의 골리앗 컴퓨터랜드. 그들은 신모델 출시를 위해 세계의 우수제품 중 20개를 골라냈는데 그 가운데 우리가 포함되었다는 보고를 이미 받고 있었다.

처음에는 그저 "잘 됐네" 하고 넘겨버렸고, 별로 기대하지도 않았다. 아직 우리 제품에는 미흡한 면이 많다고 생각했기 때문이다. 그런데 얼마 지나지 않아 해외 영업담당 부서에서 "가능성이 있다"는 이야기가 흘러나오기 시작했다.

"그럼 한번 밀어붙여봐!"

나는 수출부문 책임자인 강진구 부사장을 격려했다. 그리고 초조한 시간들이 흘러갔다.

"사장님, 우리가 선정되었습니다."

1986년 봄, 마침내 미국에서 낭보가 날아왔다. 반신반의 끝에 나온 결과라 기쁨은 몇 배로 더 컸다. 그 해 6월 삼보컴퓨터와 컴퓨터랜드는 PC 독점계약을 체결했다. 당시 컴퓨터랜드는 월드 와이드 TV 시간을 빌려 제품발표회를 중계했는데, 기자들이 제품을 어디서 만들어오느냐고 질문하자 한국의 트라이젬(TriGem)에서 만든다고 답변했다. 우리 제품이 미국 전역에 알려지는 순간이었다. 이 소식은 국내에도 빅 뉴스로 전해져 한국 컴퓨터 시장에 일대 혁명을 가져왔다. 다른 업체들이 크게 놀란 것은 물론, 앞다투어 새로운 수출전략을 수립하는 계기를 가져왔기 때문이다. 그 후 대기업들은 PC 산업에 투자를 늘리기 시작했고, PC 업계에도 불이 붙기 시작했다.

컴퓨터랜드와 OEM 계약체결 이후 삼보컴퓨터는 본격적인 컴퓨터 수출업체로 떠올랐다. 1986년 6월부터 1987년 4월까지 수출량이 7,000대에 이를 정도로, 짧은 기간에 엄청난 규모를 수출했다.

그런데 유감스럽게도 1987년 중반 이후 컴퓨터랜드의 주문이 급격히 떨어졌다. 이유는 IBM이 PS/2라는 신기종을 출시하며 OEM 방식을 중단하지 않으면 공급을 중단하겠다고 위협했기 때문이다. 따라서 OEM 수출은 격감하지 않을 수 없었는데, 다행스럽게도 IBM이 호기 있게 대항마로 내놓은 PS/2는 사용자들의 호응을 얻지 못하고 사라져갔다. PC 시장에서 주도권을 잡으려고 의욕적으로 덤볐으나 오히려 PC 시장에서 주도권을 상실한 패착이었다. 이는 지금까지도 IBM 역사상 최초의 수모로 기록되고 있다.

1억 달러 수출 달성

"우리에게도 PC를 주시오."

미국 시장 진출이 알려지자 일본 시장에서도 제의가 들어왔다. 당시 프린터 업계의 선두주자였던 일본의 엡슨(Epson)사가 손을 내밀었다. 프린터 생산업체인 엡슨은 PC도 만들고 있었다. 그러나 PC 전문기업이 아니다 보니 파트너가 필요했고, 삼보컴퓨터의 미국 시장 진출을 주목하고 있었던 엡슨이 먼저 파트너십을 제안한 것이다.

삼보컴퓨터는 1980년대 초반 엡슨 프린터의 국내 독점판매 업체였다. 엡슨 프린터는 다소 비쌌지만 고객들에게 인기가 좋았다. 처음에는 완제품을 가져다 팔다가 나중에는 직접 생산하기에 이르렀다. 당시 상공부에 엡슨과 기술제휴했다고 서류를 제출하니까 "대기업들도 엡슨하고 손을 잡지 못해 안달인데, 당신네 같은 중소기업이 무슨 재주로 기술제휴를 해요?"라며 관계자들이 믿지 않았다. 그러나 곧 그것이 사실임이 밝혀지자, 상공부 관계자들은 삼보컴퓨터를 다시 보게 되었다.

삼보컴퓨터가 엡슨 프린터를 팔고, 엡슨이 삼보컴퓨터를 파는 윈-윈(win-win) 전략을 성공적으로 실행한 삼보컴퓨터와 엡슨의 파트너십은 이후 오랫동안 지속되었다. 1988년 삼보컴퓨터가 시장에 상장될 때까지 삼보컴퓨터의 PC 수출액은 1억 2,000만 달러에 달했으며, 그 후에도 수출 물량은 꾸준히 늘어났다. 설립 8년 만에 1억 달러 이상의 수출을 기록했으니, 지금 생각해 보아도 어디서 그런 저력이 나왔는지 놀라울 따름이다.

A/S 때문에 수출 막힐 뻔

미국에 컴퓨터를 한참 수출할 무렵 컴퓨터랜드로부터 청천벽력 같은 소식이 날아들었다.

"공급 계약을 해지하고 삼보컴퓨터를 받지 않겠다."

그 때 미국에 있었던 나는 당장 컴퓨터랜드로 날아갔다. 컴퓨터랜드에 도착해 보니 그쪽 담당자와 삼보컴퓨터의 해외영업자가 입씨름을 하고 있었다. 삼보컴퓨터의 제품이 고장이 잦아 반품이 계속 들어오고 있는데, 그것을 두고 서로 "너희들 잘못이다"라고 다투고 있었던 것이다. '고장이 잦다.' 그것은 아주 중요한 이야기였다. 그런데도 이 같은 이야기가 컴퓨터 개발부서에는 전달되지 않고 있었던 것이다. 나는 기절초풍할 지경이었다. 나는 당장 다른 일로 미국에 출장 와 있던 강 부사장을 불렀다.

"어찌된 일이요? 일이 이 지경에까지 이르렀는데 아무 대책도 세우지 않고 있었단 말이오?"

그런데 나의 추궁에도 강 부사장은 여유만만한 표정이었다.

"저는 다른 급한 일이 있어 곧 떠나야 합니다."

"지금 무슨 소리를 하는 거요. 수출이 당장 중단될 처지에 놓여 있는데 어디로 간단 말이오. 당장 컴퓨터를 고치고 대책 또한 세워놓고 출장을 가시오."

나의 호통에 강 부사장은 움찔하더니 "알았습니다"라고 짧게 대답했다. 그리고 컴퓨터에 한두 번 손을 대더니 곧바로 고쳐놓았다.

"별 일 아닙니다."

알고 보니 컴퓨터 내부의 전력공급장치(power supplier)를 잘못 매 달아놓아 그것이 자꾸 떨어져 문제를 일으켰던 것이다. 그는 그것을 고쳐놓고 우리쪽 담당자에게 전원장치의 위치를 아예 바꾸도록 지시했다.

컴퓨터랜드가 삼보컴퓨터에 불평을 한 것은 바로 위와 같은 사소한 문제였다. 그러나 고객 입장에서는 사소한 고장일지라도 컴퓨터가 작동되지 않으면 제품 전체에 문제가 있는 것으로 인식되기 마련이고, 이는 제품의 신뢰도에 결정적 영향을 미치게 마련이다.

그 때만 하더라도 대부분의 회사들은 판매에만 급급했지, A/S에 대해서는 크게 신경을 쓰지 않았다. 삼보컴퓨터가 A/S의 중요성을 미리 깨닫고 확실하게 대처했더라면 초기에 미국 시장에서 보다 확고한 위치를 차지할 수 있었을 것이다. 당시의 사건은 우리 회사가 A/S에 신경을 쓰게 하는 결정적인 사례를 제공했고, 그 후 '같은 실수는 절대 반복하지 않는다' 라는 큰 교훈을 남겼다.

《《《전체 물량의 80%를 해외에 수출

지난 세월을 생각하면 여전히 가슴이 뛴다. 처음 미국에 진출했을 때, 그리고 e-머신즈가 대성공을 거두었을 때의 흥분과 감동은 지금도 생생하게 느껴지는 듯하다. 컴퓨터는 제품의 특성상 워낙 시장 주기가 짧아 잠깐만 해찰을 해도 뒤지고 만다. 따라서 많은 고통을 겪기도 했다. 하지만 삼보컴퓨터는 위기의 순간마다 도망가지 않고 새로운 전략을 수립해 정면으로 맞서 돌파구를 찾았다. 그런 도전의식을 바탕으로 삼보컴퓨터는 이제 미국·멕시코·인도 등 8개국에 현지 공장을 가지고 있으며, 연 1,000만 대의 생산 능력을 가지고 있다. 전체 생산물량의 80%를 해외에 수출할 만큼, 수출이 차지하는 비중도 높다.

나는 분초를 아끼며 세계시장에서 뛰고 있는 무역인들에게 이런 말을 꼭 해주고 싶다.

"이제 수출이라는 말은 의미가 없다. 국내 시장, 세계시장이 따로 있는 것이 아니라 오직 월드 마켓(world market)만 있을 뿐이다. 글로벌 경쟁력을 갖춘 기업만이 살아남을 수 있다."

이 자리를 빌려 그 동안 공항 대합실에서 새우잠을 자며 수출 전선에서 발로 뛴 모든 삼보인들의 노고에 감사를 표한다.

현대자동차(주) | 정세영 전 회장

조랑말, 세계를 달리다

"포니가 남산을 못 오르면 우리는 망한다."

평소에는 그저 야트막한 동네 뒷산처럼 보였던 남산이 지리산이나 설악산보다 더 높아보였다.

남산 밑에 가지런히 서 있는 다섯 대의 포니를 보며 나는 크게 심호흡을 했다. 내 앞에 보란 듯이 떡 버티고 서 있는 것들은 전시회용이 아니라 시중에서 판매될 차였다. 전시회에서 호평을 받은 것까지는 좋았지만 시운전시 제 성능이 나오지 않는다면 여간 큰일이 아니다. 더욱이 포니는 차체를 보강하기 위해 자꾸 철판을 덧대다보니 엔진 마력에 비해 차체가 무거워질 수밖에 없었다. 차체를 보강할 때마다 한숨을 쉬곤 했던 것이 벌써 여러 번이었다.

드디어 운명의 순간이 다가왔다.

"출발!"

운전자가 엑셀레이터를 밟자 시험용 포니는 거침없이 남산을 오르기 시작했다.

"옳지, 옳지, 잘 올라간다."

불안한 마음으로 숨죽이고 있던 우리는 누가 먼저랄 것도 없이 큰 소리로 응원을 하기 시작했다. 환호성에 보답이라도 하듯 포니는 거뜬하게 남산 정상을 향해 치달았다.

"우와! 올라갔다!"

기쁜 마음에 일제히 함성을 질렀다. 정상에 올라가 서울 시내를 바라보니 더없이 상쾌했다. 성공에 대한 자신감에 두손을 불끈 쥐었다.

처음 만든 엔진이 어떻게 그런 힘을 발휘했는지 알 수 없는 일이었다. 미쓰비시의 62마력 새턴(Saturn) 엔진을 가져다놓고 설계도면 그대로 포니의 엔진을 만들었다. 하지만 기술이 일본보다 뒤지고, 차체가 자꾸 무거워짐에 따라 엔진 출력이 떨어질 것 같아 걱정이 태산이었다. 출력이 너무 떨어지면 엔진을 다시 만들어야 하는 불상사도 예상되었다.

그런데도 포니는 남산을 거뜬하게 올라간 것이다. 너무 신기했다. '차체가 무거워졌을 텐데도 저런 힘을 내다니….'

나중에 미쓰비시 기술자들이 와서 엔진 테스트를 했다. 그들은 여러 가지를 점검하더니 고개를 살살 흔들었다.

"뭐가 잘못됐소?"

불안한 마음으로 물었다.

"아닙니다. 우리 엔진보다 출력이 2마력이나 더 나옵니다."

"이상하지 않소? 설계도면대로 만들었는데 어떻게 출력이 더 나온단 말이요?"

"원칙이란 무서운 것입니다. 우리는 차를 잘 알기 때문에 적절히 깎아서 만들었지만, 당신네들은 엔진을 잘 모르니까 100% 원칙대로 만들었기 때문에 출력이 더 나올 수밖에요."

1975년 3월의 일이었다. 돌이켜보면 1969년부터 시작한 포드와의 합작협상이 1971년 가을 결렬되면서, '우리는 우리 길을 간다'고 비장한 마음을 먹은 지 4년 만에 이뤄낸 성과였다. 그 기간 동안 고유모델 개발을 위해 쏟아 부은 땀과 노력은 필설로 다하기 어려운 것이었다. 특히 선진 기술의 높은 장벽에 부딪힐 때마다 우리는 짜디짠 눈물을 속으로 삼켜야 했다. 그러나 우리는 해냈다. 마침내 개발도상국 최초로 고유 모델의 자동차를 만들어낸 것이다.

《《《 조랑말 포니, 에콰도르 땅을 밟다

포니는 1년여에 걸친 갖가지 까다로운 테스트를 모두 성공적으로 마치고 1976년 1월부터 본격 생산에 들어갔다. 1976년 2월 29일 드디어 첫 출고가 시작되었다. 출고되자마자 선풍적인 인기를 끌었다. 신문마다 포니에 관한 기사로 도배하다시피 했고, 가는 곳마다 포니 이야기였다.

국내 시장에서 성공을 했다고 판단한 나는 여세를 몰아 수출을 추진하라고 지시했다.

"안 됩니다. 수출은 국내 판매에서 경험을 더 쌓은 후에 해야 합니다."

윤주원 전무가 가로막았다.

"여기서도 잘 달리는데, 왜 외국에서는 못 달려?"

"예전에 일본 도요타가 무리하게 미국 수출을 추진했습니다. 그러나 해외시장에 대한 지식이 많지 않아 현지 판매회사가 고작 5대밖에 못 팔고 완전히 망해버렸습니다. 결국 그 모델을 철수하고 말았습니다."

일리 있는 이야기였다. 자동차를 수출하기 위해서는 그 나라에 맞는 각종 규제사항을 맞춰야 하는데, 과연 우리에게 그런 준비가 되어 있느냐는 것이었다. 그들은 내 결심을 듣고 또 걱정에 싸여 늦도록 소줏잔을 비우며 고민에 빠졌다.

그러나 방법이 없었다. 국내 시장이 너무 작아 내수만 바라보고 자동차를 만들 수는 없고, 해외시장에서 생산수요를 창출해야 했다. 결국 수출 이외에 다른 길이 없었다.

수출을 추진하자 포니를 수입하겠다고 요청한 나라가 무려 '62개 국'에 달했다. 첫 수출국을 중남미의 작은 나라 에콰도르로 결정했다. 비록 5대의 적은 물량이었지만 1976년 7월, 포니를 첫 선적했다. 포니가 현지에 도착하자 좋은 반응을 불러일으키고 있다는 낭보가 날아왔다. 처녀 수출이 성공한 것이었다.

포니를 선적한 컨테이너선이 거친 태평양을 건너는 동안 세계를 향한 현대의 야망도 함께 실려갔다. 그 후 포니는 각국에서 인기를 끌며 쾌속 항해를 거듭했다. 그로부터 꼭 20년 후인 1996년, 처음 수출했던 포니가 에콰도르에서 무려 150만km를 넘게 달리며 택시로

운행되고 있다는 소식을 들었다. 시집보낸 딸을 20년 만에야 비로소 만난 마음으로 나중에 자동차박물관에 전시하기 위해 "최고급 차를 한 대 주고 그 차를 받아오라"고 지시했다. 그러나 그 나라 법규 때문에 교환은 하지 못하고 후한 값을 치른 다음 그 차를 들여왔다. 들여온 차를 보니 외관·차체·성능이 모두 양호했다. 그 험한 고지대를 달리고도 상태가 양호한 것은 정말 놀랄 만한 일이었다.

당시 수출했던 포니는 에콰도르·칠레·페루·이집트 등에서 아직도 '현역'으로 쌩쌩 달리고 있다고 한다. 부품은 어떻게 조달하는지 알아보았더니 모두 정비공장에서 깎아서 쓰고 있다고 해 다시 한 번 놀랐다.

현대가 처음 고유 모델을 만들겠다고 했을 때 당시 GM코리아(GMK)에 와 있던 H. W. 벤지(H. W. Venge)라는 수석부사장이 노골적으로 비웃고 다녔다. 한번은 점심을 먹자고 해 나갔더니 아예 면전에서 비아냥거렸다.

"현대가 고유 모델을 만들면 내 손가락에 장을 지지겠소!"

자존심이 상했지만 꾹 참고 웃어넘겼다. 시간이 지나고 우리가 고유 모델을 만들었다는 소문이 퍼지자 또 만나자는 연락이 왔다. 이번에는 다소 정색을 하고 말했다.

"현대가 고유 모델을 수출하면, 내 다른 손가락에 장을 지지겠소."

이번에도 'Burn my another finger'라는 표현을 쓰며 사람 속을 뒤집어놓는 것이었다. 나는 밥이 넘어가지 않았지만 또 꾹 참았다.

'그래, 본때를 보여주마!'

나중에 우리가 본격적인 수출을 하기 시작했을 때 벤지를 찾아보라고 일렀다. 알아보니 그는 프랑스로 전출됐다고 했다. 그래서 나는 큰 소리로 말했다.

"1등 비행기표 줄 테니 프랑스에 가서 벤지 손가락 지지고 올 사람 없어? 벤지 손가락 두 개는 내 거야!"

드넓은 세계시장

물건을 남의 나라에 내다 파는 일은 결코 쉽지 않았다. 에콰도르에 처녀 수출을 한 후, 나는 세계를 직접 뛰어다녔다. 다닌 나라가 하도 많아서 어디를 가봤느냐고 묻기보다 어느 나라를 가지 않았느냐고 묻는 편이 나을 정도였다.

중남미를 돌 때는 하루 걸러 한 나라 꼴로 국경을 넘나들었다. 1976년 현대자동차의 수출국은 가깝게는 대만에서부터 멀리는 아프리카 카메룬까지 20여 개국에 이르렀다. 1977년에는 수출대상국이 30개국, 1979년 42개국으로 늘어났다. 특히 1978년에는 벨기에·네덜란드에 수출하면서 유럽 시장에 뛰어들었다. 수출국 중에는 이름만 들어도 알 수 있는 큰 나라들도 많았지만 지부티·시에라리온·헤브리디스·큐라사우 등 이름조차 생소한 나라들도 있었다.

이런 노력에 힘입어 1976년에는 1,019대, 257만 달러에 이르던 규모가 1979년에는 1만 9,240대, 5,655만 달러로 늘어나 불과 3년 만에 22배의 신장세를 기록했다.

수출을 할 때 가장 고심했던 부분은 성능 테스트였다. 선진 각국은 여러 가지 까다로운 규제를 만들어놓고 이들 조항을 통과해야 수출을 허용했기 때문이다.

먼저 미국 수출을 위해서 올슨 엔지니어링이라는 작은 회사에 포니를 보내 테스트를 의뢰했다. 테스트 결과를 토대로 안전도·배기가스·소음 등 35개 항목을 2년 동안 보강했다. 하지만 북미시장 진출은 시기상조라는 결론을 내렸다. 각종 규제장치를 맞추다 보니 연비가 떨어지고 가격이 높아져 경제성을 맞추기 어려웠기 때문이다.

유럽 진출을 위해서는 먼저 영국의 자동차 규정부터 통과해야겠다는 생각으로 포니 12대를 영국의 유럽경제공동체 안전규정 테스트 기관인 마이라(MIRA)로 보냈다.

이 기관의 테스트는 매우 엄격하고 종류도 다양했다. 영하 40도의 혹한 테스트를 비롯해 이름도 들어보지 못한 항목도 있었다. 초조하게 결과를 기다리고 있는데 뜻밖에 좋은 소식이 전해졌다. 포니가 각종 테스트는 물론 충돌시험에서도 기대 이상의 높은 성적으로 합격점을 받았다는 것이다.

전화로 소식을 전하는 직원들의 목소리는 흥분돼 있었다. 정말 어디 가서 환호성을 지르고 싶을 만큼 기뻤다. 유럽 진출의 발판은 이렇게 마련되었다.

그러나 늘 승승장구한 것만은 아니었다. 차를 팔겠다는 열정만 있었지, 현지에 대한 정확한 정보 없이 해외시장에 나갔다가 톡톡히 고생을 치른 곳이 바로 중동이었다.

중동에 나가기 전 영상 120도의 혹서 테스트를 하는 등 온도변화에 대비했다. 실제로 중동지역에서는 차량의 실내 온도가 100도가 넘는 경우가 보통이었기 때문이다. 계란을 본네트에 깨놓으면 그대로 익을 정도였다.

1976년 사우디아라비아에 113대를 수출한 것을 시작으로 중동 전역에 매년 2,000~3,000대씩 의욕적으로 선적했다. 지역도 사우디·바레인·요르단·예멘·아랍에미리트로 넓혀갔다.

그런데 하루는 사우디에서 급전이 날아들었다. 현지 대리점을 운영하고 있는 쇼복시 그룹에게 넘긴 차가 완전히 엉망으로 변해버렸다는 것이다. 멀쩡하던 핸들이 휘어지고, 글로브 박스가 열을 받아 동그랗게 말려버리고, 시트가 오그라들거나 녹아내렸다. 뿐만 아니라 에어컨을 켜고 온도를 보니까 게이지의 바늘이 전부 빨간쪽 천장에 딱 붙어버렸다는 것이다.

상태가 이 지경이니 '국왕의 동서' 라는 막강한 배경을 가진 사장이 노발대발했다. 봉변을 당한 윤 전무는 고장난 부품들을 모두 트렁크에 싣고 귀국했다.

문제는 에어컨이었다. 당시 국내에서는 에어컨을 생산하지 못해 일본의 크라리온 제품을 수입해 썼는데, 중동의 모래가 들어가면서 작동하지 못해 온도가 급상승했던 것이다.

돌아온 부품을 보니 화가 치밀어 공장으로 달려가 화풀이를 했다.

"이봐, 개발팀 전부 마케팅에 대해 공부 좀 하란 말이야!"

그랬더니 기술자 한 사람이 태연하게 말했다.

"별 게 아니군요. 해결책은 간단합니다. 바늘을 거꾸로 달아서 열이 오르면 바늘이 반대쪽으로 가도록 하면 될 거 아닙니까?"

정말 촌철살인의 기막힌 발상이었다.

엑셀과 30만 대 공장

자동차는 장치산업이기 때문에 좋은 물건 몇 대 만든다고 시장을 제패할 수 있는 것이 아니다. 이른바 경제성을 따져야 하는데 양산체제를 갖춰야만 가격경쟁력을 확보할 수 있다.

6만 대 규모의 포니 공장을 건설할 때부터 나는 수출을 염두에 두고 있었다. 포니가 판매 호조를 보이자 설비는 연산 14만 대까지 늘어났다. 그러나 세계 60여 개국에 진출하는 등 갖은 노력에도 불구하고 수출은 1억 달러 선을 넘어가지 않았다. 이 때 나는 깨달았다. 자동차의 최소 경제규모 단위인 30만 대 생산을 넘지 못하면 일정한 수준을 넘지 못한다는 것을.

그래서 미쓰비시와의 합작이 성사된 1981년 10월, 기자회견을 통해 연산 30만 대 생산계획을 전격 발표했다. 이른바 'X카 프로젝트'였다. 1985년까지 3,969억 원을 투자해 울산에 30만 대 규모의 전륜구동형 승용차를 만든다는 내용이었다.

이를 발표하자 모두가 놀랐다. 30만 대라는 숫자는 당시 국내에 있는 모든 승용차 대수였기 때문이다. 내수시장에는 한계가 있었고 살아날 방법은 오직 '수출' 뿐이었다.

1978년부터 전륜구동차에 관한 자료수집과 기본 설계방향 수립에 착수했다. 당시는 중·소형차가 모두 후륜구동에서 전륜구동으로 바뀌고 있었다. 1981년 7월 X카 스타일링 작업에 들어갔다. 이어 1981년 11월 미쓰비시로부터 전륜구동기술을 도입하면서 본격적인 개발작업에 착수했다.

1984년 1월부터는 3단계에 걸쳐 시작차가 제작되었다. 이 때 만든 총 35대의 시작차는 각종 테스트를 거쳐 결점을 보완하는 작업을 수없이 반복했다. 1984년 12월 미국에서 종합 성능 테스트를 가졌고, 이듬해 2월에는 배기 가스 테스트를 성공적으로 마쳤다. 차 이름은 '엑셀(Excel)'로 정했다. 품질이 뛰어나다는 뜻의 'Excellent'에서 따온 이름이었다.

때를 같이해 30만 대 공장도 준공되었다. 1985년 2월 6일 30만 대 공장 준공식에서 나는 엑셀이 우리의 정성과 기술이 집약된 수출지향형 승용차임을 강조하며 수출을 위한 의지를 대내외에 천명했다.

미국 시장에 폭풍을 일으키다

"사장님, 아무리 계산해 봐도 적자입니다."

전성원 부사장이 한숨을 쉬며 말했다.

"일본 차와 경쟁하려면 가격을 맞추어야 하는데, 한 대 팔았을 때 300달러 가까이 손해를 보게 생겼습니다."

눈앞이 캄캄했다. 30만대 공장까지 세워놓았는데 팔수록 손해라니? 부사장과 머리를 맞대고 수 차례 검토했지만 역시 적자였다.

"할 수 없죠. 일단 시장에 진입한 후에 가격을 조정합시다."

결정을 했지만 역시 머리는 무거웠다. 그런데 때마침 환율이 천정부지로 오르기 시작했다. 개발 당시 680원 하던 환율이 수출을 시작할 무렵에는 무려 980원까지 치솟는 것이 아닌가. 하늘이 돕고 있었다.

우여곡절 끝에 드디어 자동차의 본고장인 미국 시장에 발을 내딛을 수 있었다. 결과부터 말하면 미국 시장 진출은 한 마디로 대성공이었다. 엑셀이 처음 선보였던 1986년에는 18만 6,000대를 팔았고, 1987년에는 무려 26만 대를 팔았다.

현지 각 언론의 반응도 대단했다. 1986년 12월 〈포천(Fortune)〉지는 "엑셀이 미국 10대 상품으로 선정됐다"고 밝히고, "역사상 가장 빠른 매출신장을 보인 수입품"이라고 격찬했다. 〈Consumer Report〉는 '소비자들에게 추천할 만한 1987년의 승용차'로 엑셀을 선정했다. 엑셀의 성공은 결코 기적이 아니었다. 그것은 수많은 시련과 극복, 도전과 개척의 시간 속에서 탄생한 것이었다.

엑셀을 처음 수출한 1986년, LA에서 열린 국제 모터쇼에 참가했다. 많은 관람객들이 찾아왔고 우리의 부스는 인기를 끌었다. 그 때 오래 전에 미국으로 이민 온 할머니 한 분이 엑셀을 쓰다듬으며 감격의 눈물을 흘렸다.

"전쟁으로 폐허가 된 조국에서 이렇게 좋은 차를 만들다니…."

손자를 어루만지듯 엑셀을 쓰다듬던 할머니의 눈물은 아직도 잊혀지지 않는다.

평생을 자동차 제조업에 몸담아온 나로서는 우리 손으로 만든 차를 세계시장에 수출해 세계가 인정해 주는 자동차회사로 만들었다는 데 자부심을 느낀다. 잘 아시다시피 자동차는 반도체보다 더 높은 기술을 요하는 산업은 아니다. 그래도 반도체에 버금가는 기술을 요하는 공업이기 때문에 자동차는 선진국들에서만 가능한 업종이며, 연관 산업에 큰 파급효과를 미친다. 제2차 세계대전이 끝난 1945년 이후 현대 외에 다른 어느 나라 기업도 자동차를 만들어 수출하지 못했다. 오직 현대만이 1945년 이래로 자동차를 만들어 세계에 수출한 최초의 회사다. 다국적 자동차회사들은 자동차 공업이 없는 나라에 진출할 때는 모두가 예외없이 그 나라의 자동차 공업을 육성해서 해외에 수출한다고 한다. 그러나 다국적 자동차회사에서는 그 회사 본국에서 만든 차를 세계시장에 수출하고 있기 때문에, 후진국에서 제조한 동일 모델의 차를 수출할 수가 없다. 현대가 자동차 산업에서 성공한 가장 중요한 이유는 고유 모델을 만들어 선진국 회사들의 제재 없이 수출할 수 있었다는 데 있다. 다른 국내 자동차회사들도 현대의 뒤를 따라 고유 모델을 만들었기 때문에 수출할 수 있게 되었다.

다행히 현대자동차는 지난 5년 동안 국내 시장에서 경쟁자 없이 마라톤을 혼자 뛰었다. 따라서 국내 시장에서 독점적 지위를 누렸으며 수출시장에서도 경쟁력을 높이는 데 많은 도움을 받았다고 생각된다. 앞으로도 최소한 2~3년은 이런 상황이 계속될 것이라고 예측되지만, 그 후로는 GM대우, 르노삼성, 쌍용 등으로부터 거센 도전을 받게 될 것이기 때문에 그에 대한 대비를 착실히 해나가야 할 것이다.

최근 들어 경제지표에 여러 가지 좋지 않은 상황들이 전해진다. 자동차 업계도, 수출 여건도 예년 같지 않다는 전언이다. 이 같은 이야기들을 들을 때마다 남의 일 같지가 않다. 내가 보는 현재의 산업환경은 중심을 잃고 있는 것 같다. 지난날의 어려웠던 시절을 돌이켜보며 다시 불굴의 의지를 세워도 부족한 터에, 각자의 이익을 챙기기에 바빠 국제경쟁력을 잃고 있는 게 아닌지 참으로 걱정스럽다. 대한민국의 살 길은 오직 기술개발과 수출뿐이라는 점을 명심해야 할 것이다.

(주)로만손 | 김기문 사장

제품과 함께 '브랜드'를 수출하라

《《《Are you a smuggler?(당신 밀수꾼 아냐?)

1989년 봄, 사우디아라비아 리야드 공항.

출입구 검색대 앞에서 세관원과 나는 입씨름을 벌였다.

"이 많은 시계들이 도대체 뭡니까? 압류하겠소."

그는 황급히 담당관을 불렀다.

"아니, 왜 그러는 거요. 이 시계는 우리 회사 제품이란 말입니다."

세상에 자기 회사 제품을 밀수하는 사람도 있단 말인가. 영문 명함과 카탈로그까지 내놓고 통사정을 했지만 세관원은 아예 나를 밀수꾼이나 보따리상쯤으로 취급했다.

"당신이 바이어라면 샘플 몇 개만 들고 다니면 될 일이지, 이렇게 가방을 몇 개씩 들고 다니는 것은 이해할 수 없습니다."

당시 중동에서는 보따리상들이 이 나라 저 나라를 떠돌며 시계 등을 팔아 많은 차액을 남기고 있었다.

"중동 전역에 우리 회사 시계를 알리고 팔기 위해 먼길을 날아온 사람입니다. 샘플 몇 개 보이자고 값비싼 비행기삯을 치르고 이 곳까지 오겠습니까? 만나야 할 거래선이 너무 많습니다."

공항경찰에 체포되는 신세는 면했으나 샘플용 시계가 담긴 가방은 결국 통관되지 못했다. 그 날 저녁, 모든 걸 포기하고 공항 대합실에서 새우잠을 청했다. 하지만 이리저리 아무리 뒤척여도 잠이 오지 않았다. 오히려 머릿속에선 꿈결인 듯, 잠결인 듯 지나간 인생 역정이 파노라마처럼 펼쳐졌다.

방황했던 학창시절을 거쳐 집안 종손으로서의 책임감을 늘 어깨에 지고 다니면서 맞이한 어머니의 와병과 죽음, 솔로몬시계공업에서 미친 듯이 일에 매달렸던 영업이사 시절, 영화산업에 큰 매력을 느껴 당시 영화관련 사업을 하고 계셨던 작은아버님의 빚보증을 잘못 서 그 동안 벌어놓은 가산을 모두 날려버릴 위기를 맞이해 자살을 결심하기도 했던 상황, 그리고 주위 사람의 도움으로 회사를 설립하기까지의 역정 등등….

생각이 거기에 이르자 나는 혼탁한 머릿속을 털어내기 위해 자리에서 벌떡 일어났다. 그리고 성큼성큼 공항청사 밖으로 나갔다. 새벽 공기가 제법 상큼하게 느껴졌다.

'까짓것! 바닥까지 가본 인생인데 더 나빠질 것도 없잖아.'

혼잣말로 이국 하늘에 대고 목청을 높이고 나니 속이 좀 후련해졌다.

사막 저편에서 어느 새 이글거리는 태양이 떠오르고 있었다.

"김 사장, 당신은 우리 도시 이름을 훔쳤소."

로만손시계를 창업할 무렵인 1980년대 후반 국내 시계시장은 대기업이 거의 독차지하고 있었다. 자본이 절대 부족한 상황에서 덩달아 국내 시장에 진출하는 것은 계란으로 바위 치기나 다름없는 일이었다. 그래서 로만손시계는 처음부터 해외시장을 타깃으로 잡았다. 1년 중 150일 이상 떠나는 해외출장은 고난의 연속이었다. 가뜩이나 무거운 샘플 가방은 고통스런 삶의 무게 그대로 느껴지곤 했다. 브랜드 인지도가 낮다 보니 매번 보따리상이나 밀수꾼으로 오인받아 곤욕을 치르는 것도 다반사였다.

오메가, 롤렉스, 라도, 세이코 등…. 세계 유수의 시계 브랜드는 기억하기에 알맞고 부르기도 쉽다. '세계시장에서 제대로 대접을 받으려면 자체 브랜드가 있어야 한다'는 생각은 사업 초기부터 갖고 있었다.

'로만손' 브랜드는 스위스 '로만시온(Romancion)'이라는 마을 이름에서 영감을 얻었다. 제1차 세계대전 당시 프랑스의 시계 기술자들은 전쟁을 피해, 스위스의 산악지대로 몰려들었다. 자연스레 시계 공업단지가 조성되었고, 이 곳은 시계 본고장의 하나로 명성을 얻었다. 이처럼 '로만손' 브랜드는 시계산업의 본산인 스위스의 명성을 브랜드 네임에 원용함으로써 고급제품의 이미지를 풍기도록 하려는 의도를 갖고 있었다.

해외시장에 '로만손'을 알리는 데 전력투구한 덕분이었을까? '로만손'은 이제 세계 명품 대열에 들어설 정도로 알려지게 되었다.

몇 년 전, 스위스 시계공업협회 아벨란제 회장을 만났을 때, 그는 이렇게 말했다.

"김 사장, 당신은 우리나라 도시 이름을 훔쳤소."

커팅 글라스로 일약 스타덤에

내 여권에는 스탬프 잉크가 마를 날이 없었다. 지구촌 어디든지 시계를 팔 수 있는 곳이라면 달려갔기 때문이다. 우리 브랜드를 알리기 위해 세계시계박람회 등 각종 전시회에 부지런히 참가했다.

"로만손? 어느 나라 제품이죠?"

바이어들은 우리 제품을 만지작거리면서 품질을 정확히 평가하기보다는 브랜드부터 따지고 들었다. 오기가 생겨 1년 동안 번 돈을 모조리 박람회 참가비용에 쏟아 부을 정도였다. 주위에서는 바보짓이라며 수군거렸다. 그러나 각종 박람회에 꼬박꼬박 참가하다 보니 시계에 대한 국제적 안목이 생겨나는 건 물론, 바이어들의 취향도 파악할 수 있었다. 비싼 수업료를 지불하는 것이 결코 헛된 일이 아니었던 것이다.

히트 상품을 만들어야 한다

남들과 똑같은 방식으로 경쟁을 벌여서는 성공할 수 없다고 생각했다. 신제품을 개발하는 것이 급선무였다. 이로써 탄생한 것이 커팅 글라스(Cutting Glass) 시계였다. 사람들은 보석을 좋아한다. 유리로 보석의 느낌을 표현하자는 컨셉이 구체화되었다.

컨셉은 꽤 괜찮은 것 같았으나 문제는 기술이었다. 유리를 보석처럼 깎으려 하니 강도가 약해 번번이 부서졌다. 유리 가공공장 기술자들이 불가능한 일이라며 고개를 가로저었다. 그러나 포기하지 않고 설득하고, 기술개발에 매달리도록 그들을 독려해 문제를 해결하는데 성공했다.

"사장님! 커팅 글라스 시계 1,000개가 하루 만에 다 팔렸습니다."

처음 출시한 제품을 서울 강남역 주변에 뿌렸는데 대성공이었다. 공장에서 300개만 만들자고 하는 걸 우겨서 1,000개를 만들자고 했는데, 단 하루 만에 다 팔려나갔다. 미리 주문을 예약해야 상품을 수급받을 수 있을 정도였다.

해외시장에서도 상황은 같았다. 처음 커팅 글라스를 중동 시장의 중심지 두바이에 뿌렸다. 로만손 커팅 글라스 시계의 우수성을 확인한 바이어들에 의해 입소문이 나면서 미국 뉴욕은 물론 유럽과 아프리카에서까지 주문이 폭주했다. 출시 초기에 15달러 하던 시계가격이 25달러까지 올랐다. 로만손의 커팅 글라스 시계 때문에 유리공장이 30~40개가 생겼을 정도다. 커팅 글라스 시계는 회사의 연매출을 6억 원에서 60억 원으로 10배 끌어올리며 단숨에 효자상품으로 떠올랐다.

1990년 11월 '무역의 날' 기념식에서 로만손은 100만 달러 수출탑을 수상하는 영광을 안았다. 대기업은 별 게 아닌 것으로 여길지 모르지만 내겐 불과 창업 3년 만에 이룬 성과이다 보니 가슴이 벅차올랐다. 수상식이 거행되는 내내 부모님 생각에 눈시울이 붉어졌다.

하지만 무슨 일이든 오르막길이 있으면 내리막길도 있는 법. 복제의 귀재라 불리는 홍콩의 시계업자들이 우리의 아이디어를 베껴 되레 국내 시장을 파고들었다. 그들이 단돈 5달러에 비슷한 제품을 공급하기 시작하면서 로만손 시계의 판매량은 급격히 줄어들었다.

'영원한 제품이란 없구나. 만물이 생멸하듯 제품에도 수명이 있구나' 하는 것을 다시금 깨닫게 되었다. 시장은 승자 없는 전장(戰場)이라는 사실을.

영리한 여우는 여러 개의 굴을 파놓고 있다

1991년 1월 걸프전이 터져 중동의 현지 시계시장은 쑥대밭이 되고 말았다. 절대적으로 중동 시장에 편중돼 있던 로만손 시계로서는 큰 타격을 입을 것이 자명했다. 사람이 죽고 사는 전쟁터에서 누가 시계를 산단 말인가?

한 가지 히트 상품으로 시장에 대응할 수 없듯, 몇몇 나라에만 치중해 수출해서는 안 된다는 생각을 이 때부터 했다. 한 개 시장에만 집착하면 위기 상황에선 자연히 부침을 거듭할 수밖에. 이제 로만손도 시장을 다변화시켜야 한다는 과제에 당면한 것이다.

발이 많은 동물은 한두 개가 잘려도 넘어지지 않고, 꾀 많은 여우는 여러 개의 굴을 파놓고 있다고 하지 않았는가? 거기에까지 생각이 미치자 전쟁 중인 중동지역은 잠시 뒤로 미뤄놓고 아시아·유럽·미주 등지로 거래선을 넓혀나갔다. 1990년 9월에는 뒤늦게 수교한 러시아에도 달려갔다. 지금은 인터넷이 있어 업무의 편리성과 비용도 거의 들지 않지만 당시에는 회사와 연락을 취하기 위해 엄청난 전화비를 써야 했다. 시계 샘플이 담긴 무거운 가방을 몇 개씩 들고 다니니 오른팔이 왼팔보다 2~3cm가량 더 길어지는 웃지 못할 일도 일어났다.

로만손은 비록 중소업체이지만 세계 각국의 바이어들과 접촉하면서 나름의 원칙을 정했다. 첫째는 '1국 1바이어'를 고수하는 것이었는데, 여기에는 나름의 이유가 있었다. 만약 한 나라에 여러 명의 거래선을 두면 그들끼리 과당경쟁을 벌이다 제품가격을 떨어뜨려놓기 때문이었다. 따라서 면밀한 조사를 통해 선정된 우량 바이어에게 판매실적에 따른 인센티브와 옵션을 부여하고 광고·포장재 등을 과감히 지원했다.

하지만 그러다 보니 바이어들끼리 서로 헐뜯는 일이 벌어졌다. 심지어 은밀하게 협박하는 이도 있었다. 1990년대 초반, 어느 날 나는 사우디아라비아에서 납치를 당했다. 안면이 있는 바이어가 목적지까지 차를 태워주겠다고 했다. 그 곳의 지리를 속속들이 알지 못하고 있는 나는 그의 배려를 고맙게 여기며 차에 올랐다. 그런데 그가 몰고 가는 승용차의 방향은 엉뚱한 곳을 향하고 있었다.

"지금 어디로 가는 겁니까?"

사막 한가운데 차가 멈췄다.

"미스터 김! 왜 우리에게는 물건을 대주지 않는 거요? 우리를 얕보는 거요? 만약 물건을 주지 않으면 이 사막이 당신의 무덤이 될 거요!"

"하하하!" 위협 앞에서 나는 겁없이 껄껄 웃었다. 웃고 있는 나를 이상하게 여기든 말든, 그 순간 '우리 제품이 이 정도로 인기가 좋구나' 하는 자부심과 함께 성공의 전율이 온 몸에 느껴졌다. 그 거래선과는 현재도 좋은 관계를 유지하고 있다. 이렇게 발로 뛰어 개척한 하나하나의 시장은 우리 회사의 훌륭한 자산이 되고 있다.

고가 브랜드로 승부를 걸다

수출시장 다변화 전략과 함께 기술개발에 주력하면서 로만손의 매출은 계속 늘어났다. MGP(Multi-Gold Plated) 시계는 금이 벗겨지지 않게 하는 세계 최초의 도금 기술로 명성을 얻었고, 코인 다이얼(Coin Dial) 시계도 잇달아 히트시켰다. 이렇게 해서 로만손의 수출은 1992년 500만 달러를 넘어섰고, 1996년에는 마침내 1,000만 달러를 달성하는 쾌거를 안았다.

수출이 1,000만 달러에 육박할 즈음 나는 고민에 빠졌다. 솔직히 그 때까지만 해도 우리 제품은 중저가 브랜드로 취급되었다. 수익이 적고 불황이 찾아오면 먼저 타격을 입는 것이 바로 중저가 브랜드의 특성이었다.

'변해야 산다. 이를 위해선 하루 빨리 고가 브랜드를 만들어야 한다.'

창업 후 늘 기술력 향상과 디자인 개발을 최우선의 경영목표로 삼아온 나는 직접 아이디어를 내기도 했다. 직원들은 이런 나를 '왕디자이너'라고 부르기도 했는데 고가 브랜드 전략을 추진하기 위해 개발팀을 독려했다. 이렇게 탄생한 것이 바로 '엘베(ELEVE)'였다.

엘베는 다이아몬드, 골드, 첨단 세라믹 신소재를 사용한 고급시계다. 초박형 슈퍼 슬림 디자인을 기본형으로 매우 화려한 사파이어 크리스탈, 큐빅 등을 정교하게 사용했다. 나아가 우리의 기술을 응용한 천연 자개 다이얼이라는 기상천외한 기법이 적용됐다. 천연자개로 만들어진 다이얼은 은은하고 신비한 빛을 발하며 한껏 품위를 높여주었다. 나중에 이를 알게 된 스위스 기술자들이 우리의 아이디어에 혀를 내둘렀다.

엘베는 해외시장 소비자들에게 제품 이미지를 높이기 위해 조립 라인을 스위스로 정했다. 소비자의 신뢰도를 높이기 위해 스위스 상공회의소의 승인까지 받았다. 이렇게 만들어진 엘베는 스위스 현지에서 조립되어 전세계 시장에 팔려나가고 있다. OEM으로 시작한 나라가 이제 시계의 본고장인 스위스에 OEM을 주고 있는 것이다.

우리 회사는 1998년 스위스의 유명 디자이너에게 의뢰해 새로운 CIP(기업 이미지 통합)를 단행했다. IMF로 가뜩이나 어려운 판국에 10억 원 이상을 투입하는 것이었으니 당시로선 무척이나 결정을 내리기 힘든 투자였다. 그러나 이 투자는 고스란히 되돌아왔다. 현재 '로만손'은 700여억 원의 브랜드 가치를 평가받고 있다.

《《《《 러시아 여성이 가장 받고 싶어하는 선물

"러시아에서 로만손 시계가 그렇게 유명한 줄은 몰랐습니다."

여객기 안에서 우연히 만난 영화배우 문성근씨가 인사말을 건네며 말했다.

크렘린궁 옆에 로만손의 대형 광고판이 우뚝 서 있고, 러시아 여성들이 가장 받고 싶어하는 선물이 바로 로만손 시계라는 기사를 읽었다는 것이다.

러시아에서 매년 3월 8일은 '여성의 날' 이다. 러시아 남성들이 여성들에게 잘 보이기 위해 가장 신경을 쓰는 날이다. 그런데 어느 신문사의 설문조사 결과, 러시아 여성들이 '이 날 가장 받고 싶은 선물' 로 로만손 팔찌시계를 꼽은 것이다. 로만손 팔찌시계는 현대적인 이미지와 품위를 나타내는 고급스러운 디자인으로 세계 제일이라고 해도 과언이 아닐 정도로 많은 바이어와 소비자에게 호평을 받고 있다.

2003년 4월 로만손은 스위스 바젤에서 열린 국제 시계보석 전시회 명품관에 초대받았다. 이 명품관에는 롤렉스, 오메가처럼 세계적인 브랜드만이 초대된다. 명품관에 들어가기 위해서는 세계적인 인지도와 함께 기술위원회를 통과해야 하고, 50개국 이상으로 수출되고 있음을 증명하는 확인서까지 첨부해야 하는 등 까다로운 심사를 통과해야 한다. 아시아에서 초대받은 업체는 일본의 세이코와 시티즌인데, 로만손이 국제 시계보석 전시회 명품관에 초대됨으로써 이제 우리 제품도 명품 대열에 당당히 들어섰음을 증명하게 되었다.

로만손은 글로벌 브랜드로 성장하기 위해서 신제품 디자인에 최선을 다하고 있다. 로만손이 스위스에서 제작해 온 매리골드(Marigold)를 비롯한 최고가 시계와 초정밀 시계산업의 대표라 할 수 있는 오토매틱 오픈 밸런스 시계(정통기계식 시계)도 생산하고 있다. 국내에서는 아직 선풍적인 인기를 끌고 있는 제품은 아니지만 이미 해외 명품들이 주로 사용하고 있으며, 클래식하고 전통적인 이미지의 고풍스러운 디자인으로 해외에서 고급시계로서의 인지도가 높은 제품이다. 특히 사람의 심장이 박동하고 있는 것처럼 시계의 움직임을 시각적으로 볼 수 있으며, 이러한 고풍스러운 디자인은 고급시계 디자인의 한 맥락으로 꾸준한 인기를 구가하고 있다.

2001년 로만손은 이미 2,000만 달러 수출 고지를 넘어섰다. 로만손의 명성은 세계시장에서 날이 갈수록 높아가고 있으며, 오늘도 나는 제품과 함께 '브랜드'를 수출한다는 생각으로 세계를 향해 뛰고 있다.

"브랜드 경쟁력이 바로 우리의 경쟁력이기 때문이다."

(주)HJC | 홍완기 회장

정글의 랠리에서 1위를 지켜라

투자 없는 결과는 없다

"사장님! 또 떨어졌습니다."

나는 낙담해 수화기를 내동댕이치고 싶었다.

전화를 끊고 나니 더욱 화가 치밀었다. 우리 제품이 그 정도밖에 안 된단 말인가. 정말 세계의 벽은 높다는 사실을 실감할 수 있었다.

1983년, 홍진크라운(현 HJC)은 미국 시장의 문을 두드리기 시작했다. 우연한 기회에 '서울헬멧'이라는 회사를 인수해 '홍진기업'이라는 상호로 헬멧 사업을 시작한 지 11년. 각고의 노력으로 6년 만에 국내 시장 점유율 1위를 차지하면서, 세계시장에 도전해 보자는 생각에 진작부터 미국 진출을 준비하고 있었다.

그런데 미국 시장 진출은 말처럼 쉽지 않았다. 우선 미국 연방교통부(US Department of Transportation : DOT)가 주관하는 품질규격을 통과해야 하는데, 여간 까다로운 게 아니었다.

미국에 지사를 설립하고 동생 수기에게 지사장을 맡겼다. 그 때부터 각종 우수한 샘플을 구입해 연구하고, 품질을 개선하며 DOT 규격을 따내는 일에 전념했다. 그런데 이번에는 틀림없다고 생각해서 샘플을 보내면 규격획득에 실패하고 반송되는 일이 반복되었다. 정말 울화통이 터질 일이었다.

시험하기 위해 대기하던 중 저녁에 눈이 왔다. 아침에 일찍 시험관 집앞의 눈을 쓸어주었다.

"합격시켜 달라고 하는 일이 아닙니다. 왜 떨어지는지만 가르쳐 주십시오."

지사장은 애원하며 사정했다. 그랬더니 담당관은 빙긋이 웃었다. 그리고 몇 가지 불합격 사유를 가르쳐 주었다.

"땡큐! 미스터 데이비드. 곧 새로운 샘플을 만들어 제출하겠습니다."

미국 지사장이 알아낸 정보는 곧바로 샘플 제작에 반영되었다. 그러기를 몇 차례. 홍진크라운 헬멧은 마침내 1984년 11월 미국 DOT 규격을 획득할 수 있었다. 무려 2년여의 시간이 걸린 험난한 랠리였다.

그러나 품질규격을 통과했다고 해서 금방 제품이 팔려나가는 것은 아니었다. 샘플을 들고 다닐 때마다 헬멧의 디자인과 기술이 뒤떨어져 바이어들의 비웃음도 많이 샀다. 아시아에서 온 저급품이라는 냉대가 계속됐다.

'내친김에 스넬까지 획득하자.'

스넬(SNELL)이란 오토바이 경기 도중 헬멧이 깨져 사망한 스넬이라는 미국 선수를 추모하기 위해 '스넬 기념재단'이 만든 미국 최고의 헬멧 품질보증서다. 따라서 스넬 규격은 DOT 규격과는 비교가 되지 않을 정도로 까다로웠고 고급 브랜드의 대명사였다.

홍진크라운은 계속해서 품질을 개선하는 각고의 노력 끝에 1987년 스넬 규격도 따냈다. 이어 유럽의 각종 규격도 획득했다. 우리가 세계 일류의 각종 규격을 획득하기까지 들인 돈과 노력은 때로는 중소기업으로서는 감당하기 어려운 것이었다.

나는 직원들에게 가끔 이야기한다.

"세상에 투자 없는 결과는 없다."

그 신념은 오늘날까지 이어져 매년 매출의 10%를 연구개발비로 쓰고 있다.

판매권 한 곳에 1,000만 달러

홍진크라운이 스넬 규격을 획득하자 미국 시장에서 제품에 대한 인지도가 점점 달라지기 시작했다. 매출이 급격하게 늘지는 않았지만 바이어들이 호감을 나타냈다.

그러자 미국 헬멧 판매상 중 가장 큰 업체인 '로키 사이클'의 빅터 영 사장이 급히 한국으로 날아왔다. 그는 우리 회사와 인연이 있는 사람이었다. 미국 시장 개척시 가장 먼저 두드린 곳이 바로 로키 사이클이었던 것이다. 그 때 로키 사이클은 아시아의 작은 업체를 문전박대하며 제대로 상담조차 해주지 않았다.

"홍 사장, 50만 달러를 주겠소. 우리 상표를 붙여주시오."

빅터 영 사장은 그 때의 일을 사과하며 제안했다. 한번에 50만 달러어치를 수입할 테니 자신들의 상표 '스파르탄(Spartan)'을 부착해 OEM으로 제작해 달라는 것이었다.

50만 달러. 당시의 우리로서는 엄청난 금액이었다. 그 돈이 있으면 새로운 기술개발비에 투자할 수 있고 단숨에 미국 시장에서 자리잡을 수 있는 탐나는 뭉칫돈이었다. 나는 그의 제안을 받고 이틀 동안 고민했다. 그리고 결론을 내렸다. '노(NO).'

곶감은 달다. 그러나 하나씩 빼먹고 나면 남는 것은 막대기뿐이다. OEM으로 납품을 하는 것은 곶감과 같다. 자사 브랜드가 없고, 자체 판매망을 갖추지 않으면 계속해서 끌려다닐 것이라는 판단이 섰다. 처음에는 어렵더라도 반드시 우리 브랜드로 런칭을 해야겠다고 생각했다. 빅터 영은 "후회할 것이다. 다시 한번 생각해 보라"는 말을 남기고 소득 없이 떠났다.

홍진은 처음 '크라운'이라는 브랜드로 제품을 출시했다. 그런데 2년여가 지났을 때 '크라운'이라는 상표가 문제가 됐다. 미국의 시위방지용 유명 헬멧 이름이 '크라운'이었던 것이다. 남의 브랜드를 가지고는 세계시장에 나아갈 수 없었다. 고심 끝에 '세계로 나아간다'는 의미인 '홍진(洪進)'을 붙인 '홍진크라운'의 첫 이니셜을 따 'HJC'로 정했다.

자사 브랜드는 처음 정착하기에는 어려움이 많다. 광고와 선전, 새로운 디자인과 품질이 보장되어야 한다. 그러나 소비자에게 브랜드가 알려지면 신발이나 의류처럼 값이 안 맞는다고 해서 다른 곳으로 거래처를 바꿀 수 없다.

미국을 공략하며 전체를 서부·중부·동부의 세 곳으로 나누고, 캐나다를 포함한 네 곳을 선택해 그들에게 독점판매권을 주었다. 그리고 미국지사가 이를 총괄케 했다. 그들은 처음에는 우리 회사 제품과 타사 제품을 함께 취급했다. 그러다가 HJC 제품의 진가를 알게 되자 타사 제품은 모두 끊어버리고 우리 헬멧만 취급하게 됐다. 우리는 지금도 40개국에서 '1국 1바이어' 원칙을 고수하고 있다.

미국 중부에 우리 제품을 공급하는 캐슬사의 바이어 로빈슨은 몇 해 전 미국을 방문한 나를 위스콘신 주 그린베이에 있는 자기 집으로 초대했다. 그런데 집에 찾아가니 저녁 만찬이 온통 한국식이었다. 어떻게 된 거냐고 물었더니 음식을 대접하기 위해 주 경계를 넘어 한국 슈퍼마켓이 있는 시카고까지 자동차로 4시간을 달려 장을 봐왔다는 것이다.

"당신은 나에게 평생 은인입니다."

그는 HJC 덕분에 큰돈을 벌었는데 다른 바이어들이 HJC 판매권을 1,000만 달러에 팔라고 했지만 일언지하에 거절했다는 이야기를 자랑스레 들려주었다. 그의 이야기는 HJC가 미국 시장에서 차지하는 위상을 실감케 했다.

처음에 우리 회사의 저력을 내다보지 못하고 문전박대했던 로키 사이클은 땅을 치고 후회했다 한다. 나중에 후회한 사람은 우리가 아니라 바로 빅터 영 사장이었던 것이다. 그는 나를 비롯해 다른 사람에게도 당시 자신의 결정이 비즈니스 생애의 가장 후회스러운 결정이었다는 이야기를 했다고 전해들었다.

그 때부터 공을 들여 키운 HJC 브랜드는 현재 세계 최고의 자리에 올랐다. 이제는 세계 어느 곳에 가더라도 우리 브랜드가 헬멧 매장 한가운데에서 빛을 발하고 있다.

세계 1위를 차지하다

세계에서 헬멧을 만드는 회사는 몇천 개가 넘는다. 이처럼 경쟁이 치열하다 보니 제품 주기가 1년을 넘기지 못했다. 히트를 쳤다고 잠깐 방심하다 보면 다른 신모델이 어느 틈에 치고 올라온다. 그래서 우리는 헬멧 시장을 최고만이 살아남는 '정글의 랠리'라고 부르곤 한다.

1970년대 미국의 벨(Bell), 1980년대 일본의 쇼에이(Shoei), 1992년부터 한국의 HJC가 1위를 지키고 있다. 그 뒤로 일본의 아라이(Arai), 이탈리아의 놀란(Nolan) 등 빅 메이커들이 치열한 다툼을 벌였다.

이런 형편이다 보니 우리 회사는 연구개발에 회사 역량을 집중시킬 수밖에 없었다. 그래서 초기부터 산학협동으로 만들어낸 조개 모양으로 통풍을 개선한 공기역학적인 헬멧과, 소음방지에 탁월한 CL-14 등을 개발해 연이어 히트시켰다. 또한 사람마다 머리의 치수가 다른 점에 착안해 만든 세계 최초의 탈착식 귀 패드 헬멧, 안경을 착용한 사람을 위한 헬멧 등 수많은 아이디어 상품들을 개발해 냈다.

미국 시장에 서서히 뿌리를 내릴 무렵 나는 또 하나의 프로젝트를 극비리에 진행했다. 이 또한 세계 최초의 헬멧으로 오토바이 여행자들이 운행 도중에 서로 이야기를 나눌 수 있는 획기적인 발명품이었다. 기능은 헬멧에 수신기와 마이크 장치를 단 채터박스(Chatter Box)를 장착해 서로 교신을 할 수 있고 FM 방송도 들을 수 있게 설계했다.

극비리에 진행된 이 프로젝트가 완성단계에 이르렀을 무렵 한 가지 문제가 발생했다. 테스트 결과 빠른 속도로 달려갈 때 잡음이 생긴다는 것이었다. 막내동생이 이 문제를 해결하겠다고 나섰다. 시험장소는 캐나디안 로키의 서드밸리. 세계 최고를 자랑하는 스키장으로 가파른 지세가 무선통신 헬멧 시험장으로 최적이라는 결론이 내려졌다. 나는 테스트에 참가한 막내를 보내놓고 위험한 테스트에 직접 참가하지 말라고 신신당부했다.

그런데 사고가 터졌다. 스키장의 침엽수를 들이받고 막내가 사망한 것이다. 비통한 마음을 금할 수 없었지만 모든 일을 되돌릴 수는 없었다. 헬멧 사업을 하다 사랑하는 동생까지 잃었다는 생각에 한동안 헬멧을 쳐다보기도 싫었다.

그 해 인디애나 주 인디애나폴리스에서 모터쇼가 열렸다. 우리는 그 모터쇼에 새로 개발한 세 가지 신제품을 내놓았다. HJC의 부스는 단연 최고의 인기를 끌었다.

무선통신 헬멧도 인기를 끌었지만, 헬멧 앞쪽의 턱보호대를 위아래로 움직일 수 있게 해 대화를 나누거나 담배를 피울 수 있게 만든 이 제품은 바이어들에게 폭발적인 인기를 끌었다. 박람회장에서만 무려 13만 개의 주문을 받는 신기록을 수립했다.

점입가경으로 HJC에 호재가 겹쳤다. 박람회가 열리는 시기에 인디애나폴리스에서 모터쇼가 열렸는데, 미국의 600CC급 모터사이클 선수인 애런 예트가 경기 중 넘어지는 사고가 발생했다.

그런데 예트는 넘어지면서 몇 바퀴나 구르고 부딪혔는데도 멀쩡했다. 그는 사고를 당한 지 불과 두 시간 후 2차전에 나가 2위를 차지했다. 기자들이 1위를 제쳐두고 그에게 몰려들어 카메라와 마이크를 들이댔다.

"이 헬멧이 내 생명을 구했습니다. 이 헬멧 덕분에 2차전에 나갈 수 있었습니다."

그는 HJC 헬멧을 치켜들며 자랑스럽게 말했다. 이는 미국 전역에 방송·기사화되었고 이 때부터 HJC는 유명 브랜드의 대열에 올라섰다.

"사장님 우리 브랜드가 드디어 미국시장 점유율 1위를 차지했습니다."

그 해 말, 미국에서 낭보가 날아들었다. 미국에서 가장 유명한 〈모터사이클 인더스트리〉란 잡지에서 HJC가 시장점유율 1위라는 발표를 한 것이다. 헬멧 사업을 시작한 지 18년. 미국 입성 6년 만인 1992년의 일이었다. 우리가 1위를 할 때 계속 선두를 지키던 일본의 쇼에이는 과도한 출혈경쟁으로 부도를 내고 말았다. 순위도 3위로 떨어졌다.

HJC는 1992년 이래 미국 시장에서 점유율 50%에 육박하며 10년 넘게 1위를 지키고 있다. 세계 전체시장에서도 16.5%를 기록, 단연 선두를 달리고 있다. 2위인 이탈리아 놀란의 점유율이 우리의 절반 수준인 7%대임을 감안하면 압도적인 우세인 셈이다.

2011년 헬멧과 안전모 등 5개 분야에서 세계 1위

홍진크라운은 1975년 처음으로 일본에 수출을 시작했다. 최초의 수출품은 헬멧이 아니라 헬멧 내장재였다. 수량은 1만 개로 6,000달러 규모.

수출대금으로 6,000달러를 받아들며 나는 '바로 이거다'는 생각을 했다. 좁은 국내 시장으로는 성에 차지 않았던 것이다. 그래서 싱가포르, 동남아, 사우디아라비아 등에 헬멧 완제품 수출을 늘려갔다.

HJC의 경쟁력은 결국 수출을 통해 얻어진 것이다. 세계를 바라보지 않고 국내 시장에만 안주했더라면 오늘날의 HJC는 없었을 것이다. 이처럼 세계시장에서 치열하게 싸운 결과 최고의 자리에 오른 것이다.

자사 브랜드로 세계시장 점유율 1위를 기록하며 2000년 11월 30일 수출의 날, 금탑산업훈장과 5,000만 달러 수출의 탑을 수상했으며, 2003년 수출액은 7,300만 달러에 이르렀다.

HJC는 현재 연간 160만 개의 헬멧을 만들어내고 있다. 이 중 3% 정도가 내수이고, 97%가 수출이다. 미국과 프랑스에 현지법인을 두고 있으며 중국에 공장을 가지고 있다. 우리는 똑같은 제품을 해외에 수출할 때는 내수보다 비싼 값을 붙여 개당 250~270달러를 받는다. 이 모든 것은 HJC 브랜드를 공들여 키운 덕택이다.

HJC는 창립 40주년이 되는 2011년에는 현재의 오토바이 헬멧 세계시장 점유율 1위에 만족하지 않고 자동차경주용 헬멧(Auto Racing Helmet), 안전모, 두형교정모, 목 보호대 등 5개 분야에서 세계 최고가 되는 것을 목표로 하고 있다.

이를 위해서는 자체의 노력도 중요하지만 '기업하기 좋은 나라가 되어야 한다'는 것이 나의 소망이다.

일본을 이겨보자

1980년대 초 세계시장에서 일본 상품이 판을 치고 있었다. 외국에 나가면 백화점이나 길거리 어디에서나 일본차, 일본 상품뿐이었다. 우리 제품은 해외에서 팔릴 수 없을까? 일본 상품을 구해 분해해 보면 우리와는 너무나 차이가 많았다. 모양은 비슷하게 만들 수 있는데 자재와 부품 하나, 페인트, 내장재 모든 면에서 앞서 있었다. '일본을 이기면 세계 제일이 될 수 있다. 한번 해보자'는 생각이 뇌리를 떠나지 않을 때가 있었다.

1980년대 일본과의 권투·축구 등 모든 경기에서 지는 것을 참지 못하는 것이 당시 우리 국민의 정서였으며 어쩌다 지는 경우가 생기면 몹시 분개했다.

공장에서 TV 앞에 모여 한·일전을 지켜보는 종업원들에게 "운동에서 지면 분개하면서 우리가 만드는 제품은 당연히 져야 하느냐, 우리 회사부터 일본과 싸워 이겨보자. 자기가 하는 일에서 최고가 되어보자. 그들이 자고 쉴 때 우리는 연구하고 노력하자"며 독려했다.

밤늦게까지 만들고, 부수고, 다시 만들며 노력한 결과 일본 제품을 훨씬 뛰어넘은 것이다.

　오늘이 있기까지 그 동안 수출을 하기 위해 밤낮을 가리지 않고 일해 온 임직원들과 관계사 여러분께 이 자리를 빌려 깊은 감사를 드린다.

지구촌을 누비며 세계를 감동시키다 2

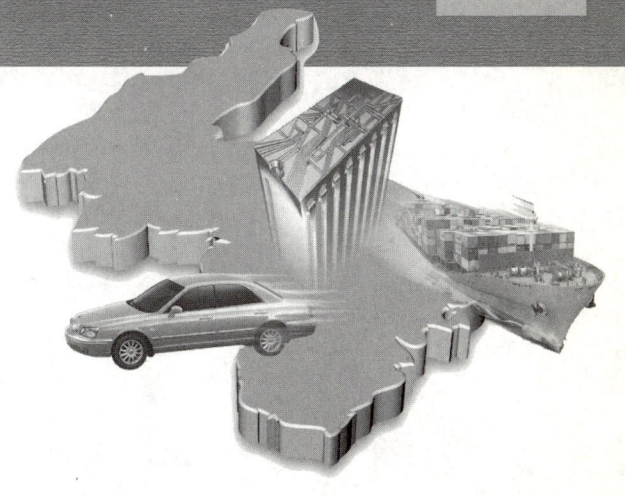

LG전자(주) | 우남균 사장

세계인이 고개 숙이게 만들다

《《《 순경도 수출 역군 알아줘

"당신, 뭐하는 사람이오?"

집 근처에 와서 또 파출소 순경에게 잡히고 말았다.

"한번만 봐주세요. 조심할 게요."

"무슨 일을 하는 사람인데 맨날 통금에 걸리는 거요?"

"예, 저는 금성사 직원입니다."

"그 회사는 밤 12시까지 일하나?"

"아, 그게 아니고, 저는 수출과 직원인데 바이어 접대 때문에…."

외국에서 바이어가 오면 내 차지였다. 말이 접대지, 바이어를 공항에서부터 술자리로, 호텔로 모시고 다니는 운전기사 노릇이었다. 따라서 귀가가 늦어질 수밖에. 번번히 통금에 걸려 우이동 파출소에 잡혀 들어갔다.

여러 차례 파출소에 들락거리다 보니 순경이 이유를 물었고, 내 명함을 보여주며 자초지종을 설명하게 된 것이다.

"아! 그래요. 수출 때문이었군요. 그럼 그냥 가시오. 빨리 가서 자고 수출 많이 해야죠."

그는 내 손바닥에 파란 스템프를 꾹 찍어주었다.

대학 졸업 후 ROTC로 임관, 통역장교로 군 복무를 마치고 1974년 7월 금성사에 입사했다. 여러 회사에 취직자리가 났지만, 수출업무를 맡아 해보고 싶었기 때문이다. 당시 수출과는 인기부서였지만 인원이라야 고작 20여 명. 지금의 수출조직이 3,000여 명에 달하는 것과 비교하면 정말 구멍가게 수준이었다.

수출전담부서인 수출2과에 배치돼 하는 업무 중 하나가 바이어 접대였다. 당시 외국 바이어는 하늘처럼 여겨졌다. 금성사가 거래한 세계적 전자회사인 제니스(Zenith)의 바이어는 정말 귀빈 중 귀빈이었다. 1974년 금성사의 수출액은 1,000만 달러 정도였는데, 이 회사에 대한 수출액이 전체의 절반을 차지하고 있었기 때문이다. 그러다 보니 제니스의 바이어가 떴다 하면 수출부 전체에 비상이 걸렸다. 수출을 하고 있다는 긍지와 자부심을 가지고 있었지만, 외국 바이어 앞에서 모든 직원이 쩔쩔맸다. 그 때마다 내심 자존심이 상했다.

'그래, 두고보자. 언젠가는 너희가 우리 앞에 머리를 숙일 것이다'라며 다짐했다.

밤에는 관광과 접대로 바이어가 잠자리에 들 때까지 밀착 수행을 했다. 그러다 보면 항상 통금시간을 넘기게 마련이었다. 덕분에 파출소로 퇴근(?)이 잦다 보니 그들도 자연히 나를 알게 되었던 것이다. 그래서 지금도 후배들에게 이야기하곤 한다.

"그 때는 파출소 순경도 수출을 했다."

그로부터 20년 후, LG전자는 경영위기를 맞은 제니스를 인수했다. 1995년 인수 후 내가 회사 졸병 시절, 우리 회사를 방문하던 구매 담당자인 프레스턴이 여전히 근무를 하고 있다는 사실을 알았다. 우리는 아주 반갑게 재회를 했지만 입장이 바뀌고 말았다. 그와의 만남은 10여 년 만에 눈부신 성장을 이룩한 LG전자의 위상을 대변하는 자리였다.

미국 시장 공략

1977년 금성사는 국내 최초로 컬러 TV를 개발했다. 오랜 투자와 기술개발 끝에 드디어 컬러 시대를 열게 된 것이다. 하지만 금성사가 19인치 TV 생산에 주력한 것이 영업전략상 차질을 빚게 했다. 미국인의 기호에 맞지 않았던 것이다. 미국 소비자들은 통상 침실에는 작은 사이즈인 14인치 TV를, 거실에는 큰 사이즈인 19인치 TV를 놓았다. 이왕이면 거실에는 고급 브랜드 제품을 갖다놓으려고 했다. 아시아산 제품보다는 미국산이나 일본산을 선택했다.

개발단계에서부터 시장조사를 하고 제품 사양을 결정해야 했는데 덜컥 큰 것이 좋다는 생각을 바탕으로 제품을 시장에 내놓았던 것이다. 바이어들은 아예 외면을 해버렸다.

'큰일났다, 미국에서 TV가 안 팔린다.'

막대한 개발비를 투자했는데 재고만 쌓였다.

'안 되겠다, 직접 들고 뛰는 수밖에.'

회사는 궁리 끝에 미국에 현지 판매법인을 만들기로 결정했다. 세계화 전략 같은 것은 생각지도 못했고, '해외영업 특공대'를 만든다는 정도의 수준이었다. 1978년 초 뉴욕에 현지법인이 설립되었다. 대우에 이어 한국기업이 설립한 두번째 해외 판매법인이었다.

특공대원은 총 네 명. 지사장은 현재 LG전자 중국지주회사의 노용악 부회장이 맡았다. 국내에서 서류만 만지작거리다가 현지에서 직접 판매를 하려 하니 뭐가 뭔지 알 수가 없었다. 미국은 민주주의가 발달한 나라답게 한편으로는 확실히 개방적이다가도 어떤 때는 한없이 권위적이고 폐쇄적이었다.

물건을 팔려면 사람들을 만나야 할텐데 도대체 코빼기도 볼 수 없었다. 큰 유통업체의 구매담당은 걸핏하면 비서와 이야기하라고 했는데, 비서조차 잡상인 취급하는 듯했다.

미국에는 랩(REP)이라는 조직이 있다. 랩은 기업과 기업을 연결하는 복덕방 역할을 하는 회사로서, 각종 수주와 시장분석을 전문으로 하며 커미션을 챙기는 회사를 말한다. 해외시장에 처음 진출하는 기업들은 자연히 이들에게 판매를 맡기게 된다. 랩에 판매를 맡기면 일이 쉬워지는 측면이 있으나 의존적이 되어 그들의 농간에 놀아나는 경우도 허다했다. 또한 스스로 개척한 시장이 아니기 때문에 해외 경쟁력 강화에도 별 도움이 되지 않았다.

'안 되겠다. 작전을 바꾸자.'

우리는 작전을 바꿔 디스카운트 스토어(discount store)를 공략하기로 했다. 할인점을 집중 공략하기로 한 것이다.

지사 직원 모두가 가족과 떨어진 채 합숙을 했다. 24시간 함께 지냈기 때문에 일 말고는 할 것도 없었다. 그래서 특공대처럼 할인점들을 훑고다녔다. 일단 가격경쟁의 우위를 내세우며 할인점을 뚫는 데 총력을 기울였다. 대형제품의 선호가 일반화되면서 판매에 불이 붙었다.

캘리포니아의 멕시코 국경지대에서는 멕시코 상인들이 트럭을 몰고 와 현찰을 주고 '차떼기'로 제품을 싹쓸이해 가는 진풍경도 벌어졌다. 결과는 대성공이었다. 뉴욕 지사의 성공을 바탕으로 해외법인의 확대가 가속화되었다. 미국 진출 초기에 우리가 기록한 매출액은 1,500만 달러. 본사에서는 기껏해야 200~300만 달러를 기대했는데 목표를 500% 이상 초과 달성한 것이다.

이 무렵 지금도 생각하면 쥐구멍을 찾고 싶은 심정인 일화가 있다. 그것은 식사당번이었던 내가 오이로 국을 끓인 사건이었다. 집에서 막내로 자라 전혀 요리를 할 줄 몰랐다. 결국 오이로 국을 끓이는 기상천외한 일을 벌이고 만 것이다. 날로 먹어야 하는 오이로 팔팔 국을 끓였으니 동료들의 입맛은 어떠했겠는가? 그 때의 동료들이 모이면 짓궂은 누군가가 우스갯소리를 한다.

"어이, 우 사장. 언제 오이국 한번 다시 끓여보지."

아무튼 해외 현지법인 직원들의 눈물 어린 노력에 보람의 열매가 익어갔다. 그러한 성과는 1985년 하버드대 애귤리 교수에 의해 마케팅 교재로 편찬되어 학생들에게 읽히기도 했다.

우리 딸은 영업상무

미국 시장의 확대를 위해 시카고 지사를 개설했다. 1981년, 나는 그곳 시카고 지사장에 임명되었다.

시카고는 미국 중부의 핵심도시다. 최근 리처드 기어, 캐서린 제타 존스 주연의 영화 〈시카고〉와 미국 최고의 갱스터 알카포네를 통해 잘 알려진 도시이기도 하다. 미국에서는 "시카고를 장악해야 중서부를 장악한다"는 말이 있을 정도로 중요한 지역적 특성을 지녔다.

그 동안 할인점 판매를 통해 시장점유율을 높인 경험이 있는 나는 우리 상품에 대해 저가품이라는 이미지를 불식시키며 구매 계층을 한 단계 더 높여야겠다고 생각했다. 더욱이 중서부는 소득수준이 높은 편이며 보수적인 경향이 짙어 이들을 파고들지 않고는 향후 미국 시장도 없다는 판단이 섰다.

우선 미국 최고의 백화점 체인인 시어스(Sears)를 잡아야겠다고 생각했다. 시어스는 1986년 리처드 W. 시어스가 미네아폴리스에서 시작한 회사로 화장지를 카탈로그로 만들어 유명해졌다.

1974년에는 시카고에 110층, 높이 443m의 시어스 타워를 세워 얼마 전까지 세계에서 가장 높은 건물로 기록되었으며, 미국의 경제력과 국력을 표방하는 상징물 역할을 하는 미국의 자존심과도 같은 회사였다.

그런 회사였으니 시어스 구매담당 바이어의 위세는 대단했다. 심지어 구매담당 바이어만 전문적으로 담당하는 에이전트들이 있을 정도로 그의 영향력은 컸다.

시어스를 잡아야겠다고 마음먹었지만 막상 110층짜리 빌딩 밑에 서서 건물을 올려다보니 고개도 아프고 기가 팍 죽었다. 비서에게 전화를 하고 과감하게 찾아갔지만 대답은 번번히 "바쁘다. 기다려라. 나중에 연락을 주겠다"는 것이었다. 최고급 선물을 하며 비서의 환심을 사볼까 했지만 콧방귀도 뀌지 않았다.

묘안이 없을까 고심하며 시어스를 향해 촉각을 곤두세우고 있던 중 시어스 바이어가 곧 하와이로 휴가를 간다는 정보를 입수했다.

"하와이로 휴가를 가자!"

뜬금없는 제안에 집사람의 눈이 휘둥그레졌다. '회사 일이 안 풀린다더니, 이 양반이 갑자기 어떻게 됐나?' 하는 눈초리였다. 속도 모르고 놀러간다는 소리에 아이들은 대환영이었다. 대충 설명하고 짐을 꾸렸다. 당시 우리의 빠듯한 살림으로 하와이 여행은 꿈도 꾸기 어려웠다. 회사에서의 보조는 입도 뻥긋 할 수 없었다. 할 수 없이 사비를 털어 경비를 마련했다. 하와이에 가서 식구들을 놀게 한 후, 나는 시어스 바이어의 행적을 뒤쫓았다. 그리고 우연을 가장해 그 사람과 마주쳤다.

"하이, 미스터 구스타프슨! 어쩐 일이십니까?"

여행지에서 만난 바이어는 긴장이 풀어졌는지 의외로 편하게 나를 맞이했다.

'절호의 기회다.'

나는 그렇게 다짐하며 계속 그와 붙어다녔다. 그런데 일은 생각지도 않았던 곳에서 풀리기 시작했다.

그 바이어에게는 네 명의 자녀가 있었다. 안타깝게도 그 중 막내가 뇌성마비를 앓는 장애자였다. 늘 소외감 속에서 지내던 스무 살 전후의 그 청년은 여덟 살짜리 또랑또랑한 동양 아이를 보더니 갑자기 맹렬한 호기심을 보이기 시작했다. 우리 딸도 처음에는 거부감을 보이다가 금세 친해졌다. 말도 통하지 않는데 둘은 손짓발짓으로 의사소통을 하면서 아주 즐겁게 놀았다.

우리 딸과 자신의 아들이 즐겁게 지내는 모습을 보게 된 바이어의 눈에는 눈물이 글썽거렸다. 그리고 태도가 180도 변했다.

"미스터 우! 우리와 일정을 같이합시다."

결국 우리는 휴가기간 내내 같이 지낼 수 있었다. 물론 납품문제도 자동적으로 풀려버렸다. 시카고로 돌아와서도 그는 자주 우리 가족을 초청했다. 심지어 나를 데리고 돌아다니며 다른 바이어들에게 소개를 시키기도 했다. 시어스 매장에 제품이 진열되고 매출이 오르게 된 것은 당연한 결과였다.

"우리 지사의 영업상무는 우 부장님 딸입니다."

시카고 지사 사람들은 우리 딸을 '영업상무' 라 불렀다. 그 영업 상무는 지금 MIT 대학에서 석사과정을 마치고 지금은 맥킨지에서 컨설턴트로 근무하고 있다.

유럽으로, 다시 미국으로

유럽 시장은 전통적으로 필립스(Philips)가 장악하고 있었다. 1980년대 중반부터 유럽 시장을 공략했으나 신장률은 크지 않았다. 1989년 하반기 독일의 유럽 지사장으로 부임해 시장을 파악했으나 벽이 높음을 실감할 수 있었다.

우선 동유럽 국가들을 전략거점으로 삼기로 했다. 그런데 문제는 동유럽 사회주의 국가들이어서 마케팅이 쉽지 않다는 점이었다. 규제사항도 많았고 절차도 복잡했다.

'사람 사는 곳은 어디나 똑같다.'

나는 그런 신념으로 무작정 시장을 뚫었다. 마침 동유럽 국가와 우리나라 사이에 속속 정식 수교가 이루어져 영업에 큰 도움이 되었다. 출입이 어려운 동독 같은 나라는 다른 나라를 통해 들어가기도 했다.

게다가 1992년에는 독일 통일이 이루어지고, 사회주의 국가가 연이어 붕괴하면서 매출이 급신장했다. 동유럽 시장이 자리를 잡자, 프랑스 파리로 자리를 옮겨 서유럽 시장을 공략했다.

1995년에 갑작스레 북미 시장으로 자리를 옮겼다. LG전자가 제니스의 대주주가 되었기 때문이다. 이 때 가장 기억에 남는 일은 종업원이 2만 명에 달하던 제니스를 구조조정하는 일이었다. 제니스는 공룡처럼 몸집만 커져 부실에 시달리고 있었다. 나는 미국인들에게 맞아죽을 각오를 하고 구조조정을 실시했다. 과감하게 공장을 매각하고 생산은 아웃소싱했다. 그 결과 20~30여 명의 연구원을 포함해 180명의 핵심인력만 남기고 슬림화시켰다. 그 중 150여 명은 마케팅 요원이었으니 완전히 환골탈태한 셈이다. 이 과정을 통해 제니스는 알짜배기 회사로 다시 태어났다.

2004년이면 LG에서 일한 지 30년이 된다. 그 중 20여 년을 해외에서 일했다. 수출을 위해 세계 각지를 뛰다 보니 나의 항공기 마일리지는 밀리언 마일러(100만km 이상)가 여러 개나 된다.

나는 LG전자 최초로 영업맨 출신 사장인 셈인데, 사람들은 가끔 이렇게 묻곤 한다.

"당신의 영업 노하우가 뭡니까?"

한 가지만은 분명하게 말할 수 있다.

'자신이 하는 일을 즐겨라.'

나는 수출이 좋아서 그 일에 매달렸고, 지금도 수출을 즐기고 있다.

(주)코맥스 | 변봉덕 회장

브랜드가 부(富)랜드

1969년 말, 나는 절망의 벼랑끝에 서 있었다. 옥죄는 빚 독촉의 올가미에 숨을 쉴 수 없는 지경에 이르자 죽음을 선택하기로 한 것이었다. 소주 한 병과 수면제를 사들고 남산에 올랐다. 서울 거리에는 여전히 휘황한 네온과 질주하는 자동차의 불빛이 명멸하고 있었다. 어느 새 볼을 타고 하염없이 눈물이 흘러내리고 있었다.

내일 아침이면 싸늘한 시체가 될 것이다. 한손에 소주병을 들고, 다른 한손에는 수면제를 움켜쥐었다. 수면제를 입에 털어넣으려는 순간, 한 줄기 세찬 바람이 불어 흙먼지가 눈에 들어갔다. 견딜 수 없을 만큼 눈이 몹시 쓰라려 손에 쥐고 있던 수면제를 바람에 날리고 말았다. 그 때 문득 살아야겠다는 욕망이 솟구쳤다. 심기일전의 새로운 각오를 다지며 '이대로 끝낼 수는 없다'는 말을 되뇌이며 그 길로

산을 뛰어내려왔다.

이 일을 통해 '장애와 고난을 사랑하자'는 교훈을 얻게 되었고, 이는 오늘날 경영철학의 뼈대를 이루고 있다. 장애와 고난을 만나면 절대 선은 아니나 만족할 만한 새로운 대안을 창출해야 한다는 지론을 터득하게 되었다. 장애와 고난을 극복하기 위해 일본으로 향했다.

1972년 일본 도쿄 아키하바라.

도쿄에서 열린 세계 전자박람회에 참석했다. 세계 전자제품의 진열장이라 불리는 곳을 샅샅이 뒤졌다.

'수출을 할 만한 신제품이 어디 없을까?'

1968년 '중앙전자공업사'라는 이름으로 사업을 시작하면서부터 수출을 염두에 두고 있었다. 제조업을 하려면 내수시장의 인구가 1억 명은 되어야 한다는 이야기가 설득력 있다고 생각했기 때문이다. 당시 우리나라 전체 인구는 겨우 3,600만 명에 불과했다.

우리 회사는 도어폰 사업으로 커다란 성장세를 타고 있었다. 사업 초기에는 많은 고전을 했지만 점차 생활수준이 나아지면서 도어폰을 설치하는 주택들이 늘어나고 있었던 것이다. 내수시장에서 우리 회사 도어폰은 큰 인기를 차지했다. 한국적인 가옥구조를 감안해 인터폰에 자동문 개폐기능을 추가한 도어폰은 대문까지 나가지 않고도 문 밖의 사람과 통화를 할 수 있고, 자동으로 문까지 열어줄 수 있어 매우 편리했기 때문이다. 더욱이 영화나 TV에 등장하는 고급주택에는 항상 도어폰이 설치돼 있어, 도어폰은 고급주택의 대명사로 인식되었다.

시야를 세계시장으로 넓힐 기회가 왔다. 정부의 수출 드라이브 정책에 맞춰 전략적 수출품목 개발에 골몰했고, 마침내 상공부장관의 허락을 받아 일본에 올 수 있었던 것이다. 아키하바라의 한 매장에서 문득 신제품을 발견했다. 그것은 소형 트랜지스터 와이어리스 인터콤이었다. 이 제품은 20m 정도의 배선으로 가정 내에서 통화를 할 수 있었다. 아래 위층 간 또는 아이들과의 통화에 아주 유용했다.

이것을 몇 개 사가지고 들어와 제품 분석에 들어갔다. 궁리 끝에 디자인과 회로를 우리 실정에 맞게 고쳐 신제품을 만들었다. 특히 미려한 디자인을 도입하고 국산 부품을 사용하는 데 힘썼다.

그리고서 간단한 영문 카탈로그를 만들어 외국의 무역상과 접촉했다. 몇 주일 후 신기하게도 같은 날 미국·영국 등 두 나라에서 연락이 왔다. 마침내 1973년 8월 3일 코맥스의 처녀 수출이 이루어졌다. 동시에 우리나라 수출역사상 최초의 홈 오토메이션 제품이 수출된 날이기도 하다. 불과 몇백 달러에 불과할 정도로 미미한 금액이었지만 기쁨은 컸다.

이듬해, 시카고에서 열린 전시회를 보러 갔다. 신제품 조사를 하고 미국 시장 진출을 타진하기 위해서였다. 뉴욕의 대한무역투자진흥공사(KOTRA) 사무실을 찾아갔더니 그들도 인터콤이 무엇인지 모르고 있었다. 고작 '업종별 전화번호부(Yellow Page)'를 권하는 것이었다.

뉴욕 시 지도를 구입해 호텔로 돌아왔다. 그 지도를 펴놓고 북쪽부터 전자제품 가게나 사무소를 찾아 전화를 걸고 미팅 약속을 잡았다.
"아니, 이렇게 품질 좋고 싼 제품이 있습니까? 당장 사겠소."
그들은 제품 샘플을 보더니 깜짝 놀랐다. 품질이나 가격 면에서 상상을 초월할 정도로 쌌던 것이다.

"100대를 사겠소."

"그럼 신용장을 개설해 주시오."

"신용장? 그게 무슨 필요가 있습니까? 현금으로 주겠소."

100대 주문해 봐야 기껏 500달러 정도였다. 그들에게 신용장 운운하는 것이 우습게 들렸을 터였다. 게다가 그들은 소매업자였다. 하는 수 없이 추후 공급을 약속하고 그들에게 도매업자를 알려달라고 부탁해 찾아나섰다.

영어를 잘 하는 친척에게 부탁해 미팅 약속을 잡아달라고 했더니 1주일 후에 만나자는 것이었다. 호텔비로 다 까먹고 나면 돌아갈 돈도 없겠다 싶어 직접 섭외에 나섰다. 떠듬거리며 말하는 동양인에게서 호감을 느꼈는지 사장이 직접 상담에 응해주었다.

"한국에서 이런 제품이 나옵니까?"

'레카톤' 사의 사장은 의아한 표정을 지었다. 우수한 품질에 가격도 일본의 반값이라며 기뻐했다.

"사장님의 진지하고 열정적인 태도에 파트너로서의 신뢰가 갑니다. 믿고 수입을 할테니 잘 해봅시다. 1만 개를 보내주시오."

3만 달러짜리 계약이 즉석에서 이루어졌다. 또 다른 두 개 회사와 물품을 공급하기로 계약을 했다. 곧바로 국내로 돌아와 생산에 박차를 가했다. 주문량은 점차 늘어나 밤새 공장을 돌려도 부족했다. 이때 벌어들인 달러로 서울 성수동에 공장을 신축 이전할 수 있었다. 동시에 세계적인 전자전문 저널지 〈JEI〉에 한국 기업 최초로 광고를 게재하는 등 공격적인 마케팅을 추진하기도 했다.

《《《단 한 개라도 공급한다

한창 수출이 잘 돼 신이 났는데 오일 쇼크가 들이닥쳤다. 주변의 수많은 회사들이 도산했다. OEM 수출을 하고 있는 회사들은 특히 타격이 컸다. 외국의 큰 회사에 의존적인 경영체계를 가지고 있었기 때문에 자생력이 없었던 것이다.

이 같은 현상을 지켜보면서 시장 및 상품 다변화의 중요성을 인식했다. 한 개의 품목만을 가지고 세계시장을 공략하다가는 큰 낭패를 볼 수 있으므로 여러 개의 품목을 만들기로 했다. 아울러 미국·영국 시장 진출을 통해 얻은 경험을 바탕으로 각국의 전자박람회마다 참가해 홍보 기회를 가졌다. 아울러 국제적인 유명 전자 저널에 지속적으로 광고를 했다.

이 시기에는 건설경기 호황을 타고 내수판매가 급속도로 신장되었다. 코맥스가 급성장하기 시작한 것은 아파트 붐이 한창 일기 시작한 1970년대 상반기부터였다. 여의도에 처음 들어선 한양아파트와 은하아파트에 인터폰을 설치하자, 이를 본 건설업체들이 경쟁적으로 인터폰을 주문하기 시작했다. 건설회사는 인터폰을 납품해 달라며 줄을 섰다. 제품생산이 미처 수요를 따르지 못해 매달 생산직 사원을 채용했고 공장을 24시간 풀 가동해도 모자랐다.

국내 인터폰 시장점유율이 90% 이상이어서 앞으로 수 년 간 국내 수요는 걱정할 필요가 없을 것으로 전망되었지만, 이에 만족하지 않았다. 국내 시장은 언젠가는 포화상태에 이를 것이고, 결국 수출이 회사를 영속시킬 것이란 판단에서였다.

1970년대 초반, 우리나라는 외환 사정이 여의치 않아 해외여행자들이 갖고 나갈 수 있는 경비는 고작 1,000달러에 불과했다. 그럼에도 불구하고 값싼 여관에서 묵을 수는 없었다. 현지 파트너들이 자칫 얕보고 협상조차 꺼려할 수도 있었기 때문이다. 최상의 호텔에 자리를 잡고, 대신에 음식비를 최대한 줄여 버틸 때까지 버텼다.

한국 상품 자체에 대한 신뢰가 없던 시기라 바이어들이 만나주지조차 않았다.

"1,000달러어치만 보내주시오."

정말 속이 뒤집어질 일이었다. 기껏 1,000달러라니. 이 정도 주문량은 경비를 감안할 때 수출하면 할수록 손해였다.

"땡큐, 베리 머치."

결코 싫은 내색은 보이지 않았다. 손해를 감수하면서까지 그들의 요구에 기꺼이 응했다. 그들이 코맥스의 신용도와 현지 고객들의 반응을 알아보기 위한 것이라는 것을 잘 알고 있었기 때문이다.

특히 이러한 소량주문은 국가마다 제품의 규격과 선호도가 달라, 제품을 개발하는 데는 커다란 자금이 소요되었다. 소량을 주문한 후에 지속적인 주문이 없으면 기업으로서는 막대한 손실이었다.

"우리 사장은 맨날 저런 것만 집어오나?"

직원들의 불평도 많았다. 그럼에도 불구하고 그런 위험을 감수했다. 미래를 내다본 해외전략은 성공적이었다. 세계 어디든 단 한 개라도 공급한다는 시장 다변화전략은 한국의 중소기업 코맥스를 세계 속 기업으로 만드는 핵심요소가 되었다.

시장을 세분화하라

1976년의 어느 날 미국에서 편지 한 장이 날아들었다. 와이어리스 인터폰을 사겠다는 것이었다. 오래 전부터 알고 지낸 자전거 부속상을 하는 노비(Novi)사의 스토프씨의 오더였다.

'와이어리스 인터폰?'

나는 눈살을 찌푸렸다. 그 제품이 설사 잘 팔리더라도 여러 문제를 발생시킬 소지를 갖고 있었기 때문이다. 무선으로 작동되는 그 제품 자체에는 아무 문제가 없었다. 하지만 미국 가정의 전기 배선체계로 인해 작동시 잡음이 발생했다.

K마트, 시어스 매장에서도 리콜이 계속 들어왔다. 상담시 좋다고 했던 바이어들도 물건을 가져가면 반품을 하기 일쑤였다. 결국 그 제품의 생산을 포기할 작정이었다. 그런데 제품을 1,000개나 사겠다니? 나는 정중히 거절했다. 그랬더니 다시 전화가 왔다. '자신있다'는 것이다. 그래서 300개만 가져가라고 했다.

나는 반품을 기다리고 있었다. 그런데 채 1주일도 안 돼 전화가 왔다.

"1,000개를 더 보내주세요."

'이걸 믿어야 하나?'

반신반의하며 전화로 확인 후 제품을 보내줬다. 다시 1주일도 안 돼 또 주문이 왔다. 이번에는 3,000개를 보내달란다. 다시 얼마가 지나니까 이번에는 1만 개의 주문이 왔다. 정말 신기한 일이었다. 아무리 애를 써도 못 팔았던 물건을 저 사람은 저렇게 잘 팔다니?

얼마 후 시카고 전자박람회에서 그를 만났다. 다른 업체 부스의 반쪽을 빌려 달랑 책상 하나 놓고 앉아 있었다.

"비결이 뭡니까?"

"오우, 노 코멘트."

그는 어깨를 으쓱해하며 가르쳐 주지 않았다. 그는 시장상황을 정확히 파악하고 있었다. 고객층을 아주 세분화해 영업을 하고 있었던 것이다. 주택·공장은 물론, 스카이 숍에까지 우리 제품이 파고들었다. 물량도 월간 4만 개로 늘어났다. 자전거 사업으로 실패를 거듭했던 그가 몇 년 후 미국 시장을 석권했다. 노비와의 거래도 10년 이상 지속되었다.

그 때의 경험을 살려 현지화 전략을 채택했다. '1국 1바이어' 원칙을 정해놓고 신뢰가 가는 바이어를 선정해 전폭적으로 그를 지원했다. 가격정책은 물론 디자인과 마케팅을 공동 추진했다.

기술개발에는 2등이 없다

1983년 4월 청와대에서 대통령 주재로 월례 경제간담회가 열렸다. 대통령을 비롯한 경제부처 장관과 대기업 총수 등이 모였는데 유일하게 나는 중소기업체 사장 자격으로 동석했다. 간담회가 진행된 지 얼마쯤 지났을까? 갑자기 대통령께서 나를 부르는 게 아닌가.

"아, 중앙전자 변봉덕 사장님 나오셨습니까?"

잔뜩 긴장한 채 벌떡 일어났다. 모든 시선이 나에게로 꽂혔다.

"여기 계신 변봉덕 사장님은 소규모 기업을 운영하고 계시지만 대기업 못지않은 수출실적을 올리고 있습니다. 이 회사는 인터폰을 다품종·소량생산 방식으로 만들어 수출 지역을 다변화함으로써 성공했다고 합니다. 변 사장님의 수출전략을 높이 평가하고 이를 본받아야 할 것입니다."

대통령께서 수많은 중소기업 가운데 간담회에 유일하게 참석시킨 이유를 손수 설명했다. 그러고서 대통령은 경제관료들에게 중소기업들이 수출에 매진할 수 있도록 지원을 하라고 지시했다. 그러나 분명한 것은 수출이 대통령의 지시나 경제관료들의 도움으로 간단하게 이루어지는 것이 아니라는 점이다.

대학에서의 전공이 수학이었던 만큼 독특한 '수학경영'이라고 명명될 만큼 마치 어려운 수학문제처럼 당장은 어렵고, 어떻게 풀어야 할지 막막한 문제에 봉착하더라고 곰곰이 생각하다 보면 해결방법을 찾을 수 있다. 어려운 상황이 닥쳐도 나는 그것이 자신에게 주어진 과제라 생각하고 긍정적으로 문제를 해결하고자 노력했다.

1980년대 후반 들어 비디오폰 개발을 서둘렀다. 바야흐로 음성시대에서 영상시대로 넘어가고 있음을 예측했다. 많은 개발비를 투입해 비디오폰을 개발하고, 1988년 서울 올림픽을 통해 전시회까지 마쳤다. 곧 양산체제도 갖출 예정이었다.

"소니(Sony) 제품에 훨씬 못 미칩니다."

상담을 하던 바이어가 고개를 저었다. 급히 조사를 해보니 소니에서 곧 비디오폰을 출시할 예정이었다. 제품의 질이 우리 것보다 월등히 좋았다. 우리는 액정기술을 해결하지 못해 두터운 모니터(CRT)를 쓰고 있었는데, 일본 제품은 모니터가 아주 슬림했다. 게다가 가격도 우리의 절반이었다.

즉시 출시를 중단하고 부랴부랴 신제품 개발에 착수했다. 이처럼 뒤늦게 시작한 비디오폰은 결국 1993년 9월, 세계 최초로 UL 규격획득을 획득했다. 정말 기술개발에는 2등이 없다는 교훈을 가르쳐 준 아찔한 순간이었다.

우리 회사는 그 동안 세계 최초로 비디오폰 부문 UL 마크 인증과 세계 유명 규격 340개를 획득하고, 국·내외에서 끊임없는 기술적 우위를 유지하며 90여 개국의 상표 등록을 마쳤다. 현재 세계 100여 개국에 수출을 하고 있으며 2001년 3,000만 달러 수출의 탑을 수상했다.

또한 브랜드는 '부(富)랜드'라는 신념으로 1999년 회사명을 '코맥스(COMMAX)'로 바꿨다. 우리 브랜드는 명실공히 세계 최고를 지향하고 있다.

전세계의 이슈가 되고 있는 홈네트워킹은 가정 내에서의 PC와 도어폰, 그리고 가전제품, 조명장치, 가스 밸브, 커튼 등 기타 기기들을 통합 제어하는 형태로 변화하고 있으며, 이미 30여 개 이상의 관련 제품군을 구축하고 있는 상태다.

코맥스는 홈네트워크 시장을 주도하며 주력 상품으로 CDP-1500M, VE-1040과 함께 굿디자인상을 수상한 CDP-641M, CAV-641M 등을 생산하고 있다. 아울러 CCTV와 같은 시큐리티 관련사업, 너스콜 및 P·A 사업 등을 추진해 괄목할 만한 성과를 보이고 있다.

우리 회사는 세계 제일의 브랜드를 지향해 고품질·고가격·고품격 디자인으로 차별화된 마케팅 정책을 펼쳐 세계시장에서 고급 브랜드 이미지 마케팅을 구축할 계획이다.

　국내 시장에서 살아남는 자가 세계시장에서 살아남는 것이 아니라, 세계시장에서 살아남아야만 국내 시장에서도 살아남을 수 있다. 그러한 정신으로 오늘도 나는 세계지도를 바라보고 있다.

(주)대우 | 이경훈 전 회장

종합상사는 살아 있다

수출 대상국가 106개국. 수출상품 1,437종. 해외조직망 31개국 37개소. 해외주재원 160여 명. 현지채용 인원 200여 명. 해외 출장 연인원 499명. 출장 일수 9,878일.

다른 설명이 필요 없다. 이것이 1978년 한햇동안 대우의 수출명세서다.

이 자료에서 볼 수 있듯 대우는 수출을 위해 모든 것을 바쳤다고 해도 과언이 아니다. 그 결과 대우실업은 6억 달러의 수출을 기록했다. 지금으로 보면 별 것 아니라고 할지 모르지만 1978년 말 우리나라 총수출액이 127억 달러였으니 전체 수출액의 5%를 차지한 셈이다.

수출기업 순위에서도 대우는 1위를 차지했다. 이듬해인 1979년에는 드디어 10억 달러를 돌파해 대망의 1개 기업 수출 10억 달러 시대를 열었다. 이 같은 결과를 이룩하기까지 별 다른 전략은 없었다. 오직 샘플 가방을 메고 세계를 누비며 발로 뛰었을 뿐이다.

바늘에서 미사일까지

대우를 이야기하자면 먼저 종합상사를 꺼내야 한다. 종합상사란 말 그대로 여러 가지 제품을 팔고 사는 회사를 말한다. 종합상사의 원조는 일본이라 할 수 있다. 미쓰이물산(三井物産), 미쓰비시상사(三菱商社) 같은 경우가 대표적인 예로, 이들은 산하 계열기업이 생산하는 제품과 자국에서 필요로 하는 원자재의 구입을 주요 업무로 삼아 발전해 왔다.

우리나라의 경우, 1967년에 제정된 무역거래법에 근거를 두고 생겨난 법인들이다. 정부는 수출이 늘어나자 이를 전문적으로 대행할 회사의 필요성을 느끼고, 1975년 이 법에 종합무역상사에 대한 규정을 신설했다. 여러 차례 개정을 거쳐 대외무역법 시행령 제18조 2항에 의해 지정되어 있다.

자격요건은 상장법인이어야 하고, 전년도 수출액이 우리나라 전체 수출액의 2% 이상이어야 한다. 또한 전년도 수출실적이 100만 달러 이상인 국가가 30개국 이상이고, 외국에 현지법인 또는 영업소가 20개 이상인 법인이어야 한다. 지정요건이 매우 까다로운 만큼 수출장려정책상 세제나 금융 측면에서 커다란 혜택을 받게 된다.

우리나라의 종합상사는 처음부터 수출진흥을 목적으로 했기 때문에 특정 기업의 제품뿐 아니라 국내 각 기업의 각종 제품을 차별없이 수출하는 것을 주요 사업으로 삼고 있다. 따라서 팔 수 있는 것은 모두 팔자는 정책 하에 '바늘에서 미사일까지'라는 캐치프레이즈를 입에 달고 다녔다.

1975년 삼성물산이 종합상사 1호로 지정받았으며, 대우 역시 같은 해 5월 지정받았다. 1975년 삼성물산, 대우실업, (주)쌍용, 국제상사, 한일합섬 등 5개사가 지정받았고, 1979년에는 12개사로 늘어났다.

이 같은 배경을 가지고 있는 종합상사는 수출액을 늘리기 위해 치열한 선두다툼을 하게 되었고, 그것이 마치 재계 순위를 결정이라도 하는 듯 연말에는 누가 1위를 기록하느냐에 세인들의 관심이 모아졌다.

제 집도 못 지으면서 남의 집 지어줘

1978년 5월 말, 나는 대우에 들어갔다. 한국산업은행에서 21년 동안 일하다가 한국종합금융의 부사장직을 맡고 있던 어느 날, 김우중 사장이 나를 불렀다. 한국종합금융은 1976년에 설립된 우리나라 최초의 종금사로서 대우가 지분을 가지고 있었다. 그 인연으로 김우중 사장은 평소에도 잘 알고 지내는 터였다.

"플랜트 수출을 좀 맡아주시오."

내가 아는 플랜트란 고작 팸플릿 수준이었다. 그런데 은행에서 잔뼈가 굵은 금융인에게 플랜트를 수출하라니? 그 의도를 알 수 없었다. 나중에 느낀 것이지만 금융에 밝은 나를 장차 경영에 참여시키기 위해 시험 삼아 제일 어려운 일을 시켰던 것이다.

대우실업의 특수사업본부장으로서 나는 플랜트 설비를 팔기 시작했다. 그런데 솔직히 고백하자면 당시 우리의 기술수준은 세계시장에 내놓을 것이 못 되었다. 그도 그럴 것이 우리나라의 플랜트를 설비하는 데 선진국의 기술을 도입하는 터에, 이를 남의 나라에 팔겠다는 것이니 앞뒤가 안 맞는 이야기였다. 한 마디로 자기 집도 제 손으로 못 지으면서 남의 집을 지어주겠다고 큰소리를 치고 다녔으니 지금 생각하면 배짱도 좋았던 것 같다.

전략은 다른 게 아니었다. 우리나라 사람들의 손재주야 세계가 알아주는 터이니 선진국의 기술을 보고 익혔다가 이를 우리보다 못한 나라에 저렴한 가격으로 파는 것이었다. 핵심부품은 선진국에서 가져다 썼으며 일단 저가 수주로 치고들어갔다. 그러다 보니 기술집약적 설비보다는 노동집약적 설비에 치중했으며 이익도 많이 나지 않았다. 그럼에도 우리가 시장개척에 주력했던 것은 일단 해당 국가에 머리를 들이밀고 진입하면 여러 가지 시너지 효과가 발생하리라는 거시적인 안목이 있었기 때문이다.

이 같은 전략을 구사하다 보니 자연 해외시장은 미국·일본이 기피하는 저개발국가에서 먼저 형성되었다. 중동·동남아시아·아프리카 등지가 주요 공략무대였다.

1978년 어느 날, 홍콩발 비행기에서 우리나라의 상공부 장관과 우간다의 상공부 장관이 우연히 만나게 된다.

"경제사절단을 보내주시오."

이들은 여러 가지 이야기를 나누다가 우간다의 장관이 우리 쪽에 경제사절단을 요청하게 된다. 경제사절단이 구성되고, 나는 그 해 6월 우간다를 방문했다. 잡초가 무성한 공항에 내리니 그들은 대통령궁으로 가는 대신 엉뚱한 밀림을 내달렸다. 행선지를 물으니 빅토리아 호수에 간다는 것이었다.

빅토리아는 남한 면적 3분의 2에 해당하는 엄청난 크기의 호수다. 영국의 탐험가 리빙스턴에 의해 발견되어 영국 여왕의 이름을 따 '빅토리아'라 명명되었다.

호수에 도착하니 독재자로 유명한 이디 아민 대통령의 별장이 있었다. 그런데 놀라운 것은 대통령의 경호실장과 주치의가 한국인이라는 사실이었다.

그는 그것을 자랑스럽게 이야기하며 한국의 발전경험을 전수해 달라고 했다. 그들의 안내에 따라 여러 공장을 시찰했는데, 초라하기 짝이 없었고 대부분 가동되지 않고 있었다.

놀라운 일은 다른 곳에서 일어났다. 전선을 감는 공장에 갔더니 기술책임자가 일본인이었다. 그는 매우 반갑게 우리를 맞이했는데 알고 보니 현지인과 결혼해서 살고 있었다. 나는 그 사실에 깊은 감명을 받았다. 자기 일에 철저함을 보여주는 그들의 모습이 한편으로는 무섭게 느껴지기도 했다. 우리는 나중에 폐허가 된 우간다 방직공장의 재가동을 위해 기술을 지원해 주었다.

플랜트 수출은 이 같은 우여곡절을 거치며 점차 해외로 뻗어나갔다.

나는 혹독한 플랜트 수출을 경험한 후 1981년 (주)대우의 사장으로 취임했다.

《《《방아쇠를 건드리지 마라

대우는 1978년 수출기업 1위를 달성했다. 이 자리는 4년 연속 지켜졌다.

당시 우리는 시장다변화 정책을 열심히 추진했지만 여전히 대미 수출이 가장 많은 부분을 차지하고 있었다. 일단 시장이 커서 대량수출이 가능했고 가격경쟁력과 수출대금 결제가 좋았기 때문이다.

그런데 문제는 관세였다. 미국은 자국시장 보호를 위해 철저히 보호무역정책을 폈다. 수입을 원천봉쇄하기 위한 미국 철강업계와 의회의 로비로 1978년 카터 행정부는 외국산 철강의 수입가격을 미 상무부가 임의로 책정하는 이른바 '트리거 프라이스(trigger price mechanism)' 라는 일종의 최저수입가격제를 도입·시행하기에 이르렀다. 이 제도는 1982년까지 시행되었는데 트리거 프라이스는 굳이 우리말로 옮기면 '방아쇠 가격' 이라는 뜻이다. 이는 트리거 프라이스보다 싼 가격으로 수입되는 외국 철강제품에 대해 미국 상무부가 복잡한 절차를 밟을 것 없이 바로 덤핑 조사에 들어갈 수 있도록 한 수입규제방식을 말한다.

기준이 되는 트리거 프라이스는 일본의 생산원가에 수송비 등을 가산한 것으로 모든 나라에 적용되었다. 나중에는 품목이 늘어나 상당수 품목이 이에 준하는 규제를 받게 되었으며, 수출자율규제와 반덤핑·상계관세가 본격적인 보호무역 수단으로 활용되기 전까지 우리를 괴롭혔다.

대우가 미국에 수출하는 상당수 품목은 자국산업 보호대상 품목이었다. 그러다 보니 트리거 프라이스와 같은 보호관세 대상이 되었다. 과제는 가격을 어떻게 맞추느냐였다. 트리거 프라이스에 맞춰 가격을 높이자니 미국산 제품과 경쟁하기가 쉽지 않았다. 미국 제품과 경쟁해야 하는 우리로서는 가격을 낮춰 팔아야 하는데, 가격을 트리거 프라이스보다 낮추면 덤핑 제소를 당해 엄청난 관세를 물어야 했다. 또한 덤핑 제소를 당하면 쿼터 축소 등 많은 제약이 따라 타격이 더욱 심했다.

"방아쇠를 당기지 마라, 건드리면 죽는다."

그래서 어떻게든 이 '방아쇠'를 피해다녀야 했다. 카우보이의 후손답게 이름도 이상하게 지어놓은 이 제도는 두고두고 우리를 괴롭혔다. 그러다 보니 마치 살얼음판을 걷는 기분이었다.

또 다른 문제는 품질관리(QC)가 되지 않는다는 것이었다. 품질관리에 신경을 쓰지 않는 것은 아니었지만 우선 양과 가격으로 승부를 하다 보니 선적기일을 맞추기 힘들어 약간의 하자가 있는 제품도 그냥 실어보냈다. 그랬더니 와이셔츠의 윗주머니가 거꾸로 부착된 제품이 만들어지는 등 웃지 못할 일도 발생했다. 바이어로부터 엄청난 항의를 받고 이러다가는 시장을 다 잃겠다는 위기감이 들어 QC에 신경을 쓰기 시작했다.

그런데 1,500여 종이나 되는 제품을 수출하다 보니 수송과정에서 아주 드물게 물품이 뒤바뀌는 경우도 발생하곤 했다. 원장 기입을 잘못하거나 담당자의 실수 때문인데, 물건이 이미 선적되고 나면 큰일이었다. 태평양에 떠 있는 배를 돌릴 수도 없는 일이었기 때문에 철저한 교육과 관리를 통해 선적 실수를 사전에 예방했다.

외교사절 역할을 하다

종합상사로서 대우의 업적을 들라고 하면 세계 구석구석까지 시장을 개척했다는 점이다. 대우는 설립 초기부터 내수보다는 수출기업으로 성장했기 때문에 '수출만이 살 길'이라는 신조가 체질화되어 있었다. 따라서 밑지지만 않으면 어떤 나라든 가리지 않고 찾아다녔다. 우리나라의 이름이 본격적으로 해외에 알려진 것은 1988년 서울 올림픽 때였기 때문에 대한민국이라는 이름이 생소했던 1970년대 말에 이미 100개가 넘는 국가에 제품을 수출했다는 점이 이를 증명한다.

대우의 임직원들은 그야말로 세계를 누비고 다녔다. 나 역시 9일 동안 7개국을 다닌 일이 있다. 호텔에서 묵은 것은 단 하루뿐이고, 나머지는 비행기 속이나 공항의자에서 잠을 잤다.

이처럼 시장 개척을 위해 뛰다 보니 자연히 미수교국과의 거래관계가 발생하게 되었다. 미수교국과의 거래관계에서 가장 문제가 되는 것은 대금결제였다. 양국의 외환거래가 안 되기 때문에 돈을 받을 수 있는 채널이 없는 것이다. 이 때문에 다른 회사들은 거래를 회피했지만 대우는 과감하게 대물거래를 시도했다. 우리의 제품을 팔고 그 대가로 그 나라에 풍부한 원자재 등을 들여오는 것이었다. 위험도는 높았지만 잘만 하면 비싼 가격으로 물건을 팔고, 싼 가격에 원자재를 들여올 수 있는 일거양득의 효과가 있었다.

이 전략은 주효해 새로운 시장을 개척하는 데 많은 효과를 가져왔다. 복잡하게 가격을 가지고 다투지 않아도 되었기 때문이다. 대우가

1970년대 중반 수단 시장을 개척함에 따라 1977년 4월, 정부는 수단과 국교를 맺었다. 북한과는 이미 1969년에 수교한 상태였다.

남북이 대치한 상황에서 북한이 먼저 수교한 국가에 남한의 기업이 파고드는 것은 북한으로서는 위협적인 일이었다. 게다가 이를 계기로 동시 수교국이 늘어나자 북한 주재원은 우리 상사원들을 경계하기 시작했다. 납치 등 직접적인 위해를 가하는 일은 발생하지 않았으나, 그들은 멀리서 망원경으로 우리를 관찰하거나 외교 채널을 통해 견제와 압력을 행사했다.

이처럼 대우로 인해 국교를 맺은 나라가 수단, 나이지리아 등 여럿이다. 지금도 그 나라에 가면 대우에 대한 인지도가 매우 높다.

잘 되는 것은 보고하지 마!

세계 100여 개국에 1,500여 종의 품목을 수출하다 보니 온갖 일이 벌어졌다. 하루 종일 결재만 하는 날도 있었다. 결재도 중요하지만 마케팅이 더 중요했기 때문에 어느 날 용단을 내렸다.

"잘 되는 것은 해당 부서장 전결로 하고, 안 되는 것만 가져와!"

그랬더니 맨날 골치 아픈 일들만 책상에 쌓여갔다. 수출은 늘어나고 있었지만 에러가 많았다.

'왜 이러는 걸까?'

며칠을 두고 연구해 보니 원인은 내부에 있었다. 우리가 접촉하는 바이어는 해당 품목을 오랫동안 취급한 전문가인데, 우리는 이것저것을 하다 보니 아마추어였다. 프로 대 아마추어의 경쟁에서 우리가 밀리는 것은 당연했다. 그래서 전담제를 마련했다. 품목별·국가별로 전담직원을 배정하고 해당분야를 철저하게 연구토록 했다. 그러자 차츰 에러가 줄어들었다.

한 가지 늘 애석하게 생각하는 것은 해외에서의 사고였다. 해외에서 뛰는 인력이 많다 보니 비행기·선박 등 커다란 사고가 터질 때마다 꼭 대우직원이 하나 둘씩 끼여 있었다. 랑군 테러나 무르만스크 사고 때도 대우 직원이 끼여 있었다. 회사에서는 충분한 보상을 해주었지만 어떤 때는 그들을 사지로 내몬 것 같아 가슴이 아팠다.

세계화가 진행되고 인터넷 등 정보통신의 발달로 최근에는 종합상사의 위상이 많이 축소되었다. 이제 대부분의 기업은 종합상사에 수출을 의뢰하기보다는 직접 뛰고 있다. 한편으로는 종합상사가 자신들의 이익을 나눠 갖는다고 생각하고 있는 것 같다.

그러나 이 부분은 엄밀하게 따져볼 필요가 있다고 생각한다. 각자가 뛰는 방법에도 많은 이점이 있지만 제각기 쏟아 붓는 경비를 따져보면 국가적인 낭비도 있지 않을까 하는 생각도 든다. 이렇게 된 데에는 경제체제의 변화가 가장 큰 이유로 작용하겠지만 종합상사들의 잘못도 있을 것이다. 좀더 합리적이고 생산적인 시스템을 재구축하는 것도 수출대국의 대한민국을 위해 연구해 볼 만한 과제라 생각한다.

대우그룹이 해체된 마당에 여러 가지 안타까운 마음을 금할 수 없지만 종합상사는 아직도 살아 있다. 문제는 여전히 경쟁력이다.

(주)에이스테크놀로지 | 구관영 사장

세계 1등 기업과 거래하라

《《《《5년 후 사업의 발판을 마련하다

인생에는 참으로 여러 갈래의 길이 있다는 생각이 든다. 우선 사회 첫 출발이 그랬다.

1975년 대학을 졸업할 무렵에는 취업하기가 무척 힘들었다. 최근에도 취업난이 심각하지만 그땐 더 어려웠다. 1974년의 오일 쇼크 때문이었으리라. 전자공학과를 졸업한 나는 전자관련 회사에 취업하기를 원했지만 채용하는 회사의 문턱은 너무 높았다. 하는 수 없이 다른 업종을 찾아야 했다. 그래서 들어간 곳이 무역회사라고는 하지만 오퍼상에 다름 아니었다.

입사한 무역회사는 국내에서 2~3위를 오르내리는 제법 큰 회사였다. 그 곳에서 나는 이른바 '세일즈 엔지니어'로 일했다. 통관을 비롯한 무역업무를 맡은 것은 당연하고, 영업은 물론 수입한 제품의 설치 및 애프터 서비스도 담당하는 전방위 직원이었다.

무역회사 일은 재미가 있었고 적성에도 맞았다. 우선 책상에만 앉아 있지 않고 이리저리 돌아다니며 외근을 하는 것이 좋았다. 그렇게 열심히 일을 하고 있는데 입사 6개월쯤 지난 어느 날, 사장 면담을 하게 되었다. 회사 선배와 함께였다.

"그래, 회사 일은 마음에 드는가?"

"예, 재미있게 일하고 있습니다."

"일해 보니까 어떤가?"

"제 적성에 딱 맞습니다. 그리고 한 5년 정도 일하면 제 사업을 할 수 있는 발판도 마련할 수 있을 것 같습니다."

"자네 사업을 해? 허허허, 알았네."

흡족한 기분으로 면담을 마치고 나오자마자 같이 들어간 선배가 벌컥 화를 냈다.

"관영씨! 직장 다니는 사람이 무슨 말을 그렇게 하는 거야? 5년 후에 자기 사업을 하겠다니?"

선배에게 핀잔을 듣고 보니 뭔가 말을 잘못한 것 같았다. 그냥 막연하게 평소 생각했던 것을 불쑥 이야기한 것인데, 직장에서는 예의가 아니었던 모양이다.

그런데 공교롭게도 그로부터 정확히 5년 후, 나는 회사를 그만두게 되었다. 직접 무역업을 해보자는 생각 때문이었다.

무역회사를 그만두고 난 1980년 7월, '명성무역상사'를 설립했다.

품목은 TV 안테나와 자동차용 자동 안테나. TV 안테나는 그 해 컬러 TV 방송이 처음 실시되면서 수입판매 호조를 누린 재미있는 시작이었다. 그리고 자동차용 자동 안테나는 기아자동차에 납품했다.

그런 대로 무역업이 자리를 잡아가자 1982년 자동차용 안테나 제조를 시도했다. 그러나 일본의 선발기업에 비해 자본과 기술의 열세로 실패하고 말았다.

전자공학을 전공한 나는 무역을 하면서 어떻게든 국산품을 만들 결심을 했다. 그래서 1984년 카폰 안테나를 국내에서 최초 개발·생산하기 시작했다. 그렇게 생산한 제품을 현대·금성사·OPC·삼성 등 카폰 제조회사에 납품했다. 카폰 안테나를 만드는 데는 육군 통신학교 시절 통신중계소에서 일한 경험도 크게 도움이 되었다.

우리가 만든 카폰 안테나는 품질을 인정받아 1985년에는 국내판매가 안정되면서 해외수출을 시작했다. 그래서 1986년에는 외국인들한테 쉽게 인식되고 안테나 전문기업으로 이미지를 높이고자 (주)에이스안테나로 상호를 변경했으며, 1987년에는 유망 중소기업으로 지정되기도 했다. 회사를 그만둔 지 7년 만에 제조업체의 기반을 닦아나가기 시작한 것이다.

통신용 안테나 생산에 주력하고 있던 1986년, 미국의 ORA라는 회사에서 편지가 왔다. 우리 회사 제품을 수입하고 싶다는 것이었다. 그 동안 소규모 바이어들에게만 공급하고 있었는데, 내가 거래하고 싶은 미국에서 제일 큰 ORA의 러브콜이 반가워 곧바로 미국으로 날아가 유태인 사장을 만났다.

"사실은 내가 서울에 갔었습니다."

"그러면 저를 찾지 그랬습니까?"

"찾았는데 전화를 받는 직원이 '예스'와 '노'만 반복하는 바람에 그냥 되돌아오고 말았습니다."

사연인즉, 그는 아시아 시장에서 안테나 만드는 회사를 조사한 후 우리 회사가 적정하다고 판단해 전화를 했는데 직원이 영어를 잘 못해 대화가 제대로 되지 않았다는 것이다. 나는 속으로 챙피해 죽을 지경이었다. 중요한 상담을 누군가가 그르친 것이다. 나는 깊이 사과하고 상담을 시작했다.

내가 곧바로 미국으로 달려온 것을 감명 깊게 생각한 그는 물량을 주문하기 시작했다. 그 후 ORA와 우리 사이에는 깊은 신뢰가 생겨 10년 넘게 거래를 했다. 가격 협상의 트러블도 거의 없었다. ORA는 종종 알아서 가격을 올려주기도 했다. 시간이 흐르며 그와 나는 친구처럼 지냈다. 그는 에이스테크놀로지에 많은 도움을 준 잊지 못할 사람이다.

미국 AT&T와 장기간 공급계약

수출이 본격적으로 시작되자 우리는 내수보다는 수출 쪽에 더 많은 비중을 두기 시작했다. 생산품의 70% 이상을 해외로 내보냈다. 그런데 1980년대 말이 되자 대만과 중국이 미국 시장에 진입하기 시작했다. 품질은 비슷하고 가격이 싸다 보니 도저히 경쟁을 할 수 없었다.

따라서 네트워크 시스템 쪽으로 방향을 틀기 시작했다. 그 때까지 기지국용 안테나는 국내 생산됐으나, 시스템용 각종 RF 부품은 외국

업체들이 세계시장을 장악하고 있었다. 이 시장의 공략을 위해 1990년 3월 회사 내에 통신기술연구소를 설립했다.

무선통신용 RF 부품시장에 뛰어들면서 내가 세운 원칙이 하나 있다. 그것은 '큰 회사 거래원칙'이다. 무슨 얘기냐 하면, 세계적 통신시스템 회사들은 보수적이고 시장 진입장벽이 높기 때문에, 이런 시스템 회사와 거래하지 못하면 에이스는 발전할 수 없다는 신념을 경영원칙으로 삼았던 것이다. 따라서 우리는 줄곧 삼성·LG·SK·KTF 등과 거래를 해왔고, 이후에도 계속 그 같은 전략을 구사했다.

RF 부품의 해외시장에서 가장 먼저 거래를 튼 회사는 미국의 AT&T였다. 잘 알려진 대로 AT&T는 전화기를 발명한 알렉산더 그레이엄 벨이 1877년 벨전화회사(Bell Telephone Company)를 설립한 후, 1885년 장거리전화 설비를 위한 자회사로 설립한 것이 기원이 된 세계적인 통신회사다.

우리는 많은 노력 끝에 1991년 8월, AT&T와 무선전화기 안테나 장기공급 계약을 체결해 입지를 굳혔다. 이 계약은 1995년까지 이어졌으며 소요량의 70%를 납품했다. 미국 통신시장을 장악한 AT&T의 전화기와 우리 회사의 안테나가 함께 진열된 매장을 살펴보고 가슴이 뿌듯하기도 했다. 국내 백화점에도 우리 제품이 장착된 전화기가 진열된 모습은 직원들에게 자긍심을 심어줬다.

1993년에는 국내에 무선호출의 제2사업자가 탄생하면서 무선호출의 전성기를 맞았고 우리 회사 제품도 많이 팔려나갔다. 그러나 통신시장에서는 '악화가 양화를 구축한다'는 그레셤의 법칙이 통용되지 않았다. 앞선 기술만이 살아남는 이 시장에서는 양화가 악화를 철저히 몰아냈다. 한 2년쯤 무선호출 시장이 급성장을 하다가 휴대전화가 등장하기 시작하자, 무선호출 업계는 순식간에 경영악화의 길을 걸었고, 중간기술인 시티폰이 무력한 공룡처럼 엄청난 돈을 말아먹자 관련 업체들이 점점 쇠퇴했다.

우리 회사는 이 시장에 깊이 발을 담그지 않았기 때문에 큰 타격을 입지 않았다. 오히려 1995년에 안테나와 더불어 RF 부품이 기지국 장비와 중계기로까지 확산되기 시작하자, 오늘날의 사업구도가 정리되면서 안정을 찾아갔다.

1996년 6월에는 '장영실상'을 수상하며 RF 부품 제조업체로서 확실한 기술우위를 굳혔다.

에릭슨을 잡아라!

기술개발과 시장 개척은 지속되었지만 1990년대 중반 전화기 사업이 침체를 겪으면서 새로운 탈출구가 필요했다.

1995년경에는 우리나라 휴대전화 시장이 초창기였기 때문에 이동통신 단말기용 안테나의 소요량이 많지 않았다. 그래서 1995년 12월 세계적인 이동통신업체 중 선두기업인 에릭슨(Ericsson)을 무턱대고 찾아갔다. 결과는 예상한 대로였다.

"알았다, 두고 가라."

구매담당자의 반응은 냉담했다. 자존심이 상했지만 사업은 언제나 인내가 필요하다는 생각에 시간이 날 때마다 꾸준히 찾아갔다. 그랬더니 "샘플을 만들어오라"고 했다. 샘플을 만들어주며 기술관련 이야기만 나눌 뿐 거래에 관해서는 일체 이야기를 하지 않았다. 그랬더니 1997년에 이르러서야 주문을 하기 시작했다.

1997년은 우리 회사가 터닝 포인트(turning point)의 기회를 잡은 해였다. 그 해에 PCS 사업자가 탄생했고, 우리는 삼성·LG 등에 많은 물량을 공급하고 있었다. 모 업체로부터는 한번에 180억 원이라는 엄청난 물량을 수주받아 공급에 정신이 없었다.

또한 1997년 7월, 우리는 코스닥에 등록함으로써 기업을 공개하기도 했다.

그런 와중에 에릭슨의 주문까지 겹쳤으니 정말 눈코 뜰 새 없이 바빴다. 그런데 11월에 IMF 외환위기가 터졌다. 우리는 현금보유량도 충분했고, 주문을 대기 바빴기 때문에 전혀 흔들리지 않았다. 더욱이 원화의 평가절하에 따른 환차익까지 발생해 최대 호황을 누리고 있었다.

그런데 1998년이 되자 에릭슨으로부터 절망스런 메시지가 왔다.

"한국은 IMF 상황이기 때문에 에이스테크놀로지와의 거래를 재고하겠다."

기가 막혔다. 우리나라가 외환위기에 놓여 있기는 하지만 모든 기업이 다 쓰러지는 것은 아니지 않은가?

"우리 회사의 재무제표를 보내줘라."

그렇게 지시를 내렸다. 그런데도 그들은 유보적인 태도를 계속 견지했다.

"그럼 어떻게 하란 말이냐?"

다시 되물었더니 "국제적인 인지도를 높여라"는 의견이 되돌아왔다. 그들의 의견은 외국 자본을 유치해 기업의 안정성을 국제적으로 검증받으라는 것이었다. 참으로 난감했다. 자금에 전혀 이상이 없는데도 외자를 유치해야 하다니? 무분별한 외자 유치는 자칫 회사의 경영권 방어에 악재가 될 수 있기 때문에 함부로 결정할 수 있는 성격이 아니었다.

그러나 이미 기업을 공개한 이상 외국 자본의 유입은 불가피하다고 판단해 UBS 캐피털로부터 1,000만 달러의 자금을 유치했다. 그랬더니 비로소 "좋다"는 것이었다. 에릭슨과의 거래를 위해 취해야 했던 여러 가지 조치로 인해 많은 고생을 했다. 1998년은 우리나라가 IMF 상황이기에 국내에서도 외자유치 기업에 대해서는 고평가했으니, 외국 기업은 당연했던 것 같다.

에릭슨은 매년 말에 협력사 모임을 갖는다. 1998년 말 협력사 모임에 참석했더니 그들은 우리 회사에 '거래해 볼 만한 업체(Potential Supplier)'라는 딱지를 붙여 분류했다.

거래가 지속되고 1999년 말 협력사 모임에 갔더니 '우호적인 업체'로 분류해 줬다. 2000년에는 57개 협력업체 중에서 오직 두 개 업체만이 선정되는 '전략적 파트너'로 뽑혀 좌중의 갈채를 받았다. 2001년부터는 개발비 지원을 해주면서 공동개발 과제가 점점 늘어나고 있다.

에릭슨은 현재 세계 이동통신 시장의 3분의 1을 장악하고 있으며, 2002년에 3,000만 달러, 2003년에는 4,000만 달러의 수출고를 올리고 있는 에이스테크놀로지의 최대 고객이기도 하다.

세계시장 점유율 10% 목표

창업 이래 차량용 안테나를 시작으로 한 우리 회사에는 현재 경기도 부천시 본사 및 제1공장과 인천광역시 남동구 제2공장에서 연구원 120여 명을 포함한 660여 명의 임직원이 일하고 있다.

에이스테크놀로지는 안테나 및 통신기기 전문 업체로서 이동통신 및 위성통신 분야의 각종 안테나와 통신용 부품의 개발에 주력해 디지털 셀룰러용 기지국 안테나류, RF 부품류, 양방향성 전력 증폭기 및 중계 시스템 등의 개발 및 상품화에 성공했다. 또한 전파 최적화 및 망 설계를 위한 Cell Site Optimizing 기술을 보유함으로써 정보통신 분야에 토털 솔루션을 제공하고 있다.

이와 같은 기반 기술을 바탕으로 개인휴대통신(PCS)용 고이득 전방향성 및 지향성 안테나, 송·수신용 대역 통과 필터, RF 스위치, 감쇠기 등의 RF & Microwave 부품, 그리고 공진도가 우수한 유전체 공진기를 이용한 세라믹 콤바이너, ICS 기술을 이용한 간섭 제거 기능을 갖는 셀룰러 및 PCS 중계 시스템 등을 개발해 국산화함으로써 기술 축적 및 국내 이동통신 산업의 대외 경쟁력 확보에 크게 기여했다.

우리는 더 좋은 제품을 생산하기 위해 총매출의 10%를 연구개발비에 투자하고 있다. 연구진은 석·박사 56명을 포함한 총 120여 명으로 구성되어 있다. 이들은 RF Passive Component 및 중계기를 중심으로 한 Active Component System 개발에 주력하는 RF 연구소, 기지국 및 단말기 안테나를 개발하는 안테나 연구소로 나뉘어 있다.

이 두 연구소는 각 분야의 핵심 제품과 시스템에 대한 연구, 그리고 신기술 개발을 위해 매진하고 있다.

이 같은 기술력을 바탕으로 에이스테크놀로지는 세계 단말기 안테나 분야에서 11~12%, 기지국 TMA 분야에서 35~40%의 시장점유율을 기록하고 있다.

에이스테크놀로지는 임직원들에게 국내와 해외시장을 구분하는 업무자세를 버리라고 강조한다. 이동통신은 이동성을 강조하는 통신수단이며, 이제는 국내뿐 아니라 국제 간 로밍 서비스로 글로벌 마켓이 하나의 시장인 것이다.

국내 이동통신 시장은 세계시장에서 4% 정도를 차지하고 있다. 세계시장은 우리보다 25배나 더 크다. 우리는 세계시장에서 전체적으로 10% 점유를 목표로 삼고 있다. 세계시장 규모를 50억 달러 정도로 보면 5억 달러의 수출을 달성해야 하는 것이다. 2003년 우리의 수출액이 5,000만 달러이니 앞으로 10배를 늘려야 하지만 불가능한 일은 아니라고 생각한다. 그 목표를 위해 에이스테크놀로지는 세계를 향해 다시 뛸 것이다.

이동통신용 RF 부품의 글로벌 리더가 되련다.

(주)국동 | 변효수 회장

경쟁력을 갖춘 섬유산업은 기간산업이다

《《《외항 작전으로 쿼터 채워

우리 회사에는 아주 낡은 장부가 하나 있다. 모서리가 다 닳은 검은색 표지의 이 장부는 바로 '수출원장.' 페이지를 넘기면 1975년과 1976년의 수출현황이 아주 꼼꼼하게 적혀 있다.

"품목-파자마, 수출국-프랑스, 수량-2,000장, 가격-$6,400…."

수출원장에는 이 같은 기본사항 외에 쿼터 내역과 물품을 선적한 배의 이름까지 상세히 적혀 있어 당시를 회상케 한다.

내가 의류와 인연을 맺은 것은 순전히 달러를 벌기 위해서였다. 한국전쟁에 참전, 부상으로 제대를 한 후 나는 달러를 벌기 위해 동두천에 자리한 미 7사단으로 갔다.

미군 부대에서 일할 사람을 구한다는 공고를 접한 사람들이 구름처럼 몰려들었다. 미군 관계자가 업종을 부를 때마다 사람들이 손을 드는데 그 광경이 가히 대나무숲이 쓰러졌다, 일어났다 하는 것 같았다. 키가 크지 않았던 나는 아무리 손을 들어보아야 눈에 띄지 않을 것 같았다. 그래서 "군복!" 하고 부를 때 얼른 지갑을 빼내 높이 들었다. 눈에 띄었던 것은 당연한 일. 당일부터 취업이 되어 일을 시작했다.

이렇게 시작한 군복일은 1967년 말 서울 종로구 연지동, 구 기독교방송 사옥 302호에 회사를 차림으로써 기업적 형태로 발전해 가기 시작했다. 미군 부대에 여러 개의 지소를 개설했고, 이듬해에는 베트남에도 진출했다. 내가 직접 베트남에 가서 계약을 하고 우리 기술자들도 다수 파견했다. 이른바 '베트남 특수'는 1973년 철수 때까지 이어져 꽤 많은 돈을 모을 수 있었다.

베트남 특수가 끝나자 무엇을 할까 궁리하던 나는 역시 달러를 벌기 위해서는 수출을 해야겠다고 결심했다. 더욱이 당시는 박정희 대통령이 국가적으로 수출을 장려하고 있어 내수보다는 수출 쪽에 미래가 밝아보였다. 특히 옷을 다룬 경험이 많아 사업분야를 의류 쪽으로 정했다.

그런데 막상 수출을 하려 하니 쿼터라는 게 걸림돌이었다. 조사해보니 쿼터가 없으면 수출은 꿈도 꾸지 말라는 것이다.

'방법이 있겠지. 부지런한 사람은 방법을 찾고, 게으른 사람은 구실을 찾는다고 했겠지.'

이리저리 알아보니 유럽의 속옷류에는 손을 대는 사람이 별로 없었다. 당연히 쿼터도 많이 남아 있었다. 그래서 파자마 만드는 기술개발에 있는 돈을 모두 투자해 공장을 차렸다. 우리는 파자마 하면 잠잘 때 입는 속옷으로 생각하지만, 유럽의 파자마는 집안에서 입는 니트류의 실내복이다. 당시 파자마는 국동의 독점 품목이었다.

다행히 수출은 호조를 띠어 첫 해에 10만 달러를 넘겼다. 이듬해인 1975년부터는 셔츠·브라우스 등으로 품목을 다변화해 100만 달러를 넘어섰다. 수출은 급신장해 1977년에는 300만 달러까지 치솟았다.

1978년 성남시 상대원동에 공장을 설립했다. 내수는 하지 않고 수출에만 주력했다. 480명의 직원이 24시간 일해도 물량을 맞추기가 어려웠다. 1978년에는 수출액이 두 배로 뛰어 600만 달러에 이르렀다.

수출이 늘어날수록 쿼터가 문제였다. 쿼터는 연말까지의 실적을 기준으로 정해지기 때문에 물량 선적이 12월 31일을 넘길 수 없었다. 그런데 1970년대 중반 어느 해인가 폭설이 내렸다. 사람도 다니기 어려울 지경인데 수송은 더욱 불가능했다.

'안 돼! 무슨 일이 있어도 올해를 넘기면 안 된다.'

결국 운전기사를 독려해 폭설을 뚫고 부산까지 네 시간 만에 내려가 물량을 맞췄다.

쿼터 전쟁이 심해지자 통관 기준으로 정해지던 쿼터 실적이 선적 기준으로 바뀌어버렸다. 물량을 실은 배가 항구를 떠나야만 쿼터를 인정해 주겠다는 것이다. 그런데 연말에는 모든 업체들이 쿼터를 채우느라 물량을 한꺼번에 내려보내 부두에 컨테이너가 산처럼 쌓였다. 선적을 하는 데만 며칠이 걸릴 지경이었다.

"방법을 찾아봅시다."

수출업자들과 세관에서 머리를 짜낸 방법은 바로 '외항 작전.'

일단 부두에 쌓인 컨테이너 일부를 샘플로 싣고 배는 부두를 떠난다. 이로써 선적증명은 완료된다. 서류가 끝나 무선으로 연락을 하면 외항에 나가 있는 배가 다시 부두로 돌아와 전체 물량을 싣는 것이다. 몇만 톤짜리 배가 단지 선적증명을 떼기 위해 외항과 내항을 오가곤 했으니 쿼터를 확보하기 위한 노력은 정말 눈물겨운 것이었다.

쿼터가 회사의 운명 같은 시절이었다.

수출은 컨테이너와의 전쟁

1988년 인도네시아 자카르타의 뿔르가둥에 공장을 지었다.

그런데 공장을 완공하기도 전에 프랑스의 오샹(Auchan)사로부터 니트 6,000장의 급한 주문이 들어왔다. 설립인가가 나오지 않았지만 허가가 떨어지면 바로 공장을 돌릴 생각으로 원부자재를 선편으로 보냈다. 그런데 공장 인가가 나지 않아 통관이 되지 않았다. 결국 자재들이 부두에 묶이고 말았다.

한 달 후 통관서류를 가지고 세관에 갔더니 컨테이너가 감쪽같이 사라져버렸다.

"컨테이너를 찾아내시오."

그런데 세관 직원들의 표정은 강 건너 불 구경.

"필요하면 당신들이 찾으시오."

정말 분통이 터질 노릇이었다. 사실 인도네시아에서는 도난 사건이 잦았다. 심지어 컨테이너 상반부를 용접기로 도려내고 물건을 훔쳐가는 경우도 있었다. 그런 이야기를 익히 들었지만 막상 우리 회사의 컨테이너가 사라지고 보니 막막했다. 납기는 하루하루 다가오는데 원자재가 없어 생산을 할 수 없었다.

"내가 한번 찾아보겠습니다."

딱한 사정을 들은 인도네시아 현지 대리인이 발벗고 나섰다. 그는 만사를 제쳐두고 원자재를 찾으러 다녔다.

"찾았습니다!"

얼마 후 대리인이 상기된 표정으로 달려왔다. 우리의 원자재를 가져갔다면 분명 관련업자들의 짓일 것이라 추측하고 사람을 풀어 알아보았더니 역시 그들의 소행이었다는 것이다. 자재에는 우리의 딱지가 붙어 있어 쉽게 구분할 수 있었다.

자재를 찾고 보니 수량이 많이 부족했다. 이미 상당 부분은 써버린 것이다. 할 수 없이 봉사 300본을 비행기로 가져왔다. 그런데 이것이 또 통관에 걸렸다. 물건을 팔 목적으로 들여오지 않았냐는 것이다. 결국 공장인가서 등을 보여주고 나서야 물건을 찾을 수 있었다. 이 같은 우여곡절 끝에 인도네시아 공장 최초의 물량이 생산될 수 있었다.

컨테이너 사고는 여기에서 그치지 않았다. 인도네시아 공장이 한창 잘 돌아가던 1992년, 프랑스에 2만 장의 니트를 선적해 보냈다. 그로부터 얼마 후.

"왜 빈 컨테이너를 보냈습니까?"

프랑스 바이어는 잔뜩 화가 난 목소리로 이야기했다.

"빈 컨테이너라니? 분명 물량을 선적했는데?"

직원들에게 자세히 알아보라고 했더니 컨테이너 안에는 물량의 3분의 1정도만 남아 있고 나머지가 사라져버렸다는 것이다. 액수로는 약 3만 달러. 공장 설립 초기의 악몽이 되살아났다.

조사를 의뢰하자 범인들은 컨테이너 볼트를 빼고 물량을 훔쳐간 것으로 추정되었다. 용접기로 뜯고 가져간다더니 정말 도둑을 막을 재간이 없었다. 계속 조사를 해보니 우리 제품이 시장에서 버젓이 유통되고 있었다. 커넥션이 하도 복잡해 잡아낼 수도 없었다.

컨테이너 사건의 결정판은 1995년 태풍 때의 일이다. 생산을 위해 원부자재를 부산에서 선적해 보냈다. 그런데 급전이 날아들었다.

"태풍으로 우리 컨테이너를 바다에 버렸답니다."

보고를 받고 말도 나오지 않았다.

"바다에 버려?"

그냥 헛웃음만 나왔다. 컨테이너가 고기 창고가 되어버린 것이다.

우리 컨테이너를 싣고 가던 배가 남지나해에서 태풍을 만난 모양이었다. 컨테이너선은 웬만한 태풍에는 끄덕 없이 견디는데 상황이 예사롭지 않았다. 위험을 직감한 배의 선장은 결국 선적한 컨테이너를 버리도록 명령했다.

태풍이 휘몰아치는 바다 속에 크레인으로 하나씩 버려지는 컨테이너. 영화의 한 장면 같지만 회사의 입장에서는 처참한 순간이었다.

관련 약관상 천재지변으로 인한 손실은 전액 보상도 안 되는 터라 손해가 컸다. 자재를 다시 보내 납기를 맞추느라고 아주 애를 먹었다. 사업이란 정말 한시도 마음을 놓을 수 없는 '끝없는 싸움이구나'

하는 생각이 들었다. 그 컨테이너는 국동의 역사를 간직한 채 아직도 바다 속에 가라앉아 있을 것이다.

멕시코에서 살아남기

2000년 7월 멕시코 아뜨리스코 시에 2만 평의 부지를 마련해 공장을 준공했다. 이 곳은 인력이 풍부해 일찍부터 섬유도시로 자리잡고 있었다.

국동이 생산에 박차를 가하며 미주 시장에 뿌리를 내릴 무렵, 2001년 1월 6일 노사분규가 일어났다. 발단은 1,200명이 식사하는 구내식당의 음식물에서 이물질이 나왔다는 것이다. 이를 트집잡아 7명이 태업을 벌였다. 있을 수 없는 일이었다. 절차를 밟아 이들을 해고시켰다.

그러자 1월 10일부터 근로자들의 파업이 시작됐다. 나중에 알게 된 사실이지만 친정부 성향의 노조에 미국의 지원을 받는 미국계 독립노조가 도전장을 던진 것이 마찰의 시작이었다. 우리는 멕시코 주정부에 협조를 요청했고, 주정부는 불법파업으로 규정했다.

3일 후 공권력이 투입됐고, 500여 명의 농성자들은 해산됐다. 공장도 다시 돌아가기 시작했다. 한동안 아무 일도 없었다는 듯 아주 조용한 나날이 지속됐다. 이상하리만치 조용했다. 우리는 파업사태가 그렇게 끝났구나 싶었다.

그런데 2주 후. 신문과 TV, 라디오 등에서 악의적 보도가 터져나오기 시작했다.

"한국의 기업주, 노동자들을 구타하고 탄압하다."

이런 내용이었다. 우리가 노동자들을 어떻게 탄압했다는 것인가? 노동쟁의에 대해서는 알 만큼 아는 우리였기에 최대한 신중을 기하고 합법적인 절차를 밟았는데, 편파적인 보도를 해대는 데는 정말 화가 날 수밖에 없었다.

더욱 놀라운 것은 이 같은 편파보도가 인터넷을 통해 급속도로 유포된 것이다. 그들은 각종 국제기관의 게시판에 글을 올리기 시작했다. 세계섬유노조에 탄원이 들어가고, NGO들이 방문했다. 심지어 우리의 주요 거래처인 나이키·리복 등의 사이트에 무차별적인 메일 공세를 펼치기 시작했다. 해명을 하기 위해 인터뷰를 하면 편집된 채 사실과 다른 내용이 보도되었다. 우리 공장이 아닌 다른 공장의 화면이 비치기도 했다.

"이 사태가 해결되지 않으면 우리는 오더를 줄일 수밖에 없습니다."

나이키와 리복은 기업 이미지가 훼손된다며 주문감소를 예고하고 있었다. 위기의 순간이었다. 일부 인사들은 이 상태로 가면 문을 닫을 수밖에 없다며 일찌감치 철수할 것을 충고하기도 했다. 실제로 멕시코 공장에 들어갔다가 철수한 한국 기업들도 여럿 있었다.

투자 금액 2,300만 달러. 멕시코 공장이 철수하면 1996년 증권거래소에 상장한 우리의 주식은 곤두박질칠 것이고 회사의 존립 자체가 위험했다. 그럴 수는 없었다.

'도대체 근본적인 문제가 무엇인가? 왜들 우리를 못 잡아먹어 안달인가?'

유력 일간지의 기자가 취재를 왔지만 실체가 없는 노조 사태에 고개만 갸우뚱거리며 돌아가기도 했다. 멕시코 정부와 대통령에게 탄원도 하고, 주멕시코 한국 대사가 공장을 방문하기도 했다. 그러나 해결책은 없었다. 인터넷을 통한 집요한 공격에 속수무책일 뿐이었다.

6개월쯤 지나자 실체가 드러났다. 나이키·리복의 관계자가 회의를 요청해 와 내막을 정확히 알아보니 사태의 배후에 미국 노조가 깊숙이 개입되어 있었다. 이들은 우리 공장을 장악해 멕시코에서의 영향력을 확대시키고자 했다. 이 같은 그들의 의도가 멕시코 섬유노조와 정면 충돌해 갈등을 빚어내고 있었던 것이다. 한 마디로 우리 공장은 미국과 멕시코 노조 간 노·노 헤게모니 싸움의 대리전을 치르고 있었던 셈이다. 기가 막혔다.

"어느 노조를 지지할 것인지 선택하라."

미국 노조의 최후통첩이었다.

'아무리 가까운 나라라고 해도 멕시코 땅에서 미국 노조라니?'

정말 갈등하지 않을 수 없었다. 많은 번민 끝에 결국 미국계 노조를 택했다. 이 과정에서 360명의 멕시코계 노조 근로자를 해고했다. 해고수당으로 70만 달러가 지급되었다.

그 결과 멕시코 공장에는 멕시코 노동계 역사상 최초의 미국계 독립노조가 탄생했다. 이들은 멕시코 섬유노조의 지시를 받지 않았다. 정부의 제재에서도 비켜 있었다. 2001년 9월, 미국계 노조가 탄생하자 비로소 사태가 진정되었다. 9개월에 걸친 노조사태. 그들의 집요한 공격에 기가 질릴 지경이었다. 이로써 1,000만 달러가 넘어야 할 매출액이 580만 달러로 줄어들었다. 미국계 노조가 탄생하자 미국 섬유노조 AFL-CIO에서는 "축하한다"며 배지 하나를 주었다.

'1,000만 달러짜리 거창한 배지로군.'

내동댕이치고 싶었지만 꾹 참았다. 해외법인의 어려움을 단적으로 말해 주는 사례였다. 만약 다른 기업에서도 비슷한 사태를 겪게 된다면 그 배후에 누가 있는지 빨리 파악해 볼 것을 조언하고 싶다. 세계화 시대에 한번은 넘어야 하는 산 치고는 너무나 험준한 산이었다. 이 사태 때 변상기 사장이 현지에 체류하며 정말 혹독한 고생을 치러냈다.

위기를 넘긴 멕시코 공장은 현재 '노사시범업체'가 되어 있다. 이제는 법인이 안정되어 2003년도 매출액이 2,100만 달러에 이를 전망이다.

7,000만 달러 수출의 탑 수상

국동은 2003년 수출액 1억 달러 수주를 돌파하고, 7,000만 달러 수출의 탑 및 대통령 표창을 수상했다. 30년 전 첫 수출과 비교하면 엄청난 신장세를 기록한 것이다.

우리는 피에르가르뎅, NAFNAF의 라이선스 브랜드와 JACK & JILL의 자체 브랜드를 가지고 있다. 나이키·리복 등 세계적인 업체에도 많은 물량을 수출하고 있다. 자체 브랜드 JACK & JILL의 매출은 2004년이면 피에르가르뎅의 매출을 넘어설 전망이다. 국동은 앞으로 자체 브랜드를 지속적으로 개발해 세계시장에서 경쟁할 수 있도록 집중 육성할 계획이다.

21세기에 들어 "노동집약적인 섬유산업은 사양산업이다"는 말들이 떠돈다. 나는 이 말에 불만이 많다. 그렇다면 유럽의 선진국들은 왜 사양산업인 섬유를 붙들고 있는가? 섬유산업은 절대 사양산업이 아니다. 인간이 해결해야 할 가장 중요한 요소인 의식주 중 하나를 차지하는 섬유산업이 어떻게 사양산업이 될 수 있겠는가? 문제는 경쟁력이다.

경쟁력을 갖춘 섬유산업은 기간산업이다. 국동은 앞으로도 기간산업의 일꾼을 자임하며 수출 한국의 깃발을 드높일 것이다.

(주)유니더스 | 김덕성 사장

세계가 우리를 필요로 하게 만들어라

《《《 자동차 수출국가라면 콘돔도 믿을 만하다

1980년대 중반, 나는 콘돔을 팔러 태평양을 건넜다. 콘돔 만드는 기술이라면 미국이 가장 뛰어나다고 평가받고 있던 때라 솔직히 자신이 없었다. 예상대로 미국인 에이전트들은 잘 만나주지를 않았다. 간신히 면담이 주선되어 한 에이전트를 만나 가방 속 콘돔 샘플을 풀어놓을 수 있었다.

그는 상자에서 콘돔 하나를 꺼내 호일 포장지를 뜯었다. 의심쩍은 듯 연신 만지작거리기만 하다가 갑자기 잡아당겨 보고, 콘돔에 바람을 넣어 세게 눌러보기도 했다.

속타는 내 심정을 아는지! 그가 검사를 하는 동안 목이 타 침이 꿀

꺽 넘어가는 것이 느껴졌다. 검사 중 행여 손톱에 찢기기라도 한다면 모든 제품은 '불량'이라는 누명을 뒤집어쓰게 될 것이다. 그가 머뭇대다 마침내 입을 열었다.

"제품만 봐서는 괜찮은 것 같은데, '한국산' 제품이라서…."

"우리 콘돔은 인도를 비롯한 동남아 등지에 수출돼 이미 품질이 입증된 것입니다."

"그들 역시 후진국 아니오!"

콘돔은 품질이 생명이므로 후진국에서 만든 것을 신뢰하지 않았다. 그 자리에서 실제로 사용해 보라고 권할 수도 없고, 직접 시험해 보일 수도 없는 노릇이었다. 시쳇말로 환장할 지경이었다. 막 자리에서 일어나려는 순간, 동시에 시선이 TV에 집중되었다. 자동차 광고 화면이 돌아가고 있었는데, 반갑게도 우리의 현대자동차가 등장하는 광고였다.

"앗, 저것은 우리 코리아의 자동차입니다."

"오! 그래요. 코리아가 자동차를 수출할 정도로 공업수준이 향상되었다면 콘돔도 믿을 만하겠구려."

현대자동차 광고를 통해 단숨에 분위기를 역전시켜 계약을 성사시켰다. 민간기업이 수출을 통해 국가 이미지를 제고할 수 있다는 사실을 직접 체험하는 순간이었다. 한국 제품이라는 이유로 외국에서 배척당하던 때 자동차 수출이 한국 상품의 이미지를 좋게 만들어 콘돔의 수출길도 열리게 된 셈이었다. 말하자면 현대자동차가 마케팅을 대신해 준 셈이다. 따라서 현재도 현대자동차에 대한 고마움을 잊지 않고 있다.

전장(戰場)에서 콘돔 팔아

콘돔이 성생활에 필요한 물건이다 보니 유교적 관습에 젖어 있는 우리나라 사람들은 금기시하거나 숨겨왔다. 하물며 순경이 길거리를 오가는 장발머리를 잡아 경범죄 처벌을 하던 1970년대 사회 분위기에서는 오죽했으랴. 콘돔을 내놓고 말할 수가 없었다.

하지만 부산지역에서 약업상을 크게 하던 연기식씨는 달랐다. 그는 제조업을 해보겠다며 콘돔을 제조하는 동국물산이라는 회사를 차렸고, 나는 이 회사에서 수출입을 담당했다. 그는 자주 "남들이 하지 않는 사업을 해보라"는 충고를 했다.

1968년 대규모 콘돔 입찰이 있어 인도 출장을 갔을 때 일이다. 공항 검색대에서 가방에 가득 담긴 콘돔을 발견한 세관원의 눈이 휘둥그레졌다.

"이걸 당신 혼자서 다 사용하느냐?"고 물었다.

그에게 무어라 대답할까?

인도의 입찰에는 미국과 일본 등 쟁쟁한 업체들이 열두 곳이나 참가했다. 그러나 품질을 이유로 일본만을 제외한 11개 업체를 탈락시키자 미국 업체가 강력히 이의를 제기했다. 2차 입찰이 다시 열리고 최저가를 적어낸 우리 회사에게 행운이 돌아왔다. 그 후 인도에 100만 그로스(1gross=12다스, 144개)를 수출하게 되었다.

그런데 회사가 부실화되어 채권단에 넘어갔고, 나는 사원 대표 자격으로 회사 살리기에 앞장섰다. 다행히 회사 경영이 정상화되고 빚이 얼마 되지 않아 직접 회사를 운영케 되었으나 이마저 여의치 않아

결별하고 독립하기로 마음먹었다. 사회 초년병 시절에 가르침을 준 연기식씨의 충고대로 '남이 하지 않는 일'에 몸을 던지기로 결심한 것이다.

1973년 서흥산업을 설립하고 국내 자체 기술을 통해 수술용 장갑 기계를 제작했다. 당시 우리나라는 병원마다 형편이 넉넉지 않은 탓에 일회용 수술장갑을 사용 후 빨아서 오븐기에 삶아 재활용했다. 그래서 국내 시장은 쳐다볼 것 없이 곧장 수출전선에 뛰어들어 세계를 누비기 시작했다. 서흥산업을 세운 뒤 처음으로 신용장을 받아쥐었을 때는 천하를 얻은 것처럼 기뻤다. 홍콩 진출을 전환점으로 삼아 1979년부터는 설비를 확충해 대량생산에 돌입했다. 그러나 막상 제품을 만들고 보니 판로가 막막했다. 후진국 제품에 대한 뿌리 깊은 불신 때문에 일본·미국 시장의 벽을 넘기 어려웠다. 곰곰이 생각하다 비행기 머리를 지구 정반대로 돌려 중동으로 향했다. 당시 이 지역은 이란·이라크 전쟁이 일어나 무역상뿐 아니라 누구도 발을 들여놓으려 하지 않았다. 호텔에 도착한 그 날 밤부터 나는 전쟁을 실감할 수 있는 공포 분위기에 휩싸였다. 공습 사이렌이 울리면서 등화관제가 실시되고 칠흑 같은 어둠 속에서 밤을 새웠다. 전쟁터에서도 부상자는 발생하게 마련이라 의료용 장갑이 많이 팔릴 것이라는 추측은 다음날 그대로 맞아떨어졌다.

어떻게 알았는지 각지에서 에이전트들이 찾아와 상담을 요청해 왔고, 의료용 장갑 샘플을 보고 만족을 표시하며 많은 수량을 주문했다. 1년 내내 생산해도 모자랄 판이었다. 더구나 예상치 않았던 콘돔 주문까지 끊이지 않고 밀려들었다. 나중에 알고 보니 이슬람 문화권은 남자들이 여러 여자를 부인으로 맞아 살기 때문에 성문제에 각별한 주의를 기울이고 있었다. 그 후 말레이시아·태국 등 동남아 지역에 거대자본에 의해 의료용 장갑과 콘돔을 만드는 공장이 세워지고 값싸게 공급되면서 이들과의 거래가 시들해졌다. 하지만 목숨을 내걸고 뛰어든 수출전선에서 승리한 것만은 분명했다.

AIDS로 인해 고무장갑과 콘돔 동나

1987년 또 한번의 전쟁이 터졌다. 포연과 총성은 없지만 인류를 죽음의 공포로 몰아넣은 후천성면역결핍증(AIDS)과의 전쟁이 일어난 것이다. 감염경로가 밝혀지지 않아 전전긍긍하는 의사나 간호사는 물론 간병인조차 개인위생에 더욱 신경을 썼다. 이 무렵에 미국 뉴욕의 무역상이 찾아와 우리 제품들을 살펴보고 '환상적(fantastic)'이라고 평하며 생산되는 대로 모두 수입하겠다는 제의를 했다. 공장에 생산 라인을 증설하고 밤낮 없이 생산해도 모자랐다. 따라서 국내 시장에 공급할 수술용 장갑과 콘돔은 절대적으로 부족해 창고에 물건이 동났다. 알고 지내던 병원관계자나 심지어 정부당국의 여러 관계자 등 온갖 경로를 통해 물건을 먼저 공급해 달라고 압력 아닌 압력이 가해졌다. 6개월 정도는 사무실 밖에서 업무를 봐야 할 정도였다. 이때 충북 청주에 있는 제1공장에 이어 증평에 제2공장을 설립하고, 최신 자동설비를 설치해 증가하는 주문량을 맞출 수 있었다.

1988년 10월 우리나라에서는 최초로 공업진흥청으로부터 콘돔 및 수술용 장갑에 대한 KS 규격을 획득했으며, 세계적인 품질검사기관으로부터 각종 마크를 획득했다. 2년마다 직접 기술자가 파견되어 실시하는 미국 FDA 기준에 맞는 공장에 포함되기도 했다. 2002년 11월에는 중국 장가항에 국내 업체로는 처음으로 단독 투자법인을 설립했으며 총투자규모 1,000만 달러로서 연간 6억 개의 콘돔을 생산할 수 있도록 증설 중에 있다. 이 공장에서는 중국 내 상위 5% 안의 인구를 겨냥해 최고급 콘돔 제품을 생산·판매할 계획에 있다.

미국 콘돔보다 품질 나아

사랑을 나누던 젊은 청년이 황급히 일어난다.

건너편 방문을 두드리며 묻는다.

"혹시 콘돔 하나 얻을 수 있나요?"

외국 TV 드라마에서는 종종 이런 장면을 볼 수 있다. 서양인들에게 콘돔은 연필쯤으로 여겨지는 생활 필수품이다. 우리보다 인구가 3배가량 많은 일본의 콘돔 사용량은 우리보다 무려 70배에 이른다. 그러나 우리나라에서는 콘돔의 사용방법조차 모르는 남성이 많다. 요즘도 콘돔 광고는 성적 자극을 불러올 수 있다며 관계법으로 금지하고 있다.

콘돔의 제조·판매를 업으로 삼고 있는 나는 술자리에서 친구들의 놀림감이 되거나 이상한 물건으로 돈 번다는 소리를 듣는 경우도 있었다. 심지어 어느 신문에선가 독자의 시선을 끌어볼 요량으로 우리 회사 여사원들의 작업과정을 소개하면서 '콘돔 만지는 여자' 라는 제하의 기사를 실어 항의를 한 적도 있다. 속사정을 알고 보면 세계적으로 가장 뛰어난 기술력을 보유하고 있는 우리 회사에서도 콘돔의 핀홀과 외관상 불량을 선별하는 데 여성 종사자들의 손에 의해 콘돔이 몰드에 꽂혀지고 있기 때문이다. 남들이 뭐래도 한 길만 걸어온 지 30여 년. 하지만 세계 최고의 제품을 만들고 있고, 그것을 세계가 인정하고 있다는 내 나름의 자부심을 갖고 있다.

콘돔 공장은 절대 공개하지 않는 것으로 알려져 있다. 그런데 몇 년 전, 그런 사실을 잘 알고 있는 미국의 최대 콘돔 제조회사인 카터 윌러스(Carter Wallace)사에서 우리 공장을 견학하고 싶다는 의사를 밝혀왔다. 그 제의를 쾌히 받아들이면서, 대신 카터 윌러스의 공장도 보여주는 상호방문을 조건으로 내걸었다. 콘돔에 관한 한 최고 수준의 기술을 보유하고 있다는 미국 공장을 살펴보고 싶었다. 그쪽에서도 수락해 교환 방문이 이루어졌다.

막상 그 공장의 콘돔 생산 라인을 보고 실망이 앞섰다. 포장 라인 등은 우리 기술 수준보다 훨씬 뒤져 있었던 것이다. 더구나 콘돔의 고무 색깔은 하얗고 투명해야 하는데 누런색을 띠었다. 공장장도 그 이유를 몰라 해결책을 찾으려고 혈안이 되어 있다고 말했다. 그러나 우리 회사 제품은 고무가 맑고 투명하다. 미국 공장을 방문한 후로 우리 제품의 우수성에 더욱 자신감을 갖게 되었고, 학문적 연구를 동반한 제품 개발에 많은 투자를 하게 되었다.

〰〰 유엔(UN)에 기술자문을 해주기도

보건부에서 매년 성인 남성의 음경 크기를 발표해 표준이 확립되어 있는 여러 국가와는 달리 우리나라는 국가 표준이 없고 남성 성기 크기에 대해 공식적으로 조사 연구된 바가 거의 없다. 따라서 민간 기업인 우리가 돈을 들여 유수 의과대학에 의뢰해 연구 결과를 얻기도 한다.

연례적으로 개최되는 콘돔 분야 국제표준화기구(ISO) 심포지엄에는 고정회원으로서 빠짐없이 참석한다. 이는 검사기관, 콘돔 메이커는 물론이며 세계보건기구(WHO)나 구호기관, 국제비정부기구(NGO), 아프리카 국가 등의 구매 담당자가 참여하는 우리 업계로서는 매우 중요한 회의다. 국내 다른 회사들이 그러한 회의가 있는지도 모르는 상황에서 회의 참석은 세계보건 개선에 기여함은 물론, 우리 회사 입장에서는 중요한 마케팅 무대이기도 하다.

콘돔을 생산하는 설비는 워낙 베일에 싸여 있어 동일한 기계가 하나도 없다. 돌아서면 이미 낡은 기계라고 말할 정도다.

세계적으로 인정받은 우리 회사의 제품 수준은 유수한 국제 검사기관의 추천을 통해 브라질에 콘돔을 생산하는 플랜트를 수출하기까지 이르렀다. 베트남에는 유엔에서 전액 지원해 콘돔 공장을 세웠으나 제품 생산이 제대로 이루어지지 않자, 우리 회사에 의뢰해 기술자를 파견한 적도 있었다.

고객을 감동시키는 제품 만들 터

일본 도레이 계열사인 'THC'에 20여 년째 우리 회사가 만든 의료용 장갑을 납품하고 있다. 최초 계약 당시와는 상황이 판이하게 달라져 이제 말레이시아나 태국 제품을 쓰면 절반 가격에 공급받을 수 있음에도 불구하고, 그 회사는 값을 깎아달라는 불평을 한번도 하지 않았다. 오히려 좋은 물건을 공급해 줘 고맙다며 때마다 치하해 주었다. 특히 이 회사의 사장은 참으로 특이한 분이다. 그는 소비자는 물론이고 협력사를 비롯한 거래선 사람들도 고객으로 여겼다.

"저는 틈틈이 어떤 선물을 해서 고객을 감동시킬 것인가 고민한답니다."

실제로 그는 내가 1년 중 절반쯤을 산(山)사람으로 산다는 것을 알고서 자기 회사 직원들의 등산 모임에 초청했다. 게다가 내 얼굴을 본떠 만든 배낭을 멘 인형을 제작·선물했다. 정말 그의 세심한 배려는 상대를 감동시키고도 남음이 있었다. 그 일이 있은 후 나도 고객에게 무엇을 선물해야 감동시킬 수 있을지 더욱 생각하게 되었다. 우리 회사명인 유니더스가 '귀하는 우리를 필요로 합니다(You Need Us.)'라는 뜻을 담고 있듯이, 꼭 필요한 최상의 제품을 만들어 고객을 감동시키는 데 모든 노력을 경주할 것을 다짐해 본다.

세계 최고의 제품으로 승부하다 3

(주)삼성전자 | 이윤우 부회장

영원한 도전

삼성전자는 2002년 한햇동안 40조 5,000억 원의 매출을 올렸다. 전체 매출 가운데 77%가 수출을 통해 얻은 실적이다. 이는 국내 총수출액의 약 10.2%를 차지하는 것으로 단일 기업 중 국내 최대다. 이같은 비중은 세계 어느 나라에서도 유례를 찾기 힘들다. 반도체 수출은 86억 달러로 삼성전자 전체 수출의 36%가량을 차지한다. 이는 인텔(Intel)에 이은 세계 2위의 실적이다.

삼성전자는 국내 전자업계 선발주자에 비해 10년이나 늦은 1969년에 출발했다. 이런 삼성전자가 반도체사업에 뛰어든 것은 1974년이다. 1947년에 이루어진 미국의 트랜지스터 발명에 빗댄다면 무려 27년이나 뒤늦은 출발이었다.

삼성은 1974년 12월 경영난에 빠진 한국반도체를 인수, 반도체업계에 진출했다. 전자산업을 그룹의 주력으로 키우기 위해 핵심부품에 대한 국산화가 사업진출의 이유였지만, 당시 이 반도체 사업이 대한민국의 경제를 떠받들 버팀목이 될 것으로 예감한 사람은 많지 않았다. 삼성은 국내에서 최초로 만들어진 전공정(FAB) 사업을 인수해 시작함으로써 반도체라는 거대한 사업의 싹을 틔웠다.

《《《《반도체는 나의 운명

내가 처음 반도체 생산에 참여하게 된 것은 1975년경, 삼성SDI의 전신인 삼성NEC에서 진공관 생산기술을 담당하면서였다. 하지만 진공관은 나의 목표가 아니었다. 나는 경영진에게 진공관은 조만간 사라질 기술이고 IC를 개발해야 한다고 주장했다. 그리고 이 같은 주장은 받아들여졌다.

회사는 당시 NEC와의 합작형태로 운영되고 있었고, 마침 NEC는 일본 반도체 사업의 선두주자였다. 나는 엔지니어, 여사원 들을 비롯한 50여 명의 반도체팀을 구성해 야심찬 일본연수를 떠났다. 하지만 NEC에 도착한 우리는 눈앞에 펼쳐진 광경을 보고 벌린 입을 다물 길이 없었다. 1975년은 세계적으로 불어닥친 2차 오일 쇼크의 해로, NEC마저도 일이 없어 직원들이 운동장에 나와 풀을 뽑거나 돌을 줍고 있는 것이 아닌가. 연수가 제대로 진행될 리 없었다. 우리는 서둘러 연수를 마치고 귀국해야 했고, 야심찬 기획은 파워 트랜지스터와 다이오드의 조립생산으로 만족해야 했다.

의기소침해 있던 내게 두번째 기회가 찾아왔다. 삼성의 자회사인 한국반도체가 FAB(반도체 전공정)를 한다는 소식을 접한 것이다. 당시까지 국내에는 조립공정을 진행하는 외국계 회사가 일부 있었을 뿐 FAB 업체는 한국반도체가 최초였다.

나는 한국반도체로 전배를 요청했다. 하지만 이번엔 회사가 거부했다. 삼성NEC에서도 얼마든지 반도체 일을 할 수 있고 반도체분야의 인재가 필요하다는 논리였다. 하지만 당시 내게는 FAB 반도체사업이 아니면 안 된다는 확신이 있었다. 나는 한동안 마음고생에 시달려야 했지만 결국 회사는 내 편을 들어줬다. 이왕 갈 거면 최고가 되어야 한다는 인사담당자의 협박(?)과 함께 나는 1976년 10월 31일, 관계사 전출의 인사발령을 받을 수 있었다.

처음 반도체를 접했을 때의 느낌은 황홀 그 자체였다. 모래의 주원소인 규소판 위에 지도가 새겨지고, 그 지도를 따라 '전자'라는 것들이 이리저리 흘러다니며 우리가 원하는 기능을 수행했다. 너무나 신기한 일이었다. 더욱이 그 능력이 무한대로 확장될 수 있다는 사실이 나를 흥분시켰다.

하지만 고집을 부려 시작한 반도체 생산과정은 결코 쉬운 일이 아니었다. 원리는 책에서 배울 수 있지만 실제로 마이크로 세계를 통제한다는 것은 그리 만만한 일이 아니었다. 조금만 에칭을 잘못하면 회로가 끊어지고, 미세한 온도 차이 때문에 산화막은 엉뚱한 형태로 나타났다. 또 심야에만 제대로 수율(Yield : 전체제품 중 양품의 비율)이 나오고 주간에는 불량이 쏟아지는 등 이해할 수 없는 일들이 벌어졌다.

또 당시는 선진 업체들이 기술이전을 극도로 회피하는 상황이었기 때문에 외부 도움을 기대하기 어려운 실정이었다. 1978년 9월에 FAB

에서 검사·조립에 이르는 자체 일관생산 체제를 구축하기도 했지만 수율과 품질은 한참 뒤지는 것이었다.

삼성은 반도체로 간다

1982년 12월 말, 나는 개발업무를 담당하고 있었다. 여느 때와 다름없이 출근하던 나를 갑자기 가로막는 사람이 있었다. 인사담당 임원이었다. "이 부장, 본사로 가야겠습니다." 나를 비롯한 40여 명이 'VLSI 사업추진팀'으로 발령났다는 것이었다.

이듬해 1월 7일 40여 명의 VLSI 사업추진팀이 삼성본관 606호실에 모였다. 그리고 이병철 회장은 다음과 같이 선언했다 "본인이 이제부터 반도체사업 본부장이다." 회장이 사업본부장이 되겠다는 말은 그룹의 모든 자원과 역량을 총집결해 반도체사업을 추진하겠다는 의미였다. 마치 출동명령이 떨어진 전시(戰時) 분위기를 연상케 했다.

1983년 3월 15일 '우리는 왜 반도체 사업을 해야 하는가?' 라는 선언문을 삼성그룹의 이름으로 발표했다. 이를 통해 삼성이 드디어 VLSI 개발에 뛰어들겠다고 대내외에 선언한 셈이었다. 이는 1974년에 사비를 들여 한국반도체를 인수하고, 지속적으로 반도체사업에 관심을 기울여온 이건희 회장의 강력한 의지에 이병철 선대회장이 힘을 더해준 것이었다.

그러나 우리나라에서 반도체사업을 벌이는 데는 많은 문제점들이 도사리고 있었다. 불투명한 시장전망, 선진국과의 극심한 기술격차, 막대한 투자재원, 고급 기술인력의 확보, 특수설비의 공장건설 등 모든 것이 난제였다.

　삼성의 반도체 신규사업 진출선언은 위험도가 워낙 높은 일이었다. 삼성그룹의 운명을 모두 걸어야 할 일대 모험이었다. 따라서 철저한 사전조사와 냉철한 분석이 선행되어야 했다.

《《《 "실리콘 밸리를 보고 오시오!"

1983년 초, 회사에서 출장명령이 떨어졌다. 박희준 이사와 당시 개발실장을 맡고 있던 나, 기획담당 등 6명이 비행기에 올랐다. 그러나 출장팀이 보고 느낀 것은 놀라움 이상이었다.

　현지의 VLSI 사업은 국내에서 상상한 것보다 훨씬 더 거대했다. 우선 사업규모에서 그 동안 삼성은 '구멍가게'를 그리고 있었다. 생산품목도 잘못 짚고 있었다. 컬러 TV, 오디오, OA 기기 등 주로 가전용 반도체에 초점을 맞추었는데, 세계시장은 64K D램 등 기억소자류와 16비트 마이크로 프로세서 등이 주축을 이루고 있었다. 사업계획서의 전면적인 수정이 불가피했다.

　어쨌든 산고(産苦)를 거친 최종보고서는 다음과 같은 결론에 이르고 있었다.

　"향후 5년 간 5,500억 원을 투자해 첨단 기억소자와 마이크로프로세서를 연간 1억 개 이상 생산, 세계시장의 점유율 2%를 차지한다."

　실로 엄청난 내용을 담고 있었다. 투자계획을 확정한 '삼성반도체통신'은 1983년 4월 말 실리콘 밸리에 현지법인을 마련했다. 현지법인의 가장 큰 역할은 VLSI급 반도체의 개발을 비롯해 국내 기술인력의 연수와 수출창구 역할 등이었다. 삼성이 발빠른 행보를 보이자 미국의 현지언론들은 "실리콘 밸리에 황색 침입자가 나타났다"며 호들갑을 떨기도 했다.

세계 세번째로 64K D램 개발 성공

1983년 5월, 삼성은 최초의 양산제품으로 선정된 64K D램의 개발을 서둘렀다. 64K D램은 조그마한 칩 속에 15만 개의 소자를 800만 개의 선으로 연결해 8,000자의 글자를 기억할 수 있는 VLSI급 반도체였다.

사실 가까스로 IC를 생산하고 있던 당시의 기술과 장비로는 어림도 없는 얘기였다. 자전거를 만드는 철공소에서 초음속 항공기를 만들라는 주문과도 같았다. 하지만 '무식하면 용감하다'는 말처럼 삼성은 자신들이 만들려는 것이 얼마나 많은 땀과 희생을 요구한다는 사실을 모른 채 덥석 그 일에 뛰어들었다.

그 해 6월 17일에는 마이크론사와 기술도입 계약을 체결한 후 설계도를 제공받아 개발에 착수했다. 전체 공정 수는 모두 309가지였다. 그들을 하나하나 접근했다. 다행히 쉽게 풀리는 공정도 있지만, 많은 부분이 속수무책이었다. 간신히 한 공정을 해결하고 다음 공정으로 넘어가더라도 공정이 연결되지 않아 다시 되돌아오는 경우가 대부분이었다. 처음에는 연습하는 기분으로 시작했지만, 막상 이렇게 되자 오히려 오기가 생겨 '한번만 더 해보자'는 식으로 계속 달라붙었다. 실패에 실패가 거듭됐지만 그만둔다는 생각은 해보지 못했다. 으레 이렇게 하는 것이려니 하는 생각이었다. 그러던 중 10월이 되자 어느 새 대부분의 공정이 완료를 표시하고 있었다.

그리고 그 해 11월 17일, 2차로 투입한 웨이퍼 중에서 마침내 양질의 64K D램 칩을 얻는 개가를 올렸다. 미국·일본에 이어 세계에서 세번째로 VLSI 생산국이 된 것이다. 이로써 10년 이상이던 선진국과의 기술격차를 3~4년으로 단축시켰고, 반도체사업 성공의 자신감을 획득한 것이다.

역시 일본이 민감하게 반응했다. 한국의 기술로는 1986년에야 64K D램을 개발할 수 있을 것이라던 일본 언론들은 '충격'이라는 단어를 사용했다. 일본의 반응은 둘로 갈라졌다. 한쪽은 부메랑 효과를 걱정했다. 그들은 삼성이 특정 부문(D램)을 집중적으로 공략하고 있다는 점을 지적하고, "기초연구를 제쳐놓고 응용과 개발에만 집중하면 빠른 시간 안에 자신들을 추격할 수도 있다"고 다소 격앙된 어조로 말했다. 한편에서는 "어쩌다 우연히 동작 칩을 건진 것에 불과하다, 그러니 개발이나 생산 능력에서 일본의 상대는 아니다"고 낙관적으로 말했다. 그러면서도 1970년에 인텔이 1K D램을 개발한 뒤, 1978년 후지쓰 등 일본 업체들이 64K D램을 개발하기까지 8년이 걸린 것을 삼성이 6개월로 단축시킨 점에 대해서는 심각하게 생각했다.

적자에서 흑자로

"6개월 만에 공장건설을 완료하라!"

이병철 회장은 당시 삼성석유화학 공장장으로 있던 성평건씨를 기흥반도체 초대 공장장으로 임명하며 지시를 내렸다. 그런데 잡초가 무성한 야산을 깎아 공장을 가동하기까지 허락된 6개월이라는 시간은 누가 봐도 불가능한 것이었다.

1983년 9월 12일에 착공한 기흥공장 건설은 근로자들이 "아오지탄광"이라고 부를 정도로 힘든 돌관공사였다. 야산을 불도저로 밀어 정지작업을 하고, 그야말로 허허벌판에서 무엇 하나 제대로 갖춘 것 없이 공사를 진행했다. 창고를 사무실로 사용하면서 연탄불을 지피고 새벽까지 일하다가 채 200m도 떨어지지 않은 기숙사에조차 못 들어가고 그 자리에 고꾸라져 새우잠을 자기 일쑤였다.

공장건설을 그토록 서둘렀던 이유는, 3년 정도 걸리는 공장건설을 6개월 만에 해치운다면 선진 업체와의 격차를 2년은 줄일 수 있다는 계산 때문이었다. 그리고 하루도 쉬지 않고 24시간 작업을 한 끝에 1984년 3월 말 완공했다.

당시로서는 천문학적인 숫자인 1,000억 원의 돈을 투입해 라인을 짓고 제품을 생산했지만 64K D램을 내놓은 1984년, 반도체 시장은 이미 서서히 가라앉고 있었다. 1984년 중반에 3.5달러였던 가격이 1984년 말에는 1달러, 1985년 중반에는 30센트까지 떨어지는 사태가 발생했다.

고생 끝에 겨우겨우 내놓은 64K D램은 선진 업체들의 견제와 공급과잉으로 원가 이하에 팔아야 하는 수모를 겪어야 했다. 안에서는 무리한 투자로 회사를 어려움에 빠뜨렸다는 비난과, 밖에서는 기술을 앞세운 선진 업체들의 심한 견제로 진퇴양난에 빠져 있었다. 회사에서는 연일 회의를 열며 총력 수출체제를 가동했지만 1987년 말까지 누적적자가 무려 1,400억 원에 이르렀다. 밖에서는 "삼성이 곧 망한다"는 소문이 공공연히 떠돌았다. 그러나 삼성의 경영진은 흔들리지 않았다.

"지금이 기회다, 빨리 생산 캐퍼를 올려라."

1987년 8월 또다시 3억 4,000만 달러가 소요되는 1메가 D램 전용 라인인 3라인 공사에 착수하자, 대내외의 비난은 절정에 달했다. 당시 기흥공장 공장장이었던 나는 이런 비난에 시달리느라 곤죽이 되어 있었다.

판매라도 호조였으면 모르지만 당시는 영업의 기틀조차 마련되지 못한 상태였다. 삼성반도체는 애초부터 판매 총책임자를 본사에 두지 않고 미국에 보냈다. 어차피 상대는 세계의 컴퓨터 시장을 장악하고 있는 미국이었기 때문에, 미국 시장의 반응에 신속히 대응하려면 판매책임자가 미국에 있는 편이 낫다고 생각한 것이다. 하지만 현실은 그렇게 단순하지 않았다. 최초의 담당자는 반도체 시장의 동향은 고사하고 어디가 잠재적인 거래선인지, 어떻게 그들에게 접근해야 하는지조차 몰랐다.

본사에서는 하루가 멀다 하고 판매실적을 보내라고 재촉했지만, 그럴 듯한 실적 없이 반도체 가격만 계속 떨어지자, 삼성물산에서 파견된 유능한 판매담당자도 당황하지 않을 수 없었다. IBM, 애플 등 메이저 커스토머(Major Customer)와 거래하기 위해서는 먼저 퀄(Qualification: 자격심사)을 반드시 통과해야 한다는 사실도 1985년 후반에야 알았을 정도였다.

1985년 9월부터 IBM 등에 대한 자격심사를 준비했지만, 1년 중 8

월에만 자격심사를 한다는 사실도 나중에서야 알았다. 결국 1985년은 메이저 커스토머들에게는 접근도 못하고 소규모 전자상이나 도매상(Secondary Customer)만 좇아다녀야 했다.

암담한 상황이었지만 1985년 6월부터 지역별로 딜러(대리점)를 개설하고 현지 지점장(Branch Manager)을 고용했다. 그러나 이 방법도 별로 신통치 않았다. 무엇보다 삼성반도체의 지명도가 낮았고 어렵게 납품한 제품도 결함이 많아 되돌아오기 일쑤였다. 더욱 나쁜 일은 애프터 서비스조차 제대로 해주지 못한 것이다.

그러나 삼성은 가장 어려운 시기에 한 가지 수확을 거두었다. 그것은 반도체사업의 전환점이 된 실적이었다. 1986년 말 256K D램 샘플로 IBM의 Category 3에 해당하는 퀄을 통과한 것이다.

퀄의 가장 높은 등급인 Category 1은 주로 탱크 · 전차 · 로켓 · 초대형 컴퓨터 시스템 등에 들어가는 반도체의 검사기준으로, 사막의 열기와 남극의 추위에서도 견딜 수 있어야 하는 무지막지한 검사조항을 통과해야 한다. 가장 낮은 등급인 Category 3도 결코 만만치 않다. 검사항목 중 PCT(Press Cook Test)는 칩을 마치 고구마를 찌듯이 압력솥에 넣고 찐 뒤에 정상적으로 동작하는지 검사하는 것이다. 그 무렵 부천공장에서 마이크로 프로세서(8088)를 OEM 생산하면서 인텔의 퀄을 경험하기는 했다. 그러나 칩의 디자인 룰을 검사하고, 열충격 테스트를 하고, 라인 오디팅을 하고, 질의응답서를 제출하는 등 본격적인 퀄은 IBM이 처음이었다.

IBM의 퀄을 통과한 반사효과는 삼성조차 놀랄 정도였다. 그 동안 미국 현지 판매법인은 메이저 커스토머에게는 명함조차 내밀지 못했다. 중간 도매상이나 상인들에게도 찬밥 신세였다. 그러나 IBM의 퀄을 통과하자 이내 곧 그들이 제발로 찾아오기 시작했다. IBM을 통과할 정도면 안심할 수 있다고 생각한 것이다. 얼마 뒤 휴렛패커드와 DEC의 퀄까지 통과하자, 삼성의 반도체 기술과 품질이 수준급에 이르렀다는 평가를 받았다.

1987년 후반에는 256K D램의 품귀현상까지 나타났다. 장기불황에 빠져 준비가 충분치 않았던 업계는 갑작스럽게 경기가 회복되자 공급부족 현상을 나타냈다. 어려움에 허덕이던 삼성에게는 하늘의 도움이었다고 할 수밖에 없었다. 게다가 때마침 불기 시작한 애플 컴퓨터의 붐은 엄청난 수요를 폭발시켰다. 1987년 여름, 256K D램을 개당 10달러에 팔았다. 삼성이 메모리 사업에서 기적을 거두는 첫 순간이었다.

반도체 회사를 갖지 못한 당시의 영국 마거릿 대처 총리가 일본 다케시타 수상에게 "잘 부탁한다"는 친서를 보낼 정도로 반도체는 품귀현상을 일으키고 있었다. 1987년에는 생산 라인을 모두 가동해도 수요를 맞출 수 없었다. 64K D램은 2달러 30센트까지 오르고, 256K D램 가격은 천정부지로 치솟았다. 그나마도 생산이 수요를 따라잡지 못해, 없어서 못 팔 정도였다.

수출액은 1987년 3억 1,500만 달러, 1988년 8억 580만 달러를 기록해 초고속 신장률을 보였다. 이런 호황에 힘입어 삼성반도체통신은 1988년 한햇동안 반도체 부문에서만 무려 3,200억 원의 흑자를 냈다. 그 동안의 누적적자를 일거에 만회시킨 대반전이었다. 이로써 삼성은 반도체사업에 대한 확신을 가지게 되었고, 1990년대 반도체

신화를 창조할 수 있는 힘을 축적하게 되었다.

세계 D램 시장을 정복하다

"삼성전자는 세계 최초로 64메가 D램을 개발하는 데 성공했습니다."

1992년 9월 25일은 삼성이 우리나라 반도체 역사에 또 하나의 획을 그은 날이다. C-MOS 공정을 이용해 개발한 64메가 D램은 1억 4,400만 개의 셀이 완전하게 작동되는 제품으로 일본을 비롯한 선진국도 개발하지 못한 상태였다. 이로써 삼성은 완전한 기술자립을 이루었고, 쫓는 자에서 이끄는 자로 자리를 바꾼 것이었다.

64메가 D램의 개발에는 풀어야 하는 많은 기술적 어려움이 있었지만 그보다는 '무형(無形)의 목표'라는 사실이 64메가 D램 개발의 가장 어려운 난제였다. 앞서나가는 선발업체가 없는 상태에서 과연 기술적으로 가능한지, 상품화가 가능한지에 대한 의문점이 우리가 넘어야 할 벽이었다.

9월 25일 64메가 D램 개발 사실을 공식 발표하고, 이듬해 5월에 64메가 D램 엔지니어링 샘플을 출하했다. 그러자 일본의 노무라연구소가 'D램 생산에서 정상에 선 한국의 반도체 공업'이라는 제목의 보고서에서, "한국이 8인치 웨이퍼 제조기술, 청정실 기술, 수율, 설비 활용률 등에서 이미 일본을 앞질렀다. 일본은 현실을 직시하고 한국과 새로운 보완관계를 구축해야 한다"고 주장했다.

또한 1992년은 삼성이 세계 D램 시장을 정복한 기념비적인 해였다. 1989년까지 일본 도시바, NEC, 미국의 TI사에 이어 4위를 기록한 삼성은 1990년 시장점유율 12.9%로 1위인 도시바(14.7%)를 바짝 추격하며 2위를 기록했다. 1991년 4,500억 원, 1992년 8,000억 원을 투자해 설비를 증설한 삼성은 드디어 D램 시장 정상에 올랐다. 시장점유율 13.6%로 12.8%에 그친 도시바를 밀어낸 것이다.

이런 성과에 힘입어 1992년에는 반도체 부문 매출 1조 3,422억 원을 기록했다. 수출액은 총매출의 94.4%를 차지해 1조 2,681억 원에 이르렀다. 반도체를 포함한 삼성전자 전체의 수출액은 국내 제조업체 최초로 50억 달러 고지를 정복하는 쾌거를 이룩하기도 했다.

삼성이 1992년에 달성한 D램 분야 기술개발 1위, 시장점유율 1위의 기록은 11년째 깨지지 않고 있다. 이 불패의 신화를 창조하기까지 많은 동료들의 뼈를 깎는 고통과 노력이 함께 했음은 주지의 사실이다.

1990년대 초반 이후 삼성은 메모리 분야에서 사실상 독주를 시작했다. 세계 유수의 컴퓨터 업체들이 삼성의 제품을 받기 위해 사방으로 줄을 대기까지 했다. 과거 1980년대 삼성전자의 강진구 사장이 IBM에 시제품을 넣어보려 해도 담당 과장조차 만나주지 않던 처지에서 세계 메모리 시장을 쥐락펴락하는 실력자로 성장한 것이다.

반도체 사업은 외발자전거를 몰고 가는 것처럼 기술개발과 투자라는 두 개의 페달을 끊임없이 밟아주어야만 살아남는다.

한편으로는 세계 최고의 기술력을 확보하며 다음 세대의 제품을 개발해 내야 하고, 한편으로는 다음 세대의 제품을 생산할 생산시설을 갖춰야 한다. 반도체 생산 라인 하나를 건설하는 데 2년여의 시간이 필요하고 2조 원가량의 돈이 필요하기 때문에, 투자시기를 최적화하는 일은 반도체 기업의 사활을 결정할 만큼 중요하다.

지난 일을 생각해 보면 외줄타기를 하는 것처럼 잠시도 마음을 놓은 적이 없다. 경쟁업체를 압도하는 기술을 확보해야 한다는 일념과 대한민국의 희망이 돼야 한다는 사명감으로 분초를 아껴가며 일했다. 매순간이 위기였고 또한 기회였다. 우리는 살아남기 위해 끊임없이 도전해야 했고, 하나하나의 작은 도전에 승리하면서 조금씩 강해져갔다.

다행히 우리의 노력은 헛되지 않아 현재 세계의 반도체 산업을 이끄는 주인공으로 자리잡았다. 하지만 우리는 앞으로도 이 피곤하지만 보람찬 도전을 계속할 것이다. 인류의 삶에 보탬이 되고 서로를 이해하게 하는 기술을 위해서 말이다.

(주)세한아프릭 | 이봉상 회장

세계시장을 움직인 '원더풀' 손재주

"아직도 가발 수출을 하십니까?"

오랜만에 만나는 어떤 사람들은 나에게 그렇게 묻곤 한다. 그렇다. 나는 아직도 가발을 수출하고 있다. 벌써 30년째다.

그들이 그렇게 묻는 데는 두 가지 이유가 있다. 하나는 가발 수출이 우리나라 수출의 대명사처럼 불렸던 시절에 대한 명성 때문이다. 또 하나는 노동집약적 성격의 가발 산업이 아직도 경쟁력이 있느냐는 의문 때문이다. 그 물음에 나는 언제나 다음과 같이 대답한다.

"그럼요, 나는 지금도 가발 수출을 하고 있습니다. 그리고 계속할 겁니다."

가발은 1970년대 초 수출 주력품목

우리나라의 가발은 1964년 처음으로 수출되었다. 수출액은 1만 4,000달러. 1965년은 155만 달러로 전년 대비 100배의 신장률을 기록했다. 1970년에는 약 1억 달러로 우리나라 총수출액 8억 3,500만 달러 중 8.3%를 차지했다. 단일품목으로는 의류와 합판에 이어 3위에 올랐다.

이처럼 가발이 우리나라 수출의 주력품목이 된 데에는 이유가 있다. 원래 가발은 홍콩이 주요 생산지였다. 그러다가 홍콩의 인건비가 높아지면서 우리나라로 생산기지가 옮겨지기 시작했다. 거기에다 우리나라의 인구 밀도가 높고, 여성들은 대부분 긴머리를 하고 있어 인모(人毛) 수집이 유리한 것도 이유가 됐다.

이 글을 읽는 40~50대의 독자들은 머리카락을 수집하러 다니던 방물장수를 기억할 것이다. 어머니가 모아놓은 머리카락으로 엿을 바꿔먹던 추억도 떠오를 것이다. 돈이 없으면 머리카락을 팔아 쌀을 사던 일도 흔했다.

1965년 말 큰 기회가 찾아왔다. 미국 정부가 중공(중화인민공화국)산 머리카락으로 만든 가발에 대해 수입금지 조치를 취한 것이다. 일본이나 홍콩은 중공산 머리카락으로 가발을 만들고 있었기 때문에 원료 수급이 막혀버렸다.

이 틈을 타 우리나라는 미국의 가발시장을 빠르게 파고들었다. 가발업체는 단숨에 40여 개로 늘어났으며 기술자 스카우트 전쟁도 일어났다. 인모 수집의 유리함과 저렴한 인건비, 그리고 우리나라 사람들의 탁월한 손재주 등이 결합되면서 가발산업은 빠르게 성장했다.

홍콩 업자들에게 맡기면 두 달이 걸리던 주문이 우리나라 업체에 맡기면 3주 만에 완성됐다. 외국 바이어들이 농담으로 건넸던 주문이 그렇게 빨리 완성되자 모두 놀라 기절할 뻔했다는 일화가 있을 정도였다.

당시의 주요 가발업체로는 대화물산(김복기), 천일무역(서장욱), 와이 빌리(이유복), 상영산업(오상은), 서울통상(최준규), 미성상사, 와이에치(YH)무역 등을 꼽을 수 있다.

많은 사람들은 당시의 가발산업이 협소한 공간에 몇 사람이 앉아 가내수공업처럼 이루어졌을 것으로 생각하고 있지만 실제는 그렇지 않다. 주요 가발업체는 몇백 명에서 몇천 명이 일하는 대규모 생산체제였다.

1960년대 말 세계은행의 맥나마라 총재가 서울을 방문했다. 당시 세계은행은 우리나라에 차관을 제공하는 아주 중요한 기관이었다. 이 때 총재 부인이 구로공단에 자리한 서울통상의 가발공장을 방문했는데, 1,000여 명의 근로자가 일하고 있는 광경을 보고 충격을 받았다는 이야기가 전한다.

스무 살 안팎의 젊은 처녀들이 일하는 광경은 놀라움 그 자체였다. 어찌 그리 재주가 좋은지, 손놀림은 어찌 그리 빠른지, 머리카락 하나하나를 천에다 꿰매는 솜씨는 신기(神技)에 가까웠다. 총재 부인은 그저 "원더풀, 원더풀"을 연발하며 "세계에 단 하나밖에 없는, 세계 최대의 가발공장을 구경했다"고 자랑했다고 한다.

《《《 손재주 '원더풀!'

가발을 만드는 과정은 매우 까다로웠다. 오늘날에는 많은 과정을 기계로 처리하지만 당시에는 모든 공정을 일일이 손으로 처리했다.

우선 가발을 만들기 위해서는 인모를 수집해야 했다. 여성들이 모아놓은 인모는 방물장수·엿장수·넝마주의 등 다양한 통로를 통해 수집됐다. 무게는 그램으로 쟀으나 정확한 저울을 가지고 다니지 않아 눈대중으로 값을 치렀다. 대략 50cm 길이로 어른 큰손 한 줌 정도면 쌀 한 말을 주었다. 물론 모발의 품질에 따라 각각 값이 달랐다.

공장에서는 수집한 모발을 금쪽같이 다뤘다. 모발은 맹물로 세탁한 후, 길이별로 5~20인치까지 약 10단계로 분류했다. 이를 염산이 섞인 물 속에 넣고 가마솥에 팔팔 끓여 탈색시켰다. 이 탈색과정을 거치면 모발은 순백색이 된다. 순백색의 모발은 다시 주문 내역에 따라 조금씩 황색기를 띤 것, 순황색, 갈색 등으로 염색했다.

염색된 모발은 크기별로 가지런히 정돈한 후, 재봉틀에 놓고 그물코 모양으로 가로뜨기(weft knitting : 이른바 웨프트) 방식으로 박음질을 했다. 이 웨프트는 가발의 각 스타일에 따라 모장(머리카락의 길이)과 컬(curl)의 형태가 달랐고, 컬은 고온건조기에 넣어 형성된다. 다른 한 쪽에서는 모발을 부착할 캡(cap)을 모델에 따라 만들었다. 만들어진 캡에 웨프트를 둘러 박으면 가발의 형태가 잡힌다. 이를 모형틀에 씌워놓고 각종 컬·모장 등의 정리과정을 거쳐 가공·마무리 작업을 마치면 한 개의 가발이 완성되는 것이다. 웨프트를 하지 않고 머리카락을 한올한올 일일이 캡에 뜨는 경우도 많았다.

이처럼 복잡한 공정을 거쳐 만들어지는 작업에서는 손재주가 필수적이었다. 우리나라 여성들의 섬세한 손재주는 가발 공정에 정확히 맞아떨어졌다. 우리나라 가발은 최고의 품질을 인정받기 시작했고 점점 주문이 폭주했다. 주요 수입국인 미국에서 '코리아'는 '가발의 나라'로 인식될 정도였다.
　이 모든 것은 정확한 설계도와 교육훈련, 그리고 능률적 공정관리에 바탕한 바이어들과의 피마르는 상담 위에 이루어졌다.

과열경쟁에 따른 가격 폭락

　미국이 중공산 머리카락에 대해 수입금지령을 내리자 일본 업자는 1967년부터 인조 머리카락을 만들어냈다. 이것이 곧 '가네가론(Kanekalon)'이란 섬유다.
　가네가론는 외관상 인모와 비슷하나 인모보다 장점이 많았다. 예를 들어 한번 파마 하면 반영구적이며 세발 후 빨리 마른다. 탈색과 염색의 복잡한 공정도 줄어든다. 더욱이 그저 미싱으로 두르르 박으면 가발이 되었다. 그래서 싼 가격으로 만들 수 있었다. 일본인은 원료인 '가네가론'을 독점 가격으로 비싸게 팔아 큰 이익을 보았다. 한국의 가발 제조업자들은 '가네가론' 본사 앞에 줄을 섰다. 그런데 일본 사람들은 영악했다. 모든 업자에게 주면 한국 사람은 또 덤핑 경쟁을 할 것이라는 점을 알고 단지 6개 회사에게만 주었다. 또한 덤핑한 회사에는 가네가론을 주지 않았다. 그 결과 이 6개 회사는 많은 돈을 벌었다.

그러나 '가네가론'과 비슷한 원료가 개발되었다. 이탈리아의 '베니스론', 미국의 몬산토사 제품과 일본의 '도요가론'이 속속 시장에 나왔다. 원사 공급이 원활해지자 가발 생산업체들이 난립하기 시작했다. 업체 간 과열경쟁으로 수출 초기에는 10달러였던 가발이 단돈 3달러로 떨어졌다. 원사 값과 인건비를 제하면 적자였다. 자연히 부도업체가 속출했다. 제살 깎아먹기 경쟁이 무더기 부도 사태로 이어지면서 1970년대 중반에는 30여 개 업체만 남았다.

당시 가발을 비롯해 앨범·우산 등이 과열경쟁으로 쓰러져간 대표적인 수출 업종이다. 부끄러운 일이었다.

미성상사 대표가 되다

내가 가발과 처음 인연을 맺은 것은 1973년이다. 1965년 성균관대 법대를 졸업한 나는 대한석탄공사에 입사했다. 그 곳에서 8년 간 일한 후, 1973년 석탄광산 및 도시가스로 유명한 삼천리산업으로 자리를 옮겼다.

당시 삼천리산업은 정부의 수출 드라이브 정책에 따라 수출기업인 미성상사를 인수한 직후였다. 미성상사는 가방·김·오징어와 같은 수산물과 가발 등을 수출하는 무역회사였다.

"미성상사에서 무역일을 맡아 해보시오."

회사의 발령을 받고 미성상사의 업무를 파악해 보니 가발이 주력 품목이었다. 가방과 수산물은 1~2년 끌고 가다 접었다. 당시 미성상사는 원효로에 공장을 가지고 있었고 근로자만 600여 명에 이르렀다. 수출 규모는 60만 달러 정도였다.

그런데 근로자들의 작업환경이 정말 열악했다. 아침 8시부터 하루에 열두 시간가량 일하는데 근로자들의 복지는 아예 없었다. 외출조차 금지하고 있었다. 이에 대한 근로자들의 불만이 팽배해 생산성도 높지 않았다. 나는 이런 점을 조사해 경영진에 근로조건 개선을 여러 차례 건의했지만 받아들여지지 않았다.

그러다가 1974년에 경영진이 전면 교체되었다. 그리고 부장이었던 내가 사장으로 승진했다. 당시 관행으로 보면 정말 파격적인 인사였다. 그룹에서는 직원들의 신망을 받으며, 경영합리화를 이룰 수 있는 인물로 판단해 발탁했다고 했다. 약관 36세의 나이. 새파랗게 젊은 사람이 사장이 됐으니 직원들은 내가 창업주의 사위라도 되는 줄 알았다. 그러나 나는 창업주와 아무 관계도 없었다. 그저 근로자들의 의견에 귀를 기울이고 열심히 일했을 뿐이다.

그 때는 한국 업체들 간의 과열경쟁으로 가발산업이 내리막길을 걷고 있는 무렵이었다. 더욱이 미국 시장의 유통은 유태인들이 장악하고 있었다. 그들은 약속을 잘 지키기는 했지만 가격 협상에 있어서는 정말 지독하게 굴었다. 그들은 열 배, 스무 배의 장사를 하면서 단 몇 센트라도 깎고자 했다.

그 무렵 미국으로 건너간 우리나라 이민자들이 가발업에 손을 대기 시작했다. 주요 생산국이 한국이다 보니 업종 진출에 여러 가지로 유리한 점이 많았다. 문제는 자본이었다. 그래서 나는 신용거래를 통해 미국의 한국 업자들을 지원해야겠다고 마음먹었다.

"2,000~3,000달러어치씩 가져다 팔아 언제 돈을 법니까? 10만 달러 정도 밀어주겠습니다."

나는 미국을 드나들며 신용을 쌓은 업체들을 불러 과감한 물량지원을 약속했다. 물론 상징적으로 약간의 담보물은 잡아뒀다. 미성상사에서 풍부한 물량을 지원받은 한국 업자들은 날이 갈수록 성장했다. 그들은 유태인 시장을 빠르게 잠식해 들어갔다. 결국 몇 년 안 되어 미국 가발시장은 한국업자들이 장악하게 되었다. 이 같은 흐름을 타고 1970년대 후반 들어 우리나라 가발 수출은 또 한번의 중흥기를 맞이했다.

미국의 한국 업자들도 큰돈을 벌었다. 현재도 수십 개에 이르는 그들 업체는 대부분 연간 수천만 달러의 매출을 올리고 있다.

디자인에 있어서도 처음에는 미국 바이어들의 주문에 맞춰 제작했다. 그러다가 자체 디자인실을 두고 한두 가지를 개발해 바이어들에게 선보였다. 초기 반응은 미진했지만, 점차 우리가 개발한 디자인이 호평을 받게 되면서 아예 샘플을 우리가 만들었다. 그들은 우리가 개발한 샘플 중에서 고르기만 하면 됐다.

이 같은 마케팅 전략에 힘입어 미성상사는 1980년에 1,000만 달러의 수출을 기록했다.

아프리카 투자 1호

1980년대 초 미국에 가보니 아프리카 사람들이 가발을 수입하고 있었다.

'뜨거운 나라에서 웬 가발이지?'

조사를 해보니 뜻밖이었다. 사막의 아랍인들이 터번(turban)을 쓰듯, 가발을 쓰면 모자를 착용한 효과가 있었다. 게다가 아프리카인들은 머리카락이 짧아 가발을 선호하고 있었다. 나는 아프리카에 굉장한 잠재시장이 도사리고 있음을 깨달았다. 더욱이 임금도 무척 쌌다. 1980년대 초 우리나라의 인건비는 점점 상승하고 있어 노동집약적 산업의 경쟁력이 뚜렷이 약화되고 있는 상황이었다.

"아프리카에 공장을 지었으면 합니다."

나는 그룹 경영진에 보고를 하고 허락을 얻어냈다. 입지는 세네갈의 다카. 미성상사의 세네갈 공장은 우리나라의 아프리카 투자 1호였다.

결과는 예상대로였다. 초기에는 품질관리 때문에 애를 먹었지만 세네갈 공장은 빠르게 자리를 잡아갔다. 이 같은 성공을 바탕으로 1987년에는 카메룬, 1988년에는 토고, 1990년에는 남아공에 연이어 공장을 설립했다.

《《《 가발 수출에 웬 내부 쿼터제?

1980년대 초 가발산업이 중흥기를 맞이하면서 일부 업자들이 욕심을 내기 시작했다.

당시 가발수출의 자율경쟁은 수출조합에 일임하고 있었는데, 일부 업체와 정부관료들이 새로운 제도를 들고 나온 것이다. 이른바 '과열경쟁을 방지하기 위한 국내 쿼터제'였다.

이들은 "국내 업체들끼리의 과열경쟁을 방지하기 위해서는 내부적인 쿼터 제도가 필요하다"는 명분을 들고 나왔다. 즉 전년도 수출을 기준으로 다음해 수출량을 정함으로써 업체 간 과열경쟁과 가격하락을 방지하자는 것이었다. 취지야 그럴 듯하지만 이 제도는 대형 업체에 유리했다.

정부와 조합이 결정한 사항이니 그러려니 하고 이에 맞춰나갔다. 그런데 막상 수출을 하려고 하자 쿼터가 부족했다. 수입국에서 요구하는데도 국내에서 정한 쿼터가 없어 수출을 할 수 없었다. 하는 수 없이 쿼터를 가지고 있는 회사에 가서 개당 1.5달러씩 주고 쿼터를 사왔다.

가발 한 개 가격이 4~5달러였는데 국내 쿼터 때문에 1.5달러를 줘야 한다니 기가 막혔다.

'수출은 우리보다 적게 하는 것 같은데, 도대체 웬 쿼터를 그렇게 많이 가지고 있지?'

의문이 생겨 조사해 보니 일부 업체는 머리카락을 둘둘 감은 헤어핀까지 가발 수출실적으로 잡아넣어 쿼터를 미리 할당받아놓았다. 정말 기가 막힐 노릇이었다. 한 푼이라도 더 수출해 국익에 도움을 줘야 할 형편에 국내 업체들의 살을 파먹고 있는 작태가 정말 한심스러웠다.

이 제도는 결국 많은 업체들의 지속적인 항의 끝에 2년 만에 중지되었다. 자유무역협정(FTA)이 세계적인 흐름인 오늘날 같으면 상상도 못할 일이지만 그 때는 그런 일도 있었다.

역시 부끄러운 일 중 하나다.

여전히 세계 최고인 가발산업

1993년 나는 20년 동안 일해 온 미성상사를 퇴직했다. 딱 20년만 일 하겠다고 한 약속을 지킨 것이다. 내가 그만둔 해에 미성상사는 2,000만 달러의 수출 규모를 달성했다. 입사 당시의 수출액에 비하면 엄청난 신장세를 기록한 것이다.

퇴직 후, 나는 미성상사 카메룬 공장을 인수받았다. 상호를 (주)세한아프릭으로 바꾸고 열심히 기업을 일궈왔다. 그 결과 남아공·콩고·앙골라 등지에 네 개의 현지공장을 가진 회사로 성장했다. 연간 수출액도 2,000만 달러에 이른다.

현재 우리나라에는 가발공장이 하나도 없다. 인건비 등의 이유로 모두 외국에 현지공장을 갖고 있다. 미성상사 역시 인도네시아와 중국 등에서 공장을 가동 중이다.

그렇다면 우리나라 가발산업은 이제 완전히 사양길에 접어든 것인가? 그렇지 않다. 우리나라 가발산업은 여전히 세계 최고다. 공장만 외국에 있을 뿐 기술력·디자인·유통 등에서 세계를 장악하고 있다.

또한 향후 30년 정도는 한국의 가발업체들이 세계시장을 주도할 것으로 예상된다. 중국이 무섭게 추격해 오고 있지만 아직은 모든 면에서 우리가 우위를 차지하고 있다. 문제는 그들과의 경쟁이 치열해질 것이라는 점이다. 이를 위한 철저한 대비가 필요하다.

한 가지 덧붙이고 싶은 것은 가발 원사 개발을 둘러싼 이야기다. 우리나라는 1980년대 중반부터 모 유명 섬유업체와 KAIST에서 원사 개발을 시도했다. 그러나 일본 업체의 치열한 방해로 성사되지 못했다.

그러다가 1990년대 초에 미성상사의 지원으로 '세일사'가 원사 개발에 성공했다. 그 후 여러 업체가 개발에 뛰어들어 현재는 질 좋은 제품들을 생산하고 있다. 오늘날 전세계 업체들이 쓰고 있는 가발 원사의 50% 이상이 국내산인 만큼 정말 크게 약진한 셈이다. 국내산 원사 개발의 계기를 마련하고, 산업 경쟁력 강화와 미국 이민 1세대들의 경제적 성공에 일조를 한 점에 대해서 자부심을 느낀다.

오늘날 무역대국의 명성을 쌓은 대한민국은 당시 수출을 통해 잘 살아보겠다고 몸을 던진 모든 분들의 노력이 있었기에 가능한 일이다. 나는 스스로 가발산업의 '1.5세대'라 부른다. 짧은 글을 통해 우리나라의 가발 수출산업을 돌이켜보니 만감이 교차한다. 그 동안 수출현장에서 고락을 같이하신 분들과 묵은 정을 나누고 싶다.

LG전자(주) | 서기홍 부사장

시장은 정직하다

《《《세계를 데워라

1947년, 레이더를 연구하던 퍼시 스펜서(Percy Spencer) 박사는 주머니 속에 든 초콜릿이 녹는 데서 아이디어를 얻어 팝콘을 튀길 수 있는 전자파를 발견했다. 이듬해 미국 레이션사는 이 원리를 이용해 전자레인지를 만들었다.

1983년부터 LG전자(당시 금성사)는 전자레인지를 수출하기 시작했다. 그리고 1990년대 들어서는 세계 시장점유율을 10% 이상으로 끌어올린 몇 안 되는 제품 중 하나가 되었다. 그 후 전자레인지는 미국·유럽 등지의 선진 업체들을 제치고 현재는 세계 1위를 차지하고 있다.

이것이 LG전자 전자레인지의 간단한 역사다. 그러나 LG전자가 세계 1위를 차지하기까지 기울인 노력은 절대 간단한 것이 아니었다.

나는 1982년 수출영업본부 부장으로 LG전자에 들어갔다. 그 해 LG전자에서는 처음으로 해외영업 부문 관리자를 공채했는데, 많은 지원자들이 몰려 꽤 힘든 관문을 뚫고 입사했다.

LG에 들어가기 전 나는 동오실업에서 수출을 전담했다. 그 회사는 각종 타이머와 법랑주방용품 등을 만들었다. 작은 규모였지만 이미 1970년대 중반에 미국지사를 개설할 정도로 일찍이 해외시장에 눈을 돌린 회사였다. 1975년 첫 해외출장은 잊을 수가 없다. 일본을 시작으로 미국·캐나다·유럽·중동·동남아 등 18개국 20개 도시를 약 두 달에 걸쳐 돌아다녔다. 샘플을 쥐고, 사장을 모시고 처음으로 지구를 한 바퀴 돌아온 것이다.

본래 무역학을 전공한 나는 원자재 수입에서부터 수출 상담, 통관, 무역금융에 이르기까지 무역실무 전반에 걸친 업무를 담당하면서 이 때 기본기를 다졌다고 할 수 있다. 더욱이 1979년부터 3년여 간 LA 현지근무 경험은 당시로서는 비교적 빠른 것이었고, 아마 이 경력이 인정되어 공채에 뽑힌 것 같다.

당시 LG는 냉장고·세탁기 등 전기제품은 창원공장에서, TV·오디오등 전자제품은 주로 구미 공장에서 생산하고 있었다. 처음에는 전기제품을 맡았다가 전자레인지가 수출 주력 제품으로 부각되면서 전자레인지만을 맡아 1988년 미국에 파견되기까지 혼신의 노력을 기울였다.

당시 전자레인지의 세계시장은 GE, 월풀, 필립스 등 미국·유럽의 세계적인 업체들이 장악하고 있었다. 또한 국내 경쟁사에 비해서도 제품 출시가 늦어 고전하고 있었다. 현재 각광을 받는 휴대전화도 그렇지만 LG전자의 전자레인지는 기술은 먼저 개발했으나 사업화가 늦어진 탓에 시장선점의 기회를 놓친 것이다.

처음 선풍기 라인에서 생산을 시작한 전자레인지가 현재 세계 1위를 할 것이라고 그 때 상상이나 할 수 있었겠는가. 어떤 품목이건 후발주자는 괴로운 법이다. 개발·제조·영업 모두를 한 팀이 맡아 시장 개척을 위해 정말 열심히 좇아다녔다. 미국이나 유럽의 상점에 진열된 제품들을 사진으로 찍고, 기능과 가격과 디자인을 조사했다. 우리는 먼 발치에서도 어느 회사, 어떤 제품이라고 훤히 알 정도였다. 그리고 많은 아이디어를 창출했다.

소형 가전제품이 미국 주방에서는 캐비닛 밑에 부착되는 것에 착안해 개발한 소형 UTC(Under the Cabinet) 유형의 전자레인지는 초기 물량 확보에 큰 공헌을 했다.

이 때는 미국의 시어스, JC 페니(JC Penny) 등 대형 스토어에 수출하기 시작했다. 우리는 시장조사 결과를 토대로 경쟁사 제품과 비교·분석해 '바이어'의 환심을 사기 위해 많은 준비를 했다. 준비한 것만큼 거둘 수 있다는 진리를 나는 이 무렵에 터득했다고 할 수 있다. LG의 전자레인지는 상대적으로 값이 싸고 품질이 좋았기 때문에 빠르게 시장을 파고들었다. 처음에는 0.6큐빅 이하의 소형으로 시작해 1.4큐빅 이상의 대형까지 구색을 갖추고, 턴테이블 제품으로 차별화를 시도해 호평을 받았다. 나중에는 레인지와 후드를 결합한 Built-in 타입의 OTR(Over the Range)를 개발했다. 이 제품은 수익성면에서도 커다란 기여를 했다.

스토어 중심의 영업이 어느 정도 성과를 거두자 이른바 선진 시장에 진출해 GE, 월풀, 지멘스 등과 어깨를 나란히 할 정도로 시장에서의 지위를 굳혔다.

노사분규로 고전

1988년 말 미국 판매법인에 파견된 나는 회사 근무기간 중 가장 어려운 시기를 보냈다. 당시 미국법인은 1988년 서울 올림픽을 통해 브랜드 인지도를 높일 수 있는 계기를 마련했다. 그러나 1989년에 국내에서 발생한 노사분규로 국내의 전체 공장이 약 6개월가량 가동을 중단하면서 해외에서도 엄청난 어려움을 겪게 되었다.

그 때 거래선들로부터 들어오는 불만도 그렇지만 법인 내 직원들의 사기가 떨어져 고심했다. 한국과 현지의 Cross Culture 교육의 필요성을 절실히 느낀 것이 이 때였다. 또한 전사 경영진으로부터 집중적인 관심을 받게 되었고, 고생은 했지만 위기관리와 현지법인 운영에 대한 많은 것을 배운 계기가 되기도 했다.

미국 법인 시절 또 하나 잊지 못할 일은 전산 시스템 구축이다.

1990년 미국 법인의 전산 시스템을 교체했다. 전임 법인장이 내린 결정으로 메인프레임으로 기종을 바꾸고 소프트웨어도 새로 도입했다. 그러나 기존 시스템과 호환이 잘 안 되는 데다 초기 시행착오로 한동안 어려움을 겪었다. 새로운 전산 시스템 구축을 위해 투자도 꽤 많이 했다.

"우마차가 다니는 길에 벤츠를 올렸다"고 당시 사정을 빗댄 우려의 목소리도 많았다. 그러나 나중에 본사로 돌아와서 보니 그 때의 전산 시스템은 상당히 앞선 수준으로 적절한 의사결정이었다는 생각을 했다. 앞서간다는 것이 무엇인지를 입증해 준 사례였다.

비행기를 세우다

한밤중에 경유지로 기착한 앵커리지 공항은 추웠다. 현재는 미국 동부까지 직항노선이 개설돼 있지만 1986년 당시에는 대부분 앵커리지에서 급유를 한 후 다시 떠나곤 했다.

앵커리지는 이미 여러 차례 들른 적이 있기 때문에 게이트 근처의 공항 로비 의자에 앉아 서류를 뒤적거리고 있었다. 창 밖으로 747기의 머리를 마주보면서 나는 잠시 졸기 시작했다. 그러다가 다시 눈을 떠 창 밖의 비행기와 주위 사람들이 기다리고 있음을 확인한 다음 다시 졸기 시작했다.

가물가물한 의식 속에 잠시 내일 있을 거래선 미팅 생각도 했다. '그런데 비행기는 왜 안 뜨지?'

꾸벅꾸벅 졸다가 화들짝 눈을 떴다. 그러고는 창 밖과 주위를 재빨리 살폈다.

"억! 이게 뭐야."

눈을 떴을 때 주변에는 아무도 없었다. 공항 로비에는 나 혼자 앉아 있었다. 직감적으로 뭔가 잘못됐다는 생각이 들었다. 창 밖을 바라보니 내가 타고 온 KAL 비행기는 이륙 준비를 위해 천천히 활주로 쪽으로 이동하고 있었다.

'안 돼!'

눈앞이 캄캄했다. 나는 마침 옆 게이트의 KAL 직원한테 달려갔다.
"저 비행기를 놓쳤습니다."

비행기 안에 서류가방을 두고 내렸다. 요즘에는 어림없지만 그 때는 짐을 두고 내리도록 했다. 비행기를 놓치는 것은 그렇다 치더라도 내일 거래선과의 미팅 약속을 지키지 못하는 것이 무엇보다 큰 걱정이었다. 당시 나는 토스터 등 소형 주방기기와 전동공구를 생산하는 '블랙&데커' 사와 중요한 상담을 앞두고 있었다.

내 이야기를 들은 KAL 직원은 마침 무전기를 손에 들고 얘기를 하던 중 나를 보자 "그 사람이 여기 있다"라고 소리치는 것이었다. 그 직원은 기내와 무전기로 손님이 한 사람 탔느니, 안 탔느니 옥신각신하는 중에 내가 나타난 모양이었다.

"한 사람이 타지 않았다!"

관제탑에서 연락이 오고 나는 KAL 직원과 함께 별도의 트랩차를 타기 위해 비상구로 나갔다. 늘 공항 내 라운지에서만 기다리다가 뜻하지 않은 일로 알래스카의 매서운 겨울 찬바람을 맛본 것이 그 때가 처음이었다. 자동차로 200~300m 떨어진 비행기에 접근해서 혼자 계단을 올라가니 비행기 문이 열렸다.

'후유!'

속으로 안도의 한숨이 나왔다. 비행기에 들어서니 몇 사람이 수근대는 것 같았다. 나는 당당하게 행동하려 했지만 속으로는 챙피해 죽을 지경이었다. 옆사람이 뭐라 물었지만 나는 대답도 하지 않고 미소만 지었다.

"나는 당신이 매우 급한 일이 있는 대단한 VIP인 줄 알았다."

나중에 사정을 알게 된 옆사람이 뉴욕 도착 후 기내를 나오면서 나에게 한 이야기다.

오늘날에는 비행기가 출발도 안 하겠지만 '수출을 위해' 비행기를 잠시 멈춰준 기장에게 감사할 따름이다. 그것도 우리 국적선이었기에 가능한 일이 아니었겠는가.

교과서적인 마케팅으로 동남아 시장 공략

1992년, 아주지역 담당을 맡게 됐다.

"아시아 시장에서 톱(Top) 3를 구축하라!"

동남아 시장에서 우리 제품은 약진을 하고 있었지만 3위권 안에 든다는 것은 쉬운 일이 아니었다. 특히 우리보다 먼저 진출해 기반을 닦은 일본 업체들과의 경쟁은 힘겨웠다.

우리의 아시아 시장 진출의 대전제는 현지 완결형이었다. 그리고 시장 전체를 대상으로 무차별한 공략을 펴는 것은 효과적이지 않다고 판단했다. 따라서 지역별로 선택과 집중을 근간으로 철저한 차별화 전략을 펴기로 했다.

먼저 인도네시아에서는 인구 밀집지역인 자바섬에 집중했다. 자바섬 중에서도 자카르타 지역을 우선 공략대상으로 설정했다. 제품도 처음에는 TV에 초점을 맞췄다. 거래선들도 우수한 딜러 중심으로 선별하고 각종 마케팅 프로그램을 실시했다. 특히 1,000명 정도의 딜

러들을 모아 컨벤션을 열고 해외 여행을 주선하는 등 다양한 이벤트도 펼쳤다. 그러다가 세탁기·냉장고·에어컨으로 품목을 확대했다. 현재는 거의 전제품이 선두를 다투고 있다.

한편 싱가포르에서는 소득 수준이 높은 점을 고려해 제품 기능에 초점을 둔 마케팅 전략을 펼쳤다. 서리 없는 냉장고 등을 집중 홍보해 인기를 끌었다. 당시 국내에서는 한물 간 기능이었지만 이 전략은 주효했다.

필리핀에서는 주요 공략 대상을 설정하기 위해 주요 상권별 고객의 연령·직업·소득 등 고객 수요층을 분석해 세분화 전략을 처음 시도했다. 마닐라는 이미 경쟁사들의 진입장벽이 높다고 판단, 지방을 먼저 공략해 마닐라를 포위하는 전략을 구사하기도 했다.

이 같은 전략은 대부분 높은 성과를 거두었다. 우리가 동남아에서 펼친 마케팅 전략은 지극히 교과서적인 것이었다. 그 동안 배우고 경험한 것을 정석대로 구사했다. 이처럼 교과서적인 마케팅 전략이 먹혀들었던 것은 동남아의 대도시는 개발도상국임에도 불구하고 유통구조가 비교적 선진화되어 있었다는 점을 들 수 있다. 오늘날처럼 소비자들의 기호가 다양하고 온라인 유통이 발달했더라면 안 통했을지도 모른다. 시장은 언제나 정직하다는 교훈을 배운 시절이었다.

현장 중심으로 근무하다

싱가포르 아주지역 본부에 거점을 두고 근무한 5년 동안, 총 880일의 출장 일수를 기록했다. 1년에 약 180일 정도 출장을 다닌 셈이다.

횟수로는 인도네시아 43회, 베트남 31회, 태국 30회, 필리핀 26회, 인도 20회, 호주 및 뉴질랜드 14회였다. 총 522회의 비행 탑승기록을 남겼다.

출장 일수가 중요한 것은 아니지만 나름대로 현장 중심으로 마케팅 활동을 펼치고자 노력한 잣대라고 할 수 있다.

그 후 동남아는 외환위기로 어려움을 겪었지만 이를 잘 극복해 LG전자의 제품들은 아주지역에서 단단한 교두보를 구축했고, 상당수가 일본 업체를 넘어 시장을 선도하고 있다.

관계우선의 법칙

2년 전 우리 회사 송년모임이 있었던 무렵이었다. 그 날 공교롭게도 인도 바이어가 급히 찾아온 것이다. 그것도 최고경영층들이 대거 온다는 것이다. 나는 당연히 모임에 빠지고 이들과 저녁식사를 한 후 거래선의 다른 약속으로 그 날 저녁 늦은 시간에 다시 미팅을 하게 되었다.

이 날 자정 가까운 시간에 양사 사장을 포함한 최고경영진 간에 가진 미팅이 거래선에 커다란 신뢰를 준 모양이었다. 그 후 거래선과의 협상과정에서 여러 차례 어려움을 만나게 되었을 때 이 날의 기억이 문제해결에 큰 도움을 주게 되었다. 그 때의 감동과 성실을 두고두고 얘기하곤 한다. 관계우선의 법칙이 그대로 적중했다고 할 수 있다.

우리가 구사하고 있는 주요 고객과의 전략적 관계 구축은 오늘날 LG전자의 CDMA 휴대전화기가 2003년 3분기에 전세계 시장에서 1

위를 하게 만든 하나의 바탕이 되기도 했다.

　LG전자에서 일한 22년 동안, 1년을 제외하고는 해외영업 부문에서만 일해 왔다. 나는 아주지역 근무 시절을 제외하고는 경쟁사보다 뒤늦게 사업을 시작한 전자레인지와 휴대단말기 등 거의 두 개 제품의 수출업무를 맡아왔다고 할 수 있다. 이들 제품이 오늘날 착실한 성장과 성과를 거두고 있다. 나도 일조를 한 사람으로 남기를 희망할 뿐이다.

　또 그 동안 이 분야에서 같이 일한 많은 훌륭한 선후배들이 있었기에 오늘날 이만한 성과를 거둘 수 있었고, 그들은 지금도 세계 곳곳에서 활발한 활동을 하고 있다.

　LG전자는 많은 성장을 계속하고 있다. 그 성장의 고행길에서 나의 이름이 걸림돌이 아니었기를 빌어본다. 그 동안 나는 누군가의 얘기처럼 적당히 일한 적도, 요행을 바란 적도, 남을 짓밟거나 이용한 적도 없다. 나도 일 그 자체를 사랑했다고 말할 수 있다. 가족들한테는 미안하지만.

쓰리쎄븐(주) | 김형규 명예회장

세계인 절반이 쓰는 손톱깎이

《《《 처음엔 '손톱뜯기'를 만들었다

세계인이 가장 많이 사용하는 우리나라 제품은 무엇일까? 반도체, 휴대전화, TV…?

아니다. 바로 손톱깎이다. 쓰리쎄븐이 세계시장 점유율 40% 이상을 차지하고, 벨금속을 비롯한 국내 회사가 30%가량을 차지하고 있어, 세계인의 70~80%는 우리나라 손톱깎이로 손·발톱을 깎고 있는 것이다.

이처럼 세계를 휩쓸고 있는 손톱깎이와 인연을 맺은 것은 1954년이다.

원래 해주가 고향인 우리 집안은 해방 후 북쪽에 공산정권이 들어서자 월남을 단행했다. 그래서 남하한 곳이 천안이었다. 우리 4형제는 천안에 근거를 마련하고 잡화상을 차렸다.

그런데 형제들이 나이를 먹어가자 독립의 필요성이 제기되었다. 그 때 둘째형(김형서)이 손톱깎이 회사를 해보자고 제안했다. 형님은 당시 미제 손톱깎이 '트림(TRIM)'이 유행하자 이를 만들면 돈을 벌 수 있을 것으로 판단했던 것이다. 나는 호쾌하게 승낙했다. 1950년 한국전쟁 당시 포탄을 맞아 다리와 한쪽 눈이 불편해지면서 이리저리 돌아다니는 장사보다는 한 곳에서 일하는 제조업이 나에게 더 맞을 것이라 생각했기 때문이다. 회사이름은 '삼화메끼'로 정했다.

첫 제품은 자본도, 기술도 없어 기술자 한 사람과 미군 부대에서 흘러나온 드럼통을 잘라 만들었다. 자동차 휠로는 지렛대를 만들었다. 아크릴이 없어 미군 천막에 붙은 두꺼운 비닐창을 뜯어다 꽃무늬를 만들어 붙이기도 했다.

지금처럼 프레스나 용접기, 연마기가 없어 공정의 대부분은 수작업으로 이루어졌다. 얼마 후 그럴 듯한 손톱깎이가 만들어져 환호성을 질렀지만, 품질은 엄밀히 말해 손톱깎이라기보다는 '손톱뜯기'에 가까웠다. 특히 날이 좋지 않아 애를 많이 먹었다. 날이 생명임을 깨달은 우리는 손톱깎이 만드는 기계까지 만들어가며 제품개발에 주력했다.

"형님, 수출을 해봅시다."

당시 박정희 대통령은 수출을 적극 장려하고 있었기 때문에 나는 수출을 하면 많은 이득이 있을 것으로 판단했다. 특히 비좁은 우리나라 시장만을 대상으로 사업을 한다는 것은 '우물 안 개구리' 라는 생각도 들었다.

"수출? 택도 없는 소리! 괜히 수출에 손댔다가 회사 말아먹는다."

제품에 자신이 없었던 형님은 한사코 반대했다. 나는 여러 차례 형님께 수출을 건의했지만 번번이 퇴짜를 맞았다.

'형제 간이긴 하지만 경영 스타일이 다른 것은 어쩔 수 없구나.'

나는 이유를 설명하고 회사를 그만뒀다. 그리고 몇 년 간 손톱깎이 부품회사를 운영했다. 나는 지금도 "품목을 잘못 선택해 평생 고생하고 있다"고 말하곤 하는데, 전업을 고려하기도 했다. 왜냐하면 손톱깎이는 작은 물품이지만 제작 공정이 워낙 까다롭고 복잡한데다, 한 번 사면 오래 사용해 제품 소모주기가 너무 길었기 때문이다.

그러나 결국 배운 게 도둑질이라고 다시 한번 손톱깎이 제작에 도전해 보기로 했다. 그 무렵 같은 업종인 '일이산업' 이라는 회사가 경영난으로 회사를 내놓았다는 이야기를 듣게 되었다. 나는 그 회사를 인수해 '대성금속' 으로 이름을 바꿨다. 1975년의 일이었다.

회사를 설립하자마자 나는 수출을 목표로 삼았다. 협소한 국내 시장만으로는 한계가 있다고 생각했기 때문이다. 게다가 내수 부문에서 형님과 경쟁해야 한다는 부담감도 작용했다.

수출대행회사의 도움으로 첫 해에 40만 달러어치를 미국에 수출했다. 방식은 OEM이었다. 품질을 인정받자 수출 물량은 계속 늘어났다. 'King Star' 란 브랜드로 자체 수출을 하기도 했다. 그런데 1978년 특허청에서 'King Star' 라는 상표를 쓸 수 없다고 통보해 왔다. 이유를 알아보니 이미 그런 상표가 있다는 것이었다.

"그러면 등록할 당시 안 된다고 해야지, 이제 와서 안 된다고 하면 어떻게 하느냐?"고 따졌다. 그러자 몇 가지 이유를 대면서 어물쩍 넘어갔다. 결국 새 상표를 찾게 됐다. 이렇게 탄생한 것이 '777', 바로 현재의 쓰리쎄븐이다.

《《《《 포항제철에서 쓰리쎄븐 제품 홍보

민주화의 봇물이 터진 1987년. 제조업체에는 노사분규가 끊이지 않았다. 파업과 분규로 인해 제대로 돌아가는 공장이 오히려 신기할 지경이었다.

우리 회사는 분규가 없었지만 나 역시 고민하지 않을 수 없었다. 당시 손톱깎이는 전형적인 노동집약형 '3D' 산업이었다. 인건비도 하루가 다르게 뛰고 있었다. 그렇지 않아도 남보기에 보잘것 없는 손톱깎이를 만드는 일에 회의를 느끼고 있었는데, 차라리 그만두고 땅장사나 할까 하는 생각도 들었다. 그러던 차에 한 가지 생각이 섬광처럼 뇌리를 스치고 지나갔다.

'세계 일등 제품은 어떻게 만들어질까?'

'우리 스스로 한계산업이라고 내팽개친 업종을 오히려 선진국 회사들이 붙들고 있는 이유가 뭘까?' 라는 생각이 든 것이다. 우리가 손을 떼고 있는 섬유업이나 손이 많이 가는 가죽제품으로 이탈리아는 큰돈을 벌고 있다. 독일에도 '쌍둥이 칼'이라는 유명한 브랜드가 세계를 휩쓸고 있다. 스위스에서도 노동집약적인 시계공업이 세계적인 산업으로 자리잡고 있다.

이유는 무엇일까? 그것은 품질에서 세계 최고가 되었기 때문이다.

'그렇다, 사업을 계속하려면 세계 제일의 제품을 만들어보자!'

어느 날 전체 직원을 불러모았다.

"어려운 환경에서 우리가 살아남을 길은 딱 한 가지입니다. 그것은 바로 세계 최고가 되는 것입니다. 손톱깎이로 무슨 세계 최고냐 하며 웃을지 모르나, 세계 최고가 되지 못하면 여러분도 굶게 되고 회사의 비전도 없습니다. 오늘부터는 한국 최고가 아니라 세계 최고의 제품을 만들어봅시다."

나는 전직원을 대상으로 세계 최고를 선언했다. 그 때부터 품질의 고급화와 인건비 부담에서 벗어나기 위한 자동화 작업에 매달렸다. 이를 위해 수익의 전부를 투자했다. 다른 기업주 같으면 은행에서 돈을 빌려 설비투자를 했겠지만 내 생각은 달랐다. 기업이 과도한 부채를 지고 있으면 오히려 경영에 피로를 가져와 좋은 제품을 만들 수 없다고 생각했다. 내가 감당할 수 있는 범위 내에서 투자를 하되 지속적인 투자를 하면 그에 따른 결과가 나타날 것이라 믿었다. 1,000원을 벌면 1,000원을, 1만 원을 벌면 1만 원을 전액 투자했다. 그렇게 공장자동화와 기술개발을 진행시켰다.

그 결과 1987년에는 500만 달러의 수출고를 올렸다. 다음해인 1988년에는 1,000만 달러의 수출고를 기록해 두 배로 뛰었다. 우리의 '777' 브랜드도 점차 유명 브랜드 대열에 서게 되었다.

우리는 처음부터 수출에 주력했다. 그래서 우리나라 사람들이 사용하는 단품보다는 세트 제작에 주력했다. 손톱깎이와 함께 미용에 필요한 여러 가지 기구를 함께 넣은 '매니큐어 세트'로 승부를 걸었다. 그 결과 매출상승과 디자인 개발이라는 시너지 효과가 나타났다. 디자인은 자체의 디자인팀 외에도 대학 등 외부기관과 협력·개발해 나가고 있다.

　미국 사람들이 크리스마스 선물로 값비싼 독일제 매니큐어 세트를 찾는다는 데서 착안한 이 제품은 당시 50달러나 하던 독일산에 비해 품질은 뒤떨어지지 않는데도 가격은 20달러밖에 안 돼 큰 인기를 얻었다.

　쓰리쎄븐의 품질 제고에 크게 기여한 곳은 바로 포항제철이다. 포항제철 생산품의 품질이 호전되면서 자동차 등 금속 관련산업 제품의 질이 좋아졌지만 손톱깎이 역시 톡톡한 혜택을 입었다.

　손톱깎이 제조는 간단한 듯 보이지만 40여 가지 공정을 거쳐야 하는 까다로운 품목이다. 철판을 프레스로 절단하고, 열처리, 연마를 거쳐 최종적으로 도금에 이르기까지 손가는 곳이 여간 많은 게 아니다. 특히 원자재인 탄소강을 처리하는 과정은 최고의 기술을 요한다. 따라서 원자재의 품질이 매우 중요하다.

　국민들에게 '손톱뜯기'라는 홀대를 받아오던 우리나라 손톱깎이는 포항제철에서 생산하는 냉연강판의 품질 덕분에 세계적인 품질을 갖추게 되었다.

　"우리 제품으로 만들어진 손톱깎이입니다."

　이제는 포항제철이 쓰리쎄븐의 손톱깎이로 자사제품 홍보를 한다고 하니 빚을 갚은 느낌이어서 기쁘기 짝이 없다. 우리는 현재 연간 3,000여 톤의 강판을 쓰고 있다.

《《《 보잉사를 이기다

"대성금속은 미국에서 '777' 상표를 사용할 수 없습니다."

1995년 3월, 미국의 항공기 회사 보잉으로부터 편지 한 장이 날아들었다.

"무슨 소리야? 열심히 수출을 하고 있는데?"

내용인즉 보잉사가 '777'이라는 상표를 사용하고 있으므로 우리 회사는 상표 사용을 중지하든가, 아니면 로열티를 내야 한다는 것이었다. 초창기에 'King Star'라는 브랜드를 사용하다 바꾼 유쾌하지 않은 경험이 떠올랐다. 더욱이 우리의 '777' 브랜드는 인지도가 높았기 때문에 만약 브랜드를 바꿀 경우 손해가 막심했다.

"로열티를 달라고? 말도 안 되는 소리!"

우리는 로열티 지급을 거절했다. 그러자 보잉사는 즉각 소송을 제기해 왔다.

다윗과 골리앗의 싸움. 보잉은 우리보다 연간 매출이 1,500배, 종업원 수는 400배인 10만 명에 이르는 미국의 거대기업이었다. 우리도 국제변호사를 선임했다.

국제변호사를 선임했지만 이길 자신은 없었다. 왜냐하면 보잉은 이 상표를 1990년 12월에 미국 특허청에 등록해 놓았기 때문이다.

반면 우리는 1980년부터 이 상표를 사용해 온 사실에 희망을 걸었다. 미국은 우리나라의 선(先)등록주의와 달리 선(先)사용주의를 채택하고 있기 때문이었다. 만약 우리가 '777'을 먼저 사용하고 있었음이 증빙된다면 이길 수도 있었다.

이를 위해 우리는 미국의 바이어와 협력해 수출계약서 등의 관련 자료를 모았다. 그리고 지루한 공방이 계속되었다.

이렇게 3년이 흐른 1998년 5월. 보잉사가 갑자기 입장을 바꾸었다. 당초 강경했던 입장에서 크게 물러난 것이다.

"소송을 종료하고 양사가 '777' 상표를 공동사용하자."

이처럼 보잉이 물러난 것은 우리 회사가 '777' 상표를 먼저 사용한 점이 인정됨으로써 분쟁에서 자신들이 이길 가능성이 적다고 판단했기 때문이다. 대신에 그들은 브랜드를 보잉의 '777' 상표와 달리 보이게 표시해 달라고 제안해 왔다. 소송을 오래 끌어 좋을 게 없다고 판단한 우리는 그들의 제안에 동의했다. 그래서 '777'을 타원으로 감쌌다. 그러나 그 정도의 변형은 미국 시장에서 우리의 영업에 아무런 영향을 끼치지 못했다.

"한국의 다윗이 미국의 골리앗을 쓰러뜨렸다."

우리의 협상 결과가 알려지자 각 언론들이 대서특필했다. 1억여 원의 비용을 쓰긴 했지만 '777' 브랜드를 세계에 굳히는 귀중한 기회가 됐다.

결국 우리는 1995년 3월 보잉의 로열티 요구로 시작된 3년여에 걸친 외로운 투쟁을 승리로 이끌었다. 이로써 우리는 '작지만 큰 기업'임을 보여주었다. 이 사건을 계기로 우리는 2001년 상호를 아예 '(주)쓰리쎄븐'으로 바꾸었다.

부동의 세계 1위 지킬 터

쓰리쎄븐은 현재 92개국에 수출해 부동의 1위 자리를 지키고 있다. 연간 생산량은 1억 개에 이른다. 이는 30년 동안 한눈 팔지 않고 손톱깎이 제조라는 외길을 걸어온 성과다. 미국의 트림사도 우리와의 경쟁에서 이기지 못해 미국 공장의 문을 닫고 말았다.

우리는 1975년 법인 설립 이후 단 한번도 적자를 낸 적이 없다. 2003년 매출액은 320억 원, 수출액도 2,200만 달러에 이르렀다.

쓰리쎄븐은 2003년 8월 중국 원덩(文登)시에 현지법인 '문등칠칠칠금속제품유한공사(文登七七七金屬製品有限公司)'를 설립했다. 이를 통해 2004년 하반기부터는 중국에서 완제품을 생산, 세계 저가품 시장에 대한 공략에 나선다.

쓰리쎄븐이 주력하고 있는 또 하나의 신규분야는 브랜드 사업이다. 이는 회사의 수익성을 크게 제고시킬 것으로 예측되고 있다. 쓰리쎄븐은 2003년 3월 홍콩 소해 하나야카사에 '777'를 사용, 중국과 홍콩에 물건을 팔 수 있는 권리를 주고 제조원가의 8%를 로열티로 받기로 계약했다.

이뿐 아니라 하나야카가 OEM 방식으로 제작한 등산용·낚시용 칼 등을 국내에 수입, '777' 브랜드 제품을 다양화할 계획이다.

쓰리쎄븐은 현재 천안 소재 20여 곳에 흩어져 있는 공장을 2004년 상반기 충남 아산시로 이전할 계획이다. 공장이 옮겨지면 물류비 절감과 생산 효율성이 크게 높아질 전망이다.

그 동안 수출을 하며 고속도로에서 물류 화물차가 전복돼 고속도로 전체에 손톱깎이가 깔린 일 등 잊지 못할 사건도 많았다. 그러나 온갖 고난을 극복하고 우리는 세계 최고의 자리를 차지했다. 빼앗는 것보다 지키는 것이 더 어려운 법. 우리는 부동의 1위 자리를 지키기 위해 더 많은 노력을 할 것이다.

(주)두산 종가집 사업부 | 박성홈 사장

김치를 세계인의 밥상에

김치사업이 이렇게 힘든 것인 줄 알았으면 손대지 않았을 것이다.

우리 종가집 직원들이 하는 말이다. 어떤 사람은 늘 밥상에 오르는 김치를 가지고 하는 사업이 뭐가 그렇게 힘드냐고 반문할지 모른다. 천만에. 그것은 정말 뭔가를 모르고 하는 소리다. 지금부터 내 이야기를 들어보면 저절로 고개가 끄덕여질 줄로 믿는다.

우선 김치는 누구나 담글 수 있다. 오랜 역사를 가진 우리 민족의 가장 대표적인 식품이기 때문에 김치를 담지 못하는 가정은 거의 없다. 사업적인 관점에서 보면 누구나 만들 수 있는 제품은 사업품목으로 적합지 않다. 정보화 사회의 총아인 휴대전화를 예로 들어보자.

최근 일상생활에서 휴대전화는 절실한 생활필수품이 되었다. 그러나 필요하다고 해서 누구나 휴대전화를 만들 수 있는 것은 아니다.

고도의 기술력과 전문화된 생산공정이 필요하기 때문에 전문기업의 제품을 사서 쓸 수밖에 없다.

그러나 김치는 필요하다면 재료를 사다가 즉시 만들어 먹을 수 있다. 물론 맛은 별개의 문제다. 따라서 꼭 전문기업의 제품을 사다 먹어야 한다는 관점에서 제외되어 있다. 누구나 담글 수 있기 때문에, 웬만큼 잘 담가서는 경쟁력을 가질 수 없다. 이는 영원한 숙제다.

다음으로 김치는 지역마다, 집집마다, 개개인마다 그 맛의 취향이 다르다. 백이면 백 사람 모두 천차만별의 입맛을 가지고 있기 때문에 어떤 입맛에 제품의 기준을 두어야 할지 막연하다.

"이 제품은 맛이 없어."

"무슨 소리야? 나는 맛있던데?"

시장조사팀이 소비자 조사를 해보면 이처럼 제각각의 이야기를 듣고 온다. 제품개발실 담당자는 너무나 골치가 아프다. 우리는 기본적으로 서울지역을 기준으로 제품을 출시한다. 하지만 지역별 특색을 가진 제품도 출시하고 있다.

모든 기업에서 생산하는 제품은 균질함을 목표로 삼고 있다. 그러나 김치라는 제품은 전혀 그렇지 않다. 김치는 엄청나게 까다로운 발효식품이기 때문에 원재료·양념·숙성도에 따라 천 가지 맛이 나온다.

우선 배추나 무에 따라 김치 맛이 완전히 달라진다. 여름 배추 다르고, 가을 배추 다르고, 하우스 배추 다르고, 노지 배추 다르고, 평지 배추 다르고, 고랭지 배추 다르다. A사 씨앗 다르고, B사 씨앗 다르다. 그 해 날씨에 따라 다르고, 수확시기에 따라 달라진다.

어떻게 간을 했느냐에 따라 엄청나게 맛이 달라지고, 고춧가루 따라 다르고, 마늘 따라 다르다. 새우젓 따라 다르고, 양념의 양에 따라 맛이 달라진다. 며칠 간 숙성을 시켰느냐에 따라 다르고, 몇 도에서 숙성을 시켰느냐에 따라 천양지차의 맛이 나타난다.

이처럼 다른 것 천지이니, 제품의 균질함을 유지하기 위해서는 각고의 노력이 요구된다. 오늘 맛있는 제품이 출시되었다고 해서 내일도 맛있는 제품이 나오리라는 보장이 없기 때문에 담당자들의 손과 혀는 항상 긴장상태다.

"듣고 보니 그럴 만도 하네요."

이쯤 되면 고개를 끄덕거리실 분도 많겠지만 한 가지만 더 얘기해 보자.

김치는 가끔 폭발도 한다. 김치가 무슨 폭탄이냐고 어리둥절하겠지만 정말 폭탄도 된다. 유통과정에서 잘못 보관하면 금방 발효되어 봉지가 부풀어오르고, 방치하면 '뻥' 하고 터지는 수도 있다. 실제로 장기 수송이 불가피한 수출의 경우, 적절한 유통관리는 제품의 생명이다.

태평양을 건너는데, 냉장 컨테이너의 오작동으로 제품 전체를 폐기 처분한 경우가 발생하기도 했다.

이처럼 어려운 사업이다 보니 임직원들의 고생이 오죽 심했겠는가. 그렇다면 이처럼 골치 아픈 사업을 두산은 왜 시작하게 되었고, 나아가 수출을 위해 그토록 애를 쓰는가? 이유는 단 한 가지다.

'김치를 세계인의 밥상에!'

오직 그것뿐이다.

참담한 실패를 경함한 첫 수출

종가집은 1975년 한국과학기술원(KAIST)과 공동으로 김치 상품화를 위한 산패 연부방지라는 연구를 시작했다. 이 같은 연구를 종가집이 수행하게 된 계기는 (주)두산이 맥주를 비롯한 각종 주류·식음료를 제조하면서 발효에 관한 전문적인 기술을 가지고 있었기 때문이다. 이 연구를 필두로 세계 최초로 '김치의 진공포장 방법'이라는 특허 출원을 통해, 1987년 상품김치를 출시하며 포장김치라는 새로운 시장을 개척했다. 종가집 이전에 상품김치가 없었던 것은 아니다. 많은 중소기업들이 이미 제품을 만들어 시장에 내놓고 있었다. 김치는 중소기업 고유업종으로 묶여 있어 대기업이 뛰어들 수 없었다. 하지만 김치가 이 규제에서 풀리자 전문적인 기술을 가지고 있는 두산농산(주)이 종가집이라는 브랜드로 포장김치를 시장에 선보인 것이다.

처음 김치를 출시하며 종가집은 무형문화재인 궁중요리연구가 황혜성씨를 고문으로 위촉하고, 두산기술원의 축적된 발효기술을 통해 김치의 전통적인 맛을 재현함과 동시에 김치의 과학화를 추구했다. 국내 시장에 진출한 다음해인 1988년, 종가집은 마침내 일본 수출을 시작했다. 종가집은 김치사업을 시작하면서부터 해외 수출을 목표로 삼았기 때문에 국내 시장에 진입하자마자 곧바로 수출전선에 뛰어들었다.

한국절임식품공업협동조합의 자료에 따르면 우리나라의 김치 수출은 1985년에 79만 9,000kg, 86만 7,000달러를 기록했다. 종가집이 일본에 진출한 1988년에는 517만kg, 1,100만 달러 상당의 김치를 수출했다. 1980년대까지만 해도 상품김치는 걸음마단계에 불과했다. 해외에서 소비되는 김치는 현지 식당에서 제조·판매되는 것이 고작이었다. 해외 수출도 1986년 서울 아시안게임과 1988년 서울 올림픽을 계기로 비로소 본격화되었을 뿐이다. 그 전에는 중동 등 해외 근로자의 급식용으로 일부 수출되기도 했지만 제품의 질과 포장 등이 매우 열악한 형편이었다.

당시 일본의 김치시장은 거의 불모지나 다름없었다. 종가집은 처음부터 새로운 시장을 만들어갈 수밖에 없었다. 또한 일본의 김치시장 진출을 위한 충분한 사전조사가 이루어지지 않아 시행착오도 많았다.

종가집은 자외선 차단을 통해 김치의 신선도를 유지하기 위해 알루미늄 포장을 사용했다. 그러나 일본 소비자들은 포장재 안의 내용물 확인이 불가능하다는 이유로 구매를 기피했다. 아울러 유통과정에서 김치가 산화할 때 발생하는 탄산가스로 인해 포장이 부풀어오르자 불량식품이나 된 듯 반품이 줄을 이었다. 우리나라 소비자는 김치에 관한 한 전문가로서 숙성과정에서 당연히 탄산가스가 발생한다는 사실을 알고 있었지만, 일본 소비자는 이 같은 인식이 없었기 때문이다.

수출은 참담한 실패였다. 반품은 날이 갈수록 늘어 급기야 4톤에 이르는 최초 수출물량 대부분을 폐기 처분해야 했다. 이는 200g짜리 2만 봉지에 해당하는 물량이었다.

'아파트에서는 김치를 먹지 말아야 한다.'
자극적인 김치냄새 때문에 공동생활을 중시하는 일본의 어느 아파트에서는 이 같은 공지를 했다는 웃지 못할 얘기도 들려왔다. 살아 있는 식품인 김치는 짧은 유통기간, 신선도, 산도의 변화, 냄새, 포장 등 수많은 난관에 부딪혀야만 했다.

"더 이상 김치를 수입할 수 없습니다."

최초의 수출거래처는 이 같은 내용을 통보해 왔다. 결국 수출은 중단되고 말았다.

병에 담아서 팔자

'포기할 수 없다.'

쓰라린 경험을 한 종가집 사람들은 다른 거래선을 모색했다. 그 결과 마루큐라는 새로운 거래처를 잡아 일본 시장에 재도전할 수 있었다. 마루큐는 도쿄에서 수십 년 간 단무지 등 절임류를 취급해 온 식품회사였다. 일본 식품시장에 대한 놀라운 식견을 갖추고 있었던 마루큐는 김치에 대해 대단한 열의를 보였다.

종가집은 처음부터 다시 시작한다는 각오 하에 영업 및 생산직원들의 현지 파견근무를 단행했다. 마루큐와 공동으로 일본 김치시장에 대한 조사에도 착수했다.

'병에 담아서 팔아보자.'

현지 조사결과를 바탕으로 연구를 거듭한 결과, 소비자들에게 제품을 확인시키고 포장 팽창의 단점을 해결할 수 있는 방법으로 병 포장이 제안되었다. 또한 일본인들의 소량 제품 선호 습관과 장기 보관에 따른 냄새 확산을 막기 위한 소용량 포장이 채택되었다. 이렇게 해서 만들어진 것이 바로 소형 병 포장 김치다.

소형 병 포장 김치는 출시되자마자 일본인들의 시선을 끌었다. 소비자들의 호평 속에서 점차 자리를 잡아가기 시작했다.

이와 함께 우리 고유의 김치 맛을 유지하는 동시에 일본인 기호에도 부합될 수 있는 개발을 위해 관동·관서·큐슈 지역으로 나누어 수 차례에 걸친 테스트를 실시했다. 이를 바탕으로 각 지역별 요리법을 개발·홍보하며 시장을 넓혀갔다. 이로써 400g 병 포장 김치 등을 생산해 수출에 박차를 가했다.

이 같은 노력으로 1992년에는 60만 달러의 수출 실적을 기록했다. 이듬해인 1993년에는 마침내 김치 수출 100만 달러를 넘어섰다.

무료 시식을 통해 홍콩 시장 공략

일본 수출에서 자신감을 얻은 종가집은 동남아 시장의 교두보 확보를 위해 홍콩의 신라식품이라는 회사와 수출계약을 체결했다.

그러나 이는 한국 고유의 김치를 낯선 외국에 수출하는 것이 얼마나 어려운 일인지를 새삼 확인시켜 주는 계기가 되었다. 직원들의 박수를 받으며 야심과 포부를 갖고 선적된 컨테이너가 홍콩에 무사히 도착했지만 정작 현지 소비자들로부터는 외면받았다.

야요한·세이브 등 일본계 유통업체를 중심으로 종가집 김치를 입점시켰으나 소수의 일본인 외에는 구입하지 않았다. 김치가 무엇인지, 어떻게 먹는지도 모르는 홍콩인들에게 김치판매가 어려울 것이라는 점은 어느 정도 예상했다. 하지만 초기 시장확보에 가장 큰 도움을 줄 것이라고 믿었던 교포사회에서조차 종가집 김치는 전혀 자리를 잡지 못했다. 공장에서 제조된 김치를 어떻게 먹느냐는 등의 불신이 교포사회에 널리 퍼져 있었던 것이다.

난감했다. 이에 종가집과 신라식품은 마케팅 방향을 수정, 우선 현지인에 대한 김치홍보에 주력키로 결정했다.

'어차피 못 팔면 버려야 한다. 무료로 뿌려라.'

초도 물량 8톤의 대부분을 홍콩 각지를 순회하며 무료 시식하는 데 소비했다. 산도가 증가된 일부 제품은 홍콩인들에게 잘못 인식될까 우려되어 시식 및 판매를 중단하고 전량 폐기해 버렸다.

이는 종가집 및 신라식품에게 예기치 않는 큰 손실이었다. 그러나 시식 및 홍보활동에 힘입어 한국 교포사회에서는 김치 맛이 매우 좋아졌다는 평가와 함께 공장김치에 대한 인식이 달라졌다. 한국식당 주인들도 종가집 김치에 대해 호평을 하기 시작했다.

판매량은 점차 늘어갔다. 마케팅 팀은 이에 그치지 않고 한 달에 2~3톤가량의 물량을 현지 홍콩인을 상대로 한 무료 시식행사에 지속적으로 쏟아 부었다. 그 결과 PARK'N SHOP 등의 홍콩계 대형 슈퍼마켓에도 납품할 수 있게 되어 인기 상품으로 자리를 굳혀갔다.

미국 FDA와 김치 성분분석표 마련

홍콩의 거점마련에 성공했다고 판단한 종가집은 일본에서 다양한 마케팅 활동을 펼쳤다. 편의점과 슈퍼마켓 등에 차별화된 제품을 출시해 소비자들의 구매욕구를 불러일으켰다. 시식행사 및 Foodex

Japan 등의 대규모 식품전시회 참가는 물론 '한국 물산전' 등을 통해 김치를 홍보하고 시식행사를 벌여나갔다.

우리나라의 김치공장에서 선출된 '종가집 김치여왕'이 일본의 백화점을 방문해 종가집 김치 시식행사를 펼치기도 했다. 아울러 일관된 컨셉의 제품 광고를 지하철·신문·잡지 등에 실어 브랜드 인지도를 높였다.

슈퍼 및 편의점 판매뿐 아니라 교포 및 유학생에게도 눈을 돌렸다. 한국인용 김치는 전통 한국의 맛으로 제조하고, 포장도 한국인이 선호하는 알루미늄 진공포장을 사용했다. 특히 포장재 팽창문제를 해결하기 위해 포장 내 가스를 제거하는 가스 흡수제를 개발·사용하기도 했다.

이렇게 만들어진 김치는 우리 교포와 유학생들로부터 대단한 인기를 끌었다. 특히 일본에 거주하는 교포 및 유학생들에게 고향의 맛을 제공함으로써 필수 식단으로 자리잡았다.

2001년 종가집 김치는 미국에 상륙했다. 이미 몇 번의 쓰라린 고배를 마신 종가집은 같은 실수를 거듭하지 않기 위해 초기 홍보에 집중했다. 교포채널 방송의 광고를 통해 김치의 우수성에 대한 적극적인 홍보전을 펼쳤다.

간편하게 고향의 맛을 느낄 수 있는 제품으로 자리를 잡은 종가집 김치는 곧 인기상품으로 떠올랐고, 현지 미국인들에게도 호평을 받는 식품이 되었다.

그러나 또 난제가 발생했다. 미국 식품의약청(FDA)의 규정이 갑자기 바뀌면서 미국 내에서 유통되는 모든 식품에 식품성분분석 표기가 의무화된 것이다.

김치의 성분을 분석할 수 있을까? 시시각각 달라지는 살아 있는 식품인데?

이 규정은 미국과 한국 양측에 난제를 안겨주었다. 어느 쪽도 제대로 된 기준이 없었기 때문이다. 그렇지만 방법을 찾아야 했다. 이에 종가집은 두산식품연구소와 미국 FDA의 연계 하에 최초로 김치에 대한 성분분석을 완료했다. 이를 토대로 성분분석을 인쇄한 미국전용 포장재를 개발한 후에 수출을 지속할 수 있었다.

이후 종가집의 김치 성분분석표는 한국 김치업계의 성분분석표 제작에 지침이 되기도 했다.

국제대회 공식메뉴가 되다

우리의 김치는 1986년 서울 아시안게임과 1988년 서울 올림픽을 통해 전세계에 소개되었다. 한국을 찾은 많은 외국인들이 김치를 맛볼 기회를 가졌다.

외국인들은 처음에는 호기심에 이끌리거나 예의를 지키느라 김치를 먹었다. 그러다 김치 맛을 알게 되면서 점점 더 많이 찾게 되었다. 올림픽 때 IOC 위원들이 묵었던 신라호텔의 한 음식점에서는 외국인들이 하도 많이 김치를 포장해 달라고 해서 아예 1kg짜리 선물용을 따로 만들어 팔기도 했다.

이렇게 세계화의 길을 걷게 된 김치는 1992년 바르셀로나 올림픽 때 공식메뉴로 채택되었다. 종가집 김치는 이 대회의 공식 납품업체로 선정되는 영광을 안았다. 그러나 문제가 있었다. 바르셀로나까지 운송을 하는 데 한 달이 걸렸다. 15일 간의 대회 기간 동안 6,000kg이나 되는 김치를 각국 선수들에게 배식해야 하는 문제도 있었다.

종가집은 이 대회를 절호의 마케팅 기회로 삼아야겠다는 각오 아래 수송관리를 철저히 하고 품질관리 요원을 현지에 파견했다. 이로써 올림픽 기간 동안 항상 신선한 김치를 각국 선수들에게 제공해 대한민국 김치의 우수성을 세계인의 잔치에서 당당히 부각시켰다. 특히 바르셀로나 올림픽은 그 때까지 동남아에 국한되었던 김치 수출을 유럽 시장에까지 확대할 수 있다는 자신감을 심어주었다.

종가집 김치는 1994년 히로시마 아시안게임 및 1995년 후쿠오카 유니버시아드 대회에서도 일본에서 제조된 김치와 당당히 경쟁해 공식 메뉴로 채택됨으로써 종주국 김치의 맛과 우수성을 널리 떨쳤다.

이 같은 공식적인 행사뿐 아니라 외국인 소비자들을 직접 접할 수 있는 판촉행사도 게을리 하지 않았다. 종가집은 단지 관광객뿐 아니라 좀더 많은 외국인들에게 우리의 김치를 소개할 수 있는 각종 판촉전략과 활동이 필요하다고 판단했다. 따라서 한국을 방문하거나, 한국에 거주하는 외국인과 외국에 거주하는 외국인으로 그 대상을 나누어 판촉전략을 펼쳐나갔다.

우선 한국에 있는 외국인들에게는 횡성·거창 등의 공장에서 운영하고 있는 종가집 공장견학 등을 통해 김치문화를 인지시켜 나갔다. 공항·관광 안내지도 등에 광고를 게재하고, 관광명소에 샘플을 제공하며, 외국인이 자주 찾는 유명백화점·면세점의 판촉을 강화했다. 해외 외국인들에게는 각종 해외 식품전시회 참가를 통해 김치 및 한국 문화를 소개하고, 종가집 김치가 입점되어 있는 점포에서 현장 시식회를 개최해 외국인들의 입맛을 자극해 나갔다.

종가집 김치는 김치의 세계화를 위한 전사적인 노력과 농수산물유통공사, 대한무역투자진흥공사 등의 적극적인 수출증대 협조에 힘입어 1995년 300만 달러의 수출목표를 초과 달성하는 성과를 거두었다.

1998년 나가노 동계올림픽, 1998년 방콕 아시안게임, 2000년 시드니 올림픽 등 각종 국제대회에서도 공식 납품자격을 획득해 세계적인 품질과 맛을 인정받았다. 2002년 한·일 월드컵 당시에는 공식 라이선스 제품으로 등록되어 그 진가를 높였다.

일본과의 김치 전쟁

우리로서는 기분 나쁜 일이지만 1980년대에는 일본이 김치 수출에서 한국을 앞지르고 있었다. 1988년 한국에는 135개의 김치공장이 있었던 반면, 일본에는 그 두 배가 넘는 400개의 김치공장이 가동되고 있었다. 심지어 일본이 동남아로 워낙 많은 양의 김치를 수출한 탓에 김치를 일본 고유의 음식으로 잘못 알고 있는 사람들도 많았다. 일본은 우리보다 앞서 기무치(Kimuchi)라는 일본식 브랜드로 김치를 상품화해 세계시장에 내놓고 있었다. 1990년대 들어서 일본의 기무치가 세계 김치시장의 80%를 점유, 서양인들은 기무치라는 일본 김치에 익숙했다.

우리 고유의 음식인 김치를 빼앗겼으니 복장이 터질 노릇이었다. 여론의 질타도 뜨거웠다. 그래서 정부는 김치의 표준화 작업을 서두르고 세계 속에 우리의 김치를 인식시키기 위해 많은 노력을 기울였다. 1994년 정부는 한국이 김치 종주국임을 선포했다. 1995년에는 미국 뉴욕에서 국제적인 선포식을 가졌지만 여전히 일본에 한 발 뒤져 있었다. 1996년 일본 도쿄에서 열린 국제식품규격위원회 산하 아시아위원회에서 한국 농림수산부는 김치의 국제 규격을 제안했고 일본도 이에 응했다. 그 결과 1997년 12월 제11차 아시아지역 조정위원회에서 김치의 국제 표기를 'Kimchi'로 통일한다고 발표했다. 그 동안 일본 표기인 '기무치'와 병행 표기했던 영문 표기가 뒤늦게나마 제자리를 찾으며 우리 고유의 김치가 새로운 위상을 획득한 것이다.

그러나 젓갈과 고춧가루 대신 파프리카를 넣고, 발효과정 없이 구연산을 통해 신맛을 낸 제품도 김치로 인정되는 문제점이 나타났다. 이는 우리 고유의 김치와는 전혀 다른 일본의 절임식품 쓰케모노인데, 일본인들은 이를 김치의 영역 속에 포함시킨 것이다.

이처럼 어중간한 결정은 2001년 7월 5일 스위스 제네바에서 열린 제24차 국제식품규격위원회(Codex) 총회에서 김치의 국제적 명칭을 Kimchi로 확정하고, 국제식품규격을 최종 승인함으로써 우리의 완승으로 끝났다. 이로써 김치를 처음으로 수입하는 국가는 코덱스 기준을 수입식품검사 기준으로 준용할 수 있기 때문에 우리의 수출신장에 큰 도움이 되었다.

이렇게 치열한 김치 전쟁 속에서 종가집은 1997년 75g짜리 종가집 미니컵을 개발해 3년 만에 단일품목으로는 처음으로 일본 편의점 시장에서 1,000만 개 판매고를 달성했다. 이와 함께 2001년에는 김치 해외 수출부문에서 당당히 1위를 차지해 선도 브랜드의 자리를 굳혔다.

《《《종가집이라는 브랜드 수출

김치 수출이 늘어나고 있지만 일본의 주문자생산방식(OEM) 요청으로 한국 김치의 국적을 상실할 위기에 처해 있는 것도 현실이다. 중국 김치의 공습도 위협적이다. 종가집 또한 많은 업체로부터 OEM 제의를 받은 바 있다. 그러나 OEM은 결국 김치의 국적상실 및 브랜드 육성에 걸림돌이라는 판단 아래 그 같은 제의를 거절해 왔다. 종가집 제품은 100% 자사 브랜드로 수출하고 있다.

이처럼 일관된 정책으로 리서치 전문회사인 A. C. 닐슨(A. C. Nielsen)이 실시한 소매점 조사부문에서 60% 이상의 시장점유율을 차지하고 있는 것으로 나타났고, 3년 연속 능률협회선정 브랜드파워 1위, 한국마케팅대상 브랜드 명품상 수상이라는 결과를 낳았다. 이는 종가집이 김치시장을 개척해 나가는 선도 기업으로서의 위상을 잘 보여주고 있다. 한편, 제조원가의 50~70%를 차지하는 원재료비의 변동, 인건비 상승에 따른 제조원가 상승은 종가집 김치는 물론 한국 내 모든 김치업계의 수출증대에 여전히 걸림돌이 되고 있다.

그러나 이러한 어려움 때문에 김치의 세계화에 대한 꿈을 접을 수는 없는 노릇이다. 종가집은 김치를 세계적인 우리 고유 브랜드로 키우기 위해 다양한 전략을 구사하고 있다.

종가집은 대 일본 시장 마케팅을 강화하고 있다. 아직까지 김치 수출에서는 일본 시장이 큰 비중을 차지하고 있다. 일본 업체와 끊임없이 경쟁관계에 처해 있는 만큼 일본 시장 경쟁력 강화는 사활을 건 싸움이다.

일본 편향적인 수출구조에서 탈피해 수출의 다각화도 꾀하고 있다. 스시·사시미가 세계 각국에 수출·소개되면서 일본을 대표할 수 있는 음식으로 세계인들로부터 사랑을 받고 있듯, 우리의 김치도 세계인의 음식이 되기 위해 과감한 홍보전략을 펼치고 있다. 그 결과 종가집은 일본·미국·네덜란드·동남아·홍콩·미국·중국·캐나다 등 세계 20개국 이상에 수출하고 있다. 수출액도 2002년에는 150억 달러를 기록했다. 2005년에는 중국 칭다오(靑島)에 김치 공장을 완공해 수출을 확대할 예정이다.

종가집은 외국인의 기호에 맞는 김치 개발에도 박차를 가하고 있다. 김치연구소를 통해 냄새 없는 김치를 개발하고, 수출시 문제가 되는 유통기한을 기존의 25일에서 6개월로 늘렸다.

이러한 제품력과 기술력으로 이미 진출한 홍콩·대만·중국 등 화교권과 미국에 이어 유럽·남미 등으로 시장을 확대할 계획이다.

2003년에는 '사스(SARS) 특수'라는 말이 김치업계 사이에 떠돌았다. 유독 한국인만이 김치 때문에 사스에 걸리지 않고 있다는 입소문이 퍼진 것이다. 이는 김치의 영양학적 우수성과 과학성을 세계적으로 인식시킬 수 있는 기회를 가져다 주었다. 이 같은 흐름은 앞으로 수출신장에 많은 도움을 줄 것으로 기대된다.

종가집은 산업화·세계화를 선도하며 김치를 통해 세계인의 밥상을 점령하겠다는 야심찬 계획을 가지고 있다. 이 꿈을 이루기 위해 종가집 김치는 가장 좋은 원료에 바탕해 특유의 맛과 품질을 인정받는 제품으로 끊임없이 거듭날 것이다.

삼원테크(주) | 이택우 사장

현장 마케팅이 수출의 지름길

《《《기술을 배우려면 불량품을 만들어라

1986년 말, 일본 도쿄역.

나는 초조한 표정으로 누군가를 기다리고 있었다. 한 삼십 분쯤 지났을까? 한국인 한 분이 황당한 표정으로 허겁지겁 나타났다.

"아니, 아무런 사전연락 없이 이렇게 불쑥 오셔서 업체를 찾아내라고 하면 어떻게 합니까? 우리가 뭐 슈퍼맨도 아니고."

KOTRA 도쿄지사 직원은 잔뜩 볼멘 목소리로 그렇게 말했다.

"죄송합니다. 워낙 아는 게 없다 보니…."

나는 허리를 굽혀 사과했다.

한 시간 전, 나는 도쿄역에 내려 KOTRA 도쿄지사에 전화를 했다.

그리고 간단히 자기 소개를 한 후 "일본의 피팅(Fitting) 관련업체를 소개해 달라"고 부탁했다. 난데없는 전화를 받은 담당직원은 "피팅이 뭐냐?"고 물었다. 짧은 설명을 들은 그는 길 잃은 아이 데려가는 심정으로 부랴부랴 달려왔던 것이다.

KOTRA 도쿄지사 전화번호 하나만 달랑 들고나선 일본행. 나는 비장한 결심을 하고 있었다. 기술개발과 수출. 그 두 마리 토끼를 한꺼번에 잡을 생각이었다.

내가 피팅 업계에 뛰어든 것은 1977년이다. 피팅이란 고압에 사용되는 유압용관이음쇠를 말한다. 주로 I · L · T · +자 형으로 구성되어 있으며 저압 · 중저압 · 고압 · 초고압 등의 제품군이 생산된다.

처음에는 미국의 P사로부터 피팅 제품을 수입했다. P사는 밸브 · 패킹 · 필터 · 유압실린더 등을 생산하는 세계적인 회사다. 수입상을 시작한 지 몇 년 만에 국내 시장의 60% 정도를 점유했다. 그런데 외국 제품을 수입하다 보니 문제점이 많았다. 납기를 맞추기 어려웠고, 애써 수입한 제품이 서로 맞지 않아 못쓰게 되는 경우도 빈번했다.

'직접 만들어버리자.'

기계공학을 전공한 나는 이에 불편을 느끼고 제조를 결심했다. 1980년부터 피팅 제품을 생산했는데, 이게 보는 거와 영 달랐다. 내 눈에도 우리 제품은 조잡하기 짝이 없었다. 수 년 동안 갖은 노력을 했지만 제품은 나아지지 않았다. 그래서 일본행을 결정한 것이다.

무턱대고 찾아온 나를 KOTRA 도쿄지사 직원은 아주 성심껏 도와주었다. 그는 여러 가지를 조사한 후 일본 상공회의소로 나를 데려갔다. 그 곳에서 장시간 상담을 한 후 '도끼야 정기(精機)'라는 곳을 찾아갔다. 도쿄시 외곽에 자리한 300평 정도의 공장에 40여 명의 직원이 일하고 있는 그 회사는 아주 작았다. 그러나 품질은 기가 막혔다. 한 마디로 '작품'을 만들고 있었다.

나는 등에 지고 온 무거운 배낭을 내려놓았다. 그리고 우리 회사 제품을 꺼내놓았다. 한 마디로 도라지와 인삼의 수준. 챙피하기 짝이 없었다.

"우리도 니쁠(피팅의 일본어)을 만들고 있습니다. 우리 제품을 사주십시오."

"스미마셍."

한 마디로 거절이었다. 일본의 주요 기업에 납품을 하고 있는 도끼야사가 질 낮은 우리 제품을 수입할 이유가 없는 것이다.

"그럼 물건을 팔 수 있도록 가르쳐 주십시오."

일부러 벌인 우회전략이었다. 오랫동안 나의 설명을 들은 도끼야사의 기술진은 이듬해 우리의 마산 공장을 방문했다. 이어 기술이전과 수출협약이 이루어졌다. 그들은 품질관리와 생산분야에 두 명의 기술진을 6개월 동안 파견해 주었다. 우리는 그들에게서 많은 것을 배웠다. 만들어진 제품의 수출도 시작했다. 첫 수출액은 1만 달러 정도. 1987년 한 해에 5만 달러를 기록했다.

도끼야사의 기술진이 돌아간 다음에는 일본으로 연수생을 계속 파견했다. 12명의 연수생이 기술을 배워왔다. 그런데 문제는 기술이전을 기피하는 일본인의 특성답게 핵심기술을 가르쳐 주지 않는 것이었다. 애가 닳았던 나는 꾀 하나를 생각해 냈다.

"자꾸 불량품을 만들어라."

불량품이 나오자 일본 기술진들이 문제점을 지적하며 해결방안을 가르쳐 줬다. 일부러 불량품을 만들고 해법을 배우는 사이 어느 새 우리 기술은 최고를 향하고 있었다. 기술을 배우는 동안 여러 차례 손가락에 굳은 살이 박이고 손바닥이 갈라지기까지 했다.

기술개발을 하는 데는 대우중공업의 도움도 매우 컸다. 그들은 "좋은 제품을 같이 만들어보자"며 개발을 지원하고 우리의 물건을 사줬다.

도끼야사와는 10년 동안 거래를 했다. 일본 시장 독점을 주장하는 그들과의 계약이 불편하여 협약을 파기했다. 지금은 일본 시장에서 경쟁관계가 되었다.

손바닥 마케팅

삼원의 수출액은 1995년 100만 달러를 넘어섰다. 일본, 동남아 시장만으로는 만족할 수 없었다. 유럽 시장 진출을 결심했다. 유럽의 공업 중심지는 역시 영국과 독일이었다. 먼저 영국을 공략하기로 했다.

그런데 유럽 시장은 매우 보수적이었다. 그 중에서도 영국은 산업혁명의 발상지답게 전통과 역사를 대단히 중시했다. 피팅 제품을 가장 많이 쓰는 곳은 영국의 JCB(Joseph Cyril Bamford)사. 설립자의 이니셜을 딴 이 회사는 1945년에 설립되었다. 트랙터를 비롯한 농업용기계와 중장비 부문에서 유럽에서 가장 큰 회사로서 세계 150개국에 수출하고 있다.

영국 로체스터에 있는 본사의 담당자에게 편지를 보내고 찾아갔다.

"카탈로그를 두고 가시오."

어렵게 만난 담당자와의 면담은 딱 한 시간. 반응은 시큰둥했다. 얼마 후 다시 찾아갔다. 이번에도 마찬가지였다. 한 시간을 면담하기 위해 왕복 30시간의 비행기를 타야 하는 여행. 오기가 생겼다. 계속 찾아갔다.

네번째 찾아가니 홍차 한 잔을 줬다.

'무지무지 비싼 차군.'

샘플을 보여주며 여러 가지 설명을 하는데도 계속 딴청이었다. "제품은 좋다"는 이야기만 건성으로 되풀이하고 있었다. 구매할 수 없다는 것이었다.

"제품도 좋고, 가격도 싼데 거래를 할 수 없는 이유가 뭡니까?"

나는 따지듯 물었다.

"우리는 오랫동안 거래를 해온 회사가 있습니다. 함부로 거래선을 바꿀 수 없습니다."

다섯번째로 찾아갔다. 역시 거절하길래 "그럼 공장이나 보여달라"고 청했다. 마지못해 공장을 보여주는 그를 따라갔다. 그런데 웬걸? JCB의 제품은 형편없었다. 유압용 피팅이 조잡하다 보니 기름이 줄줄 새어나왔다.

앞서가는 담당자를 일부러 20m쯤 뒤처져가며 기계조립 현장담당자와 이야기를 나눴다. 현장담당자들도 제품이 조잡하다며 불만을 표시하고 있었다.

'옳다, 됐다.'

나는 그들에게 명함을 나눠줬다. 샘플로 가져간 제품도 몰래 찔러

줬다. 명함에 내가 묶고 있는 호텔 전화번호가 적혀 있지 않아 담당자의 손바닥에 직접 써줬다. 그리고 꼭 전화를 하라고 신신당부했다.

호텔로 돌아와서는 담당자의 손바닥에 써준 전화번호가 땀이 나면 지워질까봐 노심초사했다. 그랬더니 어느 날 담당자로부터 전화가 와서 만날 수 있었다.

"한국에서 이렇게 좋은 제품을 만들 줄은 몰랐습니다."

현장담당자는 우리 제품을 시험해 보았는데 영국 제품에 비해 품질이 월등하다며 칭찬을 아끼지 않았다. 그로부터 그와 나는 친하게 지내며 정보를 교환했다. 필요한 제품 샘플도 부지기수로 보내줬다.

그러기를 여러 차례. 마침내 JCB로부터 연락이 왔다. 우리 제품의 구매를 검토하겠다는 것이다.

"내가 다섯 번이나 갔으니 당신들이 한 번 오시오. 우리 공장도 보여주겠소."

구매 담당자가 우리를 방문하면서 마침내 계약이 이루어졌다. "자국산을 써야 한다고 그렇게 완강하게 거절하더니, 구매를 결정하게 된 동기가 뭐냐?"고 물었더니 "현장담당자들이 구매를 강력 건의했다"고 대답했다. 현장 마케팅의 중요성을 실감하는 순간이었다. 호텔에서 만났던 담당자가 눈물겹도록 고마웠다.

JCB와는 초기에 전체 물량의 5% 정도를 납품했다. 지금은 80%를 납품한다. 나중에 JCB가 지정해 준 마케팅 대행사 유로 파워(Euro Power)사는 자신들이 먼저 파트너십 액자를 만들어 보내오기도 했다.

영국의 초기 수출액은 1억 원 정도. 현재는 연간 약 17억 원을 수출한다. 이제는 우리의 부품이 적기에 공급되지 않을까봐 그들이 노심초사한다. 유압용 피팅이 없으면 제품을 조립할 수 없기 때문이다.

영국의 JCB를 뚫고 나자 유럽의 다른 나라 수출은 비교적 수월했다. VOLVO, IMM, EMB 등을 비롯한 세계적 기업들이 우리와 거래를 하고 있다. 이탈리아, 프랑스, 스웨덴, 벨기에 등에는 현지 대리점을 선정해 제품을 수출하고 있다.

미국 시장, 단번에 200만 달러 계약

IMF 외환위기가 터졌다. 매출이 뚝 떨어졌다. 역시 세계 기계공업의 본산인 미국에 진출해야겠다고 결심했다.

1998년 중소기업진흥공단 시카고 본부로 찾아갔다. 공단사람들은 우리를 반갑게 맞이하며 적극적으로 도와줬다. 옐로 페이지를 뒤지고 에이전시를 통해 정보를 취합하니 월드와이드(World Wide)사가 공략 대상으로 좁혀졌다. 월드와이드는 시카고에 소재한 피팅 판매업체였다.

몇 번의 연락 끝에 상담이 이루어졌고 월드와이드 담당자는 우리 제품을 보더니 깜짝 놀랐다.

"혹시 일본 샘플을 가져온 것 아닙니까?"

"의심스러우면 샘플 제작을 의뢰해 보면 알 것 아닙니까?"

그들은 여러 가지를 조사하고 꼼꼼히 따져본 후 우리 공장을 방문했다. 얼마 후 월드와이드와 200만 달러 공급계약서에 사인을 했다. 단번에 200만 달러 수출고를 이룩한 쾌거였다. 우리 스스로도 놀랐지만 더 놀란 것은 중소기업진흥공단이었다.

"아니, 단순해 보이는 그 제품으로 그토록 큰 성과를 거둘 수 있습니까?"

당시 시카고 본부장 최성필씨가 한 말이다.

미국 월드와이드에 대한 공급으로 이제 우리 제품은 미국의 관련 업계에서 모르는 회사가 없다. 초기의 수입선이던 P사는 더 이상 우리 제품을 따라오지 못한다. 우리가 시장 전체를 장악할까봐 오히려 걱정하고 있다. 불과 20년 만에 역전현상이 일어난 것이다. 그들이 선발주자의 자리를 누리며 안주하고 있을 때 우리는 뼈를 깎는 노력으로 밤을 지새며 기술개발에 몰두함으로써 세계시장의 높은 벽을 넘을 수 있었다.

현재 우리 제품은 미국 방위산업체인 H사에도 공급되고 있다. 이라크 전쟁 때문에 특수 프리미엄을 누리고 있으며 세계적인 품질을 인정받고 있다.

현재 미국 시장에서는 연간 약 800만 달러의 수출고를 올리고 있다. 가격 면에서도 국내 가격보다 30% 정도 높은 가격을 받는다. 절대 저가정책을 쓰지 않는다는 것이 회사의 방침이다.

또한 무리한 시장 확대를 경계하고 있다. 너무 많은 물량을 쏟아내면 가격정책이 무너지고 프리미엄 효과도 사라지기 때문이다.

그래서 매년 20~30% 정도만 시장을 확대하고 있다.

《《《《특허제품 매출액 절반 넘어

삼원테크는 기술연구소를 설립해 매년 2건 이상의 특허를 받아내고 있다. 삼원이 만든 피팅 제품은 누유(漏油)가 전혀 없다. 대부분의 피팅 제품은 이음쇠 끝부분에 O-Ring이라는 패킹이 부착돼 있다. 그런데 피팅을 돌려 조립하다 보면 O-Ring이 밀려 제대로 흡착되지 않는다. 삼원의 피팅은 90도로 파인 홈을 55도로 파 O-Ring이 절대로 탈착되지 않게 개발했다. 단순한 아이디어인 것 같지만 이는 세계적 특허기술이다.

또한 기존의 나사식 피팅을 개선해 민자형 원스톱 피팅이라는 깜짝 놀랄 만한 제품을 곧 출시할 예정이다. 작은 차이가 세계를 누빌 수 있다는 교훈을 몸소 실천하고 있는 것이다. 특허제품 매출액도 전체매출액의 55%를 넘고 있다.

삼원테크의 제품은 4,000종에 이르며 현재 연간 1,800만 달러를 수출하고 있다. 단조 소재 유압용관이음쇠 제품 부문 세계 1위의 제조기술 및 품질 경쟁력을 이어가기 위해 매진하고 있다.

2000년에는 중국 칭다오에 삼왕금속유한공사라는 투자법인을 설립, 단조 및 CNC 공장을 설립했다. 이를 통해 단조 소재 등 전체 원자재의 30%를 조달받아 원가구조를 크게 개선시켰다.

2002년에는 도금공정 개발을 통한 아연도금 설비를 자동화해 도금 품질수준을 안정화하고 인건비 절감을 통해 원가구조를 15%, 생산성을 20%가량 높였다.

또한 중소기업청의 중소기업 IT화 지원사업에 선정되어 2003년 5월부터 생산 시스템을 자동화시켰다. 이를 통해 30% 정도의 원가절감을 도모하고 있다.

우리 기업의 중국 진출에 대해 꼭 하고 싶은 이야기가 있다. 우리는 싼 맛에 끌려 너무 성급하게 중국에 기술이전을 해주고 있는 것이 아닌가 하는 점이다. 최근 무역협회가 조사한 바에 따르면 수출업자들이 느끼는 한·중 간 기술격차는 평균 4.9년에 불과한 것으로 나타났다. 이는 순식간에 추월당할 수 있는 차이다.

삼원은 일본으로부터 기술을 배우는 데 10년이 걸렸다. 그런데 짧은 시간에 중국에 기술을 이전해 준다는 것은 있을 수 없는 일이다. 우리는 중국을 경계하며 새로운 전략 수립에 고심해야 할 것이다.

삼원테크는 영광스럽게도 2003년 무역의 날에 '금탑산업훈장'을 수상했다. 너무나 큰상이라 기쁨보다 걱정이 앞선다. 모든 분들의 기대를 저버리지 않기 위해서는 '기술만이 경쟁력이다'는 신념으로 세계시장을 헤쳐나가고자 한다.

지금의 삼원이 있기까지 성원을 아끼지 않으신 모든 분들께 감사를 드린다.

가능성 1퍼센트에 도전하다 4

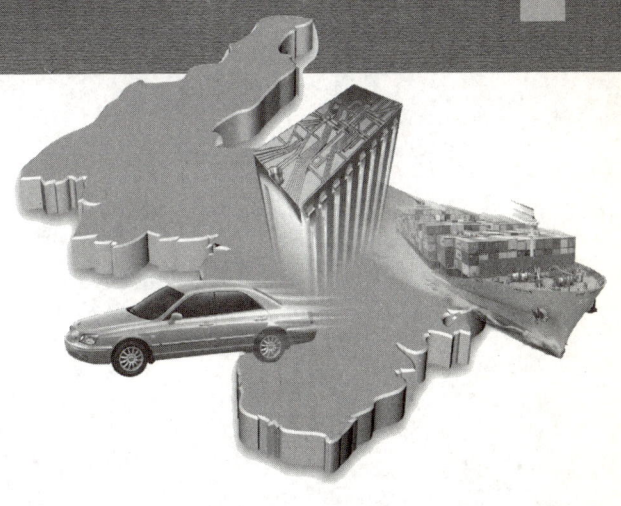

두산중공업(주) 윤영석 부회장 / 전 대우중공업 회장

팔 수 있는 것은 다 팔아라

《《《하루를 벌어라

한성실업(주). 무역업 순위 120위. 직원 8명.

대학을 갓 졸업한 후 코딱지만한 이 회사에 공채시험을 치르고 입사했다. 취직자리 구하기가 하늘의 별 따기 시절이라 세 명을 뽑는데 300명이 몰려들었다.

"제가 김우중 과장입니다. 열심히 일해 봅시다."

그는 나보다 고교 2년 선배로 학창시절부터 알던 터였는데 입사 때 이미 과장이었다. 그가 이른바 '한성실업 장학생'으로 김용순 회장과는 부자지간이나 다름없었다.

입사한 해인 1964년 즈음, 우리나라 수출액이 3,600만 달러에 불과할 정도로 일반 기업은 무역이라는 개념조차 희박했다. 대학에서 무역에 관한 공부를 했지만 인보이스(invoice : 송장)를 작성할 줄 모르는 초보자였다.

수입허가를 처리하는 업무가 주어졌다. 무엇보다 수입허가를 받아내는 일이 급선무였다. 그런데 물품이 얼마나 빨리 통관되도록 하느냐에 따라 가격이 결정되었다. 물건을 빨리 들여오면 그만큼 시장에서 비싼 값을 받을 수 있었다. 반면에 하루가 늦을수록 가격이 떨어졌다. 그런 상황이니 수입 담당자는 최대한 빨리 수입허가서를 발급 받아 세관에 보내는 게 중요한 임무였다. 수입허가서는 상공부에서 보통 저녁 7~8시가 되어서야 발급되었다. 당시는 서울·부산 간 시외전화를 아침에 신청하면 오후 서너 시나 되어야 통화가 가능했다. 전보도 이틀이나 걸렸다.

이 같은 통신 사정 때문에 무역협회에서는 업체들을 위해 '무역통신'을 개설해 놓고 있었다. 이름만 거창하지, 실상 사람이 무역관계 서류를 직접 나르는 '파발'과 같은 제도였다. 밤 10시 야간열차를 타고서 새벽에 부산에 도착해 서류를 전달해 주고, 반대로 그쪽 서류를 가져와 서울 업체들에게 전달해 주는 것이 바로 '무역통신'이었다. 서울 미도파백화점 입구 옆 조그만 사무실에서 영감 한 분이 무역관련 서류를 접수받았다.

무역통신의 마감 시간은 오후 6시였다. 그런데 수입허가서가 저녁 늦게 나오니 서류는 꼬박 하루 동안 잠을 잘 수밖에 없었다. 이래서는 경쟁에서 이길 수 없다는 생각을 했다. 갖은 수단을 동원해 영감님을 구슬렸다.

"서울역 2층 대합실로 서류를 가져오면 받아주지."

결국 영감님으로부터 9시 50분까지 서류를 가져오라는 답을 얻어냈다. 마음 속으로 쾌재를 불렀다. 남들보다 하루를 벌게 된 셈이었다. 그 덕분에 우리 회사에서 수입한 물품은 하루 빨리 통관되었다. 자연히 시장에서 좋은 가격을 받을 수 있었다. 이 같은 경험은 오늘날까지도 나의 소중한 자산이 되고 있다.

한성실업은 트리코트 편직물을 동남아에 처녀 수출, '공산품 수출 1호'라는 기록을 남겼다. 당시 김우중 이사의 탁월한 사업감각이 빛을 발해 1967년에는 800만 달러의 수출실적을 올려 4년 만에 무역업계 순위 20위로 올라섰다.

싱가포르 정부와 소송도 불사

"대우실업에서 같이 일해 봅시다."

대우실업을 설립한 김우중 사장의 부름에 나는 기꺼이 응했다. 그는 유학길에 오르기 위해 1966년 9월, 한성실업을 퇴사했다. 그러나 마음을 바꿔 1967년 3월, 대우실업이라는 무역회사를 설립했던 것이다.

대우실업의 주요 수출품목은 트리코트지로서 7만 달러에 불과했던 것이 1966년에는 280만 달러, 1967년에는 518만 달러, 1968년에는 1,379만 달러에 이르렀다. 1969년 싱가포르 출장명령이 떨어졌다. 당시 싱가포르는 무역의 중심지로서 여기에서 동남아·미국·유럽 등으로 모든 물품이 팔려나갔다. 이 곳에서 나는 지사를 설립하고 해외주재원으로 일했다.

당시는 우리나라와 싱가포르 간 국교가 이루어지기 전이었다. 따라서 매주 한 번씩 이민국에 가서 체류허가를 받아야만 했다. 무려 14개월 동안이나 이 일을 반복했다.

"당신! 싱가포르에서 쫓아내버리겠어."

가격협상에서 이런 나의 약점을 거론하는 바이어도 있었다.

결국 재무성 통상국장을 직접 만나 따졌다.

"왜 장기 비자를 안 주는 거요?"

"너희 나라가 우리를 위해 뭔가를 해야 한다."

"알았다, 하겠다."

그래서 싱가포르산 원단을 국내에서 수입하도록 주선했다. 그런데 수입서류를 보여줬는데도 비자를 내주지 않는 것이었다. 잔뜩 화가 난 나는 변호사를 선임해 '약속불이행'으로 싱가포르 정부에 소송을 걸어버렸다. 그러자 1년짜리 비자를 내줬다.

짝을 맞춰라

원단 수출로 자리를 잡으면서 대우실업은 봉제가공 수출에 주력했다. 1970년은 한·미 섬유수출쿼터협정 타결이 막바지에 이른 때였다. 당시 김정렴 상공부 장관은 우리의 섬유 쿼터를 많이 따내기 위해 갖은 노력을 기울이고 있었다. 섬유 쿼터는 전년도의 수출을 기준으로 수출 물량을 정하게 되어 있는데, 정부관계자가 조사를 나오면 우리는 무턱대고 물량을 올렸다.

"물량이 얼마냐?"

"1억 개다."

"너무 많다."

"아니다. 1억 개 정도 써내야 5,000만 개라도 받을 거 아니냐."

결국 정부관계자도 모른 척 넘어가줬다. 한국이나 미국 양쪽 모두 정확한 자료가 없으니 깎일 것을 감안해 많이 써내는 것이 유리하다는 판단이었다.

1970년대 초반부터 수출한 봉제품은 1977~78년경에는 연간 1억 매 이상의 수출을 할 수 있었다. 당시 미국의 인구가 2억 명 정도였으니 두 사람 중 한 사람은 대우의 봉제품을 입은 셈이었다.

신사복을 수출할 때는 바지의 쿼터를 받지 못해 LA 현지 창고에서 짝을 맞추는 방법을 쓰기도 했다. 즉 상의는 대우실업에서 가져오고, 하의는 쿼터를 가지고 있는 홍콩 업체로부터 제공받았다. 두 회사가 만나 원단·디자인·사이즈를 결정해 시리얼 넘버를 매긴 후, 각자 생산한 다음 LA 창고에서 만나는 것이다. 여기서 시리얼 넘버에 따라 짝을 맞춘 후 백화점에 납품을 했다. 말로는 쉬운 일이었지만 한 회사의 제품이 아니다 보니 잘 맞지 않아 어려움이 많았다.

이런 노력을 통해 30~40%의 높은 가격을 받음으로써 많은 이익을 남길 수 있었다. 1969년부터는 뉴욕 지사를 개설해 중간상인을 거치지 않고 백화점에 직접 납품을 시작했다. 소비자의 요구에 따라 상품을 골라 포장하는 'pick & pack' 서비스를 실시해 40%가량 더 높은 가격을 받기도 했다.

뉴욕 지사 개설 후 가장 관심을 가진 것 중 하나는 세계의 패션 흐름을 파악하는 것이었다.

'누가 유행을 만드느냐?'

그 흐름을 먼저 파악하면 위험요소를 줄이고 주력품목을 선정하는 데 결정적 도움이 되었다. 그러나 그 흐름을 파악하는 것은 쉽지 않았다. 몇 년 간 시장을 추적했다. 마침내 세계적인 디자이너 20여 명이 매년 모여 그 해의 패션 트렌드를 정한다는 사실을 알아냈다.

우리는 집요한 노력 끝에 디자이너 한 명을 접촉할 수 있었다. 사실 매우 위험한 일이었지만 세계적인 업체들도 은밀하게 그런 일을 하고 있었다. 우리는 그 디자이너를 통해 한 발 앞선 정보를 입수한 다음 시장상황에 발빠르게 대처할 수 있었다.

사문서 위조범이 되다

"중화학공업 제품을 팔아라."

그 동안 경공업 제품만을 취급하던 나에게 중화학공업을 맡으라는 결정이 내려졌다. 중화학 제품은 다소 생소했다. 하지만 제품은 다르더라도 파는 방식은 비슷하다는 생각을 했다. 일단 비료와 철강에 대해 시장조사에 들어갔다. 비료시장을 조사해 보니 일본의 종합상사가 수출시장을 독점하고 있었다. 우리나라의 한국비료·영남비료 등도 일본 상사를 통해 수출을 하고 있었다. 이 독점구조를 깨야만 비료수출의 기선을 제압할 수 있다고 판단했다.

그 때는 필리핀이 최대의 비료수입국이었다. 그래서 필리핀으로 날아가 장관을 만났다. 비료를 수출하겠다고 하니 안 된다는 것이었다. 뭔가 있겠다 싶어 조사를 하자 정부 당국자들이 1톤당 1달러씩의 커미션을 챙기고 있었다.

"1달러 50센트를 주겠다."

나의 제안에 관리들이 믿을 수 없다는 표정을 지었다. 그들을 설득해 일본측 입찰가격을 빼오게 했다. 가격을 알 수 있다면 그들보다 10센트 아래로 적어낼 작정이었다. 그런데 입찰을 하려고 하자 수출을 할 공장의 제조자 확인서를 떼어오라는 것이 아닌가?

국내 업체에게 부탁을 했더니 "안 된다"는 것이었다. 일본 상사와 계약이 되어 있어 필리핀 시장에는 제품이 들어갈 수 없다고 했다. 난감했다. 그래서 나는 필리핀이 아니라 엘살바도르에 수출을 할 것이라고 둘러대고 서류를 내밀었다. 그러자 공장에서 확인서를 떼어 주었다. 나는 그 서류에서 엘살바도르라는 이름을 지우고 필리핀이라고 써넣었다. 두세 번 복사를 하자 감쪽같았다. 이로써 간신히 입찰에 참가했다.

"대우가 낙찰됐다."

필리핀 비료시장이 발칵 뒤집혔다. 일본 상사들은 믿을 수 없다는 표정으로 우리를 바라보고 있었다. 결국 우리가 비료를 수출하게 됐는데 문제는 그 다음이었다. 일본측에서 사문서 위조로 나를 고발한 것이다.

"고발하려면 해라."

나는 당당하게 대처했다. 당국의 조사에서도 "모두가 국익을 위해 한 일이었다"는 점을 역설했다. 나의 주장을 주의 깊게 들은 당국에서는 사건을 흐지부지 종결지었다. 수출만이 살 길이라는 국민적 공감대가 형성되어 있었기 때문에 가능한 일이었다. 오늘날과 같은 WTO 상황에서는 꿈도 꾸지 못할 어림없는 일이었다.

이로써 2년이 채 안 돼 필리핀 시장을 100% 점유했고, 전체 비료 수출의 60%를 석권했다. 당시 우리 회사의 비섬유 수출은 300만 달러 이하였는데 1년 6개월 만에 섬유 수출액 1억 5,000만 달러를 따돌렸다.

포항제철의 철강 수출을 도맡아 우리나라 철강 수출의 기틀을 쌓기도 했다. 현재도 비료와 철강 수출은 대우가 1위를 차지하고 있다.

한때는 한양화학에서 생산 중인 복합비료의 원료인 카프로락탐을 독점한 적이 있었다. 당시 1톤당 시세가 36달러 정도였는데 내가 제시한 가격은 39달러였다. 당연히 계약이 이루어졌다.

그런데 그 해 미국에 한파가 들이닥쳐 카프로락탐의 원료인 천연가스의 가격이 대폭 인상되었다. 게다가 미국의 대규모 생산공장 하나가 화재로 소실돼 공급부족 현상이 일어났다. 42달러, 60달러로 가격이 치솟더니 몇 달 지나지 않아 120달러까지 올라갔다. 그 결과 세 배의 이익을 얻는 장사를 하게 되었다. 사업적 안목이 얼마나 중요한지를 보여주는 예였다. 이런저런 일로 나는 "북극에서도 냉장고를 팔 사람"이라는 평판을 얻게 되었다.

10년 후에는 우리 것이다

1980년, 대우중공업 사장을 맡게 됐다.

당시 중공업 분야는 중동 특수로 호황을 맞고 있었다. 우리 회사도 여러 제품을 생산하고 있었는데, 어느 날 미국 캐터필러사의 리 모건 회장이 찾아왔다.

모건 회장은 자신들은 기술과 시장을 가지고 있는데 "대우는 무엇을 할 수 있느냐?"고 물었다.

"우리는 질 좋은 노동력으로 싸게 만들 수 있다."

이로써 캐터필러와 합작이 이루어졌다. 계약조건은 10년 동안 10만 대를 수출하는 것이었다. 당시 대우는 일본의 고마츠 공작소의 라이선스 하에 연간 150대 정도의 지게차를 만들고 있었다. 이런 상황에서 연간 1만 대를 만들게 됐으니 생산량을 60배 이상 늘려야 하는 꿈같은 일이 일어났다.

즉시 미국에서 도면을 가져와 설계에 착수했다. 그런데 그들의 도면대로 만들다 보니 아무래도 단가를 맞출 수 없었다. 1만 4,000달러의 제작비가 산출되었고 적자였다.

"설계를 바꾸자. 우리 식으로 만들도록 허용해 달라."

캐터필러는 반신반의하면서도 가격이 맞지 않아 설계변경을 허용했다. 우리는 밤샘 연구 끝에 설계의 80%를 뜯어고쳤다. 그러자 가격이 9,000달러로 떨어졌다. 미국측은 깜짝 놀라 뒤로 넘어질 지경이었다.

이 제품은 내 예측대로 정확히 10년 후에 우리 손에 떨어졌다. 시장에 대응하지 못한 캐터필러가 완전히 손을 뗀 것이다. 그들은 우리의 설계를 바탕으로 지게차를 만들었기 때문에 라이선스도 주장하지 못했다.

동상을 세우겠다고?

"왜 이런 적자사업을 하는 거요?"

1985년, 대우조선 사장으로 자리를 옮긴 나는 먼저 경영현황을 살펴보았다. 인건비는커녕 재료비도 20%가 모자란 완전 적자였다. 이대로 가다간 몇 년 안에 완전 부도가 날 것이 불 보듯 뻔했다. 선박을 건조하면 할수록 누적적자가 심화됐다. 그렇다고 설비를 놀릴 수도 없는 일이었다. 조사해 보니 다른 회사도 사정은 마찬가지였다. 곧 현대·삼성·조선공사의 주요 조선업체 사장에게 일일이 전화를 걸어 회동을 제의했다.

"이것이 우리 회사의 제조원가입니다. 수주금액과 비교해 볼 때 완전 적잡니다."

이들은 이구동성으로 만성적자에 시달려 죽을 지경이라고 털어났다.

"그렇다면 과당경쟁을 하지 말고 업계의 룰을 정합시다."

이렇게 해서 이른바 조선업계의 '입찰 챔피언십 제도'가 신설되었다. 이 제도는 각사의 제조능력을 현대 50, 대우 30, 삼성 10, 조선공사 10으로 정한 뒤, 수주량이 채워지지 않은 회사에 수주의 우선권을 주는 일종의 조합 같은 것이었다. 제도가 시행되자 과당경쟁이 사라져 과거 3,000~4,000만 달러에 불과하던 가격이 1억 달러까지 치솟았다. 만성 적자구조가 개선됐으며 산업자원부에서도 이 제도를 적극 지원했다. 조선업계에서는 윤영석 사장의 동상을 세우자는 우스갯소리까지 들렸다. 이 제도는 우리나라 조선업계가 급성장을 하게 된 중요한 계기를 마련했다는 점에서 큰 자부심을 가지게 한다.

현재 재직 중인 두산중공업도 부임 초기에 내수 80%, 수출 20%인 매출구조를 내수 40%, 수출 60%로 바꾸기 위해 많은 노력을 기울였다. 그렇게 되기까지는 한 발 앞서는 전략과 신용, 그리고 끊임없는 기술개발이 뒷받침되었음은 물론이다.

(주)신원 | 박성철 회장

생명을 걸고 수출하다

"사장님, 큰일났습니다. 원사의 함량비율이 다르답니다."

"뭐요? 서류 가져와보세요."

얼굴이 새파랗게 질린 직원이 서류를 가져왔다.

'섬유의 혼용률. 마 49%, 아크릴 51%.'

품질검사소의 서류에는 분명 그렇게 씌어 있었다. 현기증이 일며 하늘이 노랗게 보였다. '이게 어찌된 일인가? 마 51%, 아크릴 49%로 씌어져 있어야 할 내용이 완전히 뒤바뀌다니…'

나는 당장 검사소로 달려갔다. 그러나 결과는 마찬가지였다. 참담했다. 60만 달러에 이르는 물량 전체를 폐기해야 할 위기에 놓인 것이다.

나의 첫 직업은 〈산업경제신문〉 기자였다. 한동안 섬유담당 기자로 활동했으며, 그래서 시작한 것이 의류 보세공장이었다.

　이처럼 내가 의류업을 시작하게 된 계기는 순전히 기자생활의 경험 때문이었다. 당시 의류업은 우리나라에서 가장 경쟁력 있는 분야였고 기자 시절의 눈썰미를 잘 살리면 승산이 있으리라 판단한 것이다. 자본금은 달랑 200만 원. 1971년 말의 일이었다.

　처음에는 삼도물산·천지무역 등에서 하청을 받아 물량을 납품했다. 그런 대로 공장이 돌아가자 1973년에 무역업을 등록함으로써 공식적인 신원의 역사가 시작되었다.

　그런데 문제는 쿼터였다. 1971년 10월에 타결된 대미 섬유쿼터제는 섬유업체들 사이에서 치열한 쿼터 확보 경쟁을 불러일으켰다. 쿼터가 있어야 수출을 할 수 있었으니 제품의 생산보다 쿼터 확보가 급선무였던 것이다.

　당시 신생업체인 신원은 자체 쿼터가 있을 턱이 없었다. 전년도 수출 실적을 기준으로 정해지는 쿼터가 전혀 없으니 다른 업체의 쿼터를 사오거나 하청을 받아 생산을 해야만 했다. 그런데 남의 쿼터를 빌려오면 수수료를 줘야 하는 등 불편이 많았다.

　이 같은 사정 때문에 생각해 낸 것이 비쿼터 품목의 생산이었다. 그 때 미국이나 유럽은 면(綿)이나 마(麻) 등 자연산 섬유에 대해서는 쿼터 규제를 하지 않았다. 자연산 섬유의 기준은 이러한 소재가 51%를 넘어야 했다.

　비쿼터 품목에 대한 영업을 열심히 뛴 결과, 드디어 미국으로부터 30만 장, 60만 달러에 이르는 물량을 따냈다. 조건은 마 51%, 아크릴 49%의 원단이었다. 당시 우리나라에는 이런 원단이 없었으므로 일본에 수입신청을 했다. 그리고 수입한 원단을 가지고 밤낮을 가리지 않고 공장을 돌려 30만 장의 물량을 모두 생산해 냈다.

그런데 최종 검품과정에서 원단 자체의 결함이 발견된 것이다.

'마 49%, 아크릴 51%.'

정말 귀신이 곡할 노릇이었다. 혹시 약간의 차이이므로 통관이 되지 않을까 하는 기대에 미국 바이어에게 이실직고했더니 한 마디로 "노(No)!"였다. 60만 달러의 물량과 30만 달러의 수출예치금. 도합 90만 달러가 눈앞에서 사라지는 순간이었다. 완벽한 파산. 절체절명의 순간이었다.

나는 "살려달라"고 하나님께 간절히 기도를 한 후 일본 바이어를 찾아갔다. 사태를 이미 알고 있는 일본 바이어는 완강히 거절했다. 물건을 확인하지 않은 것은 우리의 실수라는 것이다.

"당신이 이 문제를 해결해 주지 않으면 나는 이 자리에서 죽어버리겠소."

나는 그의 사무실에 자리를 깔고앉아 단식농성을 시작했다. 하루, 이틀…. 내가 아예 누워버리자 마침내 그가 손을 들었다.

"박상, 잘 알겠소. 어떻게든 해결해 봅시다."

눈이 벌겋게 충혈된 마쓰시다는 일본에서의 직접 판매를 제안했다. 지푸라기라도 붙잡아야 할 형편이었다. 그래서 그와 나의 힘난한 세일즈 투어가 시작되었다. 그런데 산 넘어 산으로 문제가 또 있었다. 원래 그 물량은 미국인들을 겨냥했기 때문에 사이즈가 컸다. 제품은 S · M · L · LX 등 네 가지 사이즈였는데 S · M은 일본인들에게도 맞았지만 L과 LX는 전혀 맞지 않았던 것이다. 할 수 없이 일단 맞는 제품이라도 팔아나갔다.

　25일 간의 일본 세일즈 투어. 그 기간 동안 우리는 일본 전역을 두 바퀴나 돌았다. 여행이라고 생각하면 즐거웠겠지만 단 한 장이라도 더 팔아야만 살 수 있는 사활의 갈림길이었기 때문에 풍경 따위는 눈에 들어오지도 않았다. 나중에 일본에 갔을 때 그 일을 생각하니 저절로 눈물이 나왔다.

　"당신은 정말 지독한 사람입니다."

　세일즈 투어가 끝났을 때 마쓰시다는 내 손을 잡으며 그렇게 말했다. 경과야 어쨌든 물량을 소화하고자 백방으로 뛰어다닌 그에게 나도 감사를 표했다. 이로써 3분의 2 정도의 물량을 판매하고, 나머지 L과 LX 사이즈도 3일 간의 협상 끝에 30% 싼 가격으로 넘겼다. 이렇게 30만 장을 해결하고 수출예치금도 찾고 나니 맥이 탁 풀렸다. 한동안 너무 피곤해 며칠이고 잠만 잤다.

　한 가지 불행스러운 일은 마쓰시다가 이듬해 사망해 버린 것이다. 나의 일로 충격을 받아서 그랬는지 어쨌는지는 알 수 없지만, 나중에 그 소식을 듣고 나서 기도를 많이 했다.

　'사업은 정말 생명이구나.'

　1975년에 얻은 이 교훈은 평생 내 사업의 신조가 되었다.

다시장 개척상을 아시나요?

무역업 경력이 일천한 탓에 늘 쿼터가 문제였다. 수출에 주력하고 내수 판매는 아주 미미하다 보니 쿼터 확보가 곧 매출액이었다. 당시 정부는 수출결손 보상책으로 전체 물량 중 20% 정도의 내수 판매를 허용했다. 그래서 시중에 유통되기 시작한 것이 이른바 '보세품'이다.

쿼터를 많이 확보한 업체에 대해 정부는 보너스 쿼터를 주기도 했다. 그래서 나는 생산은 직원들에게 맡기고 쿼터 규제가 없는 나라를 대상으로 직접 뛰어다녔다. 가방에는 늘 샘플과 해외지도가 들어 있었다.

쿼터 규제가 심한 미국 · 유럽 · 캐나다를 제외한 수많은 나라를 넘나들었다. 이란 · 이라크 · 시리아 · 요르단 · 이집트 · 이스라엘…. 내가 다닌 나라는 셀 수 없다.

전쟁으로 이스라엘과 이집트는 적대관계에 있었기 때문에 바로 옆에 있는 나라인데도 프랑스를 거쳐 들어간 일도 있었다. 프랑스에서는 비자를 받기 위해 선교사들의 도움도 많이 받았다. 전쟁 때문에 검색이 강화되었다. 심지어 바짓가랭이까지 검색을 당했다. 오더 용지를 비밀문서로 오인받아 공항에 잡혀 있는 사람도 있었다.

서인도제도의 아이티라는 작은 나라에까지 들어갔다. 아이티는 히스파니올라 섬을 도미니카 공화국과 공유하고 있는데, 아이티에 거래를 트자 자연히 도미니카에도 거래선이 생겼다.

한 가지 재미있는 일은 사우디아라비아에 스웨터를 수출한 것이다. 40도를 넘나드는 열사의 나라에 스웨터를 판다는 것이 말도 안 되는 소리라고 할지 모르지만, 그건 그렇지 않다.

사막지대는 낮에는 엄청나게 덥지만 밤에는 영하 10도까지 내려간다. 그런 이유로 사우디 왕실에서 군용 스웨터를 수입하게 된 것이다. 절차가 까다로운 사우디 왕실에 스웨터를 수출하고 나서 무역부에서는 이런 말이 돌았다.

"우리는 사막에 스웨터도 수출한다. 맡겨만 주면 북극에서 냉장고도 팔 수 있다."

이렇게 해외시장 개척을 위해 뛰다 보니 무려 60개국에 거래선이 생겼다. 쿼터를 확보하지 못해 직접 해외로 뛰어다닌 것이 오히려 수출확대의 견인차가 된 셈이다.

"귀사는 해외시장 개척에 주력해 새롭고 많은 해외시장을 꾸준히 확보함으로써 한국 스웨터의 성과를 거양해 타의 모범이 되므로….

1976년 2월 26일. 한국스웨터수출조합 이사장."

회의실 벽장 속 수출관련 훈장들 사이에서 당당하게 자리를 차지하고 있는 이 상의 이름은 '다시장 개척상'이다. 아마 이 같은 상 이름은 처음 들었을 것이다. 정부에서 수출업체를 직접 조사해 조합에 시상을 명한 이 상은 우리 회사가 해외시장 개척에 쏟은 노력을 단적으로 증명해 준다.

그 결과 신원의 수출액은 1974년에 80만 달러를 기록했고, 1976년에는 이미 380만 달러를 넘어섰다.

현재 신원은 300여 명의 고정 바이어를 확보하고 있으며, 오랫동안 거래를 해온 월마트, 갭, DKNY 등 세계 유수 바이어들이 수출 물량의 55% 이상을 차지하고 있다. 일찌감치 터득한 시장 다변화 전략은 돈으로 살 수 없는 소중한 노하우다.

300장의 하자가 준 교훈

1982년 영국의 W. M. 밀러(W. M. Miller)사에 3만 장의 스웨터를 선적하려 할 때였다.

"300장의 하자가 생겼습니다."

공장장이 보고했다.

"그래요? 그런데 더 생산을 하지는 않았나요?"

공장장은 워낙 급한 물량이라서 미처 여분 생산을 하지 못했다고 했다. 나는 고민했다. 1%의 하자인데 그 정도는 인정될 듯싶었다. 원래 3%의 하자는 허용하는 것이 국제관례이기 때문에 크게 문제되지는 않을 것 같았다.

"시간이 급하니 일단 선적해 보내세요."

며칠 뒤 생각해 보니 자꾸 마음이 켕겼다. 나는 다시 공장장을 불러 열일 제쳐놓고 300장을 더 생산하라고 지시했다. 라인을 다시 가동해 300장이 완성되었고, 이 물량을 급히 비행기로 보냈다. 보내고 나니 마음이 후련했다.

물량을 잘 받았다는 서류가 도착했고 나는 곧 그 일을 잊어버렸다. 그런데 한 달쯤 지나서 영국으로부터 난데없이 청구서 하나가 날아 왔다.

'통관료 100달러.'

비행기로 보낸 300장의 통관료에 대한 청구서였다. 몹시 기분이 나빴다.

'하자는 3%까지 인정되고, 여분으로 300장이나 더 보내줬는데 통관료까지 달라니….'

참 지독한 사람들이라는 생각을 했다. 기분은 몹시 나빴지만 100 달러 때문에 싸울 수도 없어서 보내주고 말았다. 그리고 또 잊어버렸다.

6개월 후. 밀러사의 바이어가 한국에 들어왔다. 그는 "한국에 온 지 3일 됐다"고 말했다. 또 기분이 나빴다.

'한국에 왔으면 주 거래선인 우리에게 먼저 연락을 취해야지, 무슨 꿍꿍이를 저지르고 다녔나?'

그런 생각을 하고 있는데 이번에는 국내 유수의 수출업체인 D사·S사 등을 다녀왔다고 하는 것이 아닌가? 정말 복장 터질 일이었다.

'매너 꽝이군!'

그러나 꾹 참았다. 그는 가방을 열더니 서류를 꺼내 D사·S사의 견적서를 보여주었다. 그리고 우리가 제출한 견적서를 나란히 놓는 것이었다.

"신원의 단가가 제일 높습니다. 다른 회사보다 무려 15%나 비쌉니다."

할 수 없는 일 아닌가? 단가가 높으면 안 사면 될 터인데, 계속 기분 나쁘게 이것저것 늘어놓는 저의를 알 수 없었다.

"미안합니다. 단가가 높다니 계약을 할 수 없겠군요."

나는 화를 꾹 누르며 조용히 대답했다.

"오우, 박 사장님. 그런 뜻이 아닙니다. 우리는 단가가 높더라도 신원의 물건을 살 겁니다."

그는 정색을 하며 말했다. 단가가 높은데도 사겠다? 정말 뜻밖이었다.

"우리는 박 사장님이 지난번 비행기편으로 보내준 300장의 의미를 잘 알고 있습니다. 더욱이 박 사장님은 통관료 100달러까지 지불해 주지 않았습니까? 우리는 그 사건에 매우 감동받았습니다. 신원은 바보처럼 정직합니다. 신원의 물건이라면 다소 비싸더라도 믿을 만하다는 게 우리 회사의 입장입니다."

그는 그렇게 이야기하며 5%의 인스펙션 차지(검사수수료)까지 감면해 주겠다는 것이었다. 우리 회사의 물건이라면 믿을 만하니 검품을 하지 않아도 된다는 의미였다. 나는 그 때 느꼈다.

'진실은 무섭구나. 눈과 귀가 없어도 언제나 제자리를 지키고 있구나.'

그는 자기가 돌아가면 다음 송금 때 300장 값을 보내주겠다고 약속했다. 어차피 하자물품이라며 극구 사양했는데 다음 송금 때 그 물건값이 덧붙여 있었다. 그 바이어와는 상당히 오랜 기간 동안 거래를 했다. 한번 형성된 신뢰관계는 좀처럼 금이 가지 않았으며 갈등도 없었다. 국제관계에 있어서도 진실의 힘은 무섭다는 것을 깨우쳐준 사례였다.

30년 동안 340배 성장

의류는 쿼터와 가격경쟁이 치열하기 때문에 공장을 해외로 이전해야 했다. 1993년에 온두라스에 공장을 세웠다. 그러나 현지 사정으로 인해 7년 만에 문을 닫고 말았다.

그 다음 1997년에 진출한 곳이 중남미의 과테말라다. 이 곳은 니트 품목으로는 세계에서 가장 큰 공장이다. 2,600명의 근로자가 일하고 있으며, 하청업체까지 합하면 7,000명이 넘는다. 여기서는 하루에 8만 장의 니트를 생산한다. 1년이면 2,500만 장이 넘는 니트를 생산하는 셈이니 우리나라 전체 인구의 절반 이상이 입을 수 있는 엄청난 물량이다.

과테말라 공장에는 파업이 없다. 그것은 전체 근로자의 40%가량이 가톨릭 신자들이기 때문이다. 믿음의 기업인 신원은 그들과 잘 협의해 파업 없이 공장을 효과적으로 이끌어나가고 있다.

중국·인도네시아·베트남에 있는 공장들도 잘 돌아가고 있다. 앞으로는 아프리카에 현지법인의 설립을 구상 중이다.

신원의 해외사업부문은 1973년 이래 30년 동안 수출을 해오면서 단 한번도 적자를 기록하지 않았다. 현재 4개의 현지법인과 90개의 생산기지를 통해 수출되는 물량은 1999년 현재, 이미 2억 달러를 넘어섰으며 2003년에는 2억 7,000만 달러에 이를 전망이다. 창업 초기에 비하면 30년 사이에 대략 340배의 성장을 한 셈이다. 그토록 우리를 고생시켰던 각 나라의 쿼터도 이제는 제일 많이 가지고 있다.

IMF 관리체제 이후 우리 회사도 위기에 처한 적이 있었다. 내실을 다지지 않고 확장 전략을 펴온 잘못된 사업방향 때문이었다. 그러나 우리는 뼈를 깎는 노력으로 2003년 5월 워크아웃을 졸업했다. 내수에 있어서도 캐주얼 브랜드 '쿨 하우스'가 선도 브랜드로 떠오르는 등 도처에서 청신호가 켜지고 있어 2003년은 재도약의 발판이 마련될 전망이다.

회사가 어려울 때 가장 큰 도움을 준 원군은 역시 수출이었다. 지금도 전체 매출의 60%가 수출이다. 수출 기업 신원은 앞으로도 세계를 앞마당처럼 뛰어다닐 것이다.

(주)다미상사 | 이기철 사장

틈새시장 제품을 공략하라

《《《전시회 여행 가이드로 출장경비 마련

'초극세사? 초극세사가 뭐지?'

　1988년 가을, 독일 퀼른의 포토 키나(카메라 관련제품) 전시회. 독일 출장 중, 나는 카메라 액세서리를 취급하는 친구를 따라 그 전시회를 둘러보게 됐다. 카메라 관련제품은 나의 관심사가 아니었다. 그런데 이것저것 전시품목을 둘러보던 내 눈길을 확 잡아끄는 품목이 있었다. 그것은 이스라엘 업체가 출품한 카메라 렌즈닦이용 천이었다.

　당시 나는 냉동기 부품 수입오퍼상을 하고 있었다. 사업은 그런 대로 유지가 되었지만 냉동기 부품이 점차 국산화됨으로써 매출은 하향곡선을 그리고 있었다. 그래서 대체 품목을 찾고 있었는데 그 생소한 제품이 시선을 잡아끈 것이다.

"렌즈는 대개 양피로 닦지 않습니까?"

"그렇긴 하지만 초극세사의 성능은 양피를 능가합니다."

전시회 관계자의 자세한 설명을 들으며 실제로 렌즈를 닦아보니 정말 깨끗하게 잘 닦였다. 친구에게 의견을 구하자 그는 별반 관심이 없다는 표정이었다.

우리나라에 돌아와 다른 일을 하는데도 초극세사가 머리에 떠나지 않았다. 그래서 시장조사를 해보았다. 그 결과, 초극세사는 국내에서 생산하지 않았다. 일본의 가네보·도레이·유니티카 등 대기업들이 생산하고 있었다. 독일 전시회에 참가한 이스라엘 업체도 일본 제품을 임가공한 것이었다.

나는 이 제품을 취급해야겠다고 생각하고 1989년 초 일본 회사들을 찾아갔다. 한 마디로 "노!"였다. 우리나라에서 이 제품을 취급하기 시작하면 언젠가는 자신들을 따라올 것이 분명했기 때문이다. 제품에 확신을 가지고 있던 나는 일본의 무역상들을 찾아다니며 되팔 것을 요청했다. 그러자 그들이 소량의 물건을 대주기 시작했다.

어렵게 제품을 공급받기 시작한 1989년 말. 그 때부터 나의 외로운 투쟁이 시작되었다.

초극세사는 9,000m 길이에 무게가 1g도 나가지 않는 아주 가느다란 실을 말한다. 굵기는 머리카락 100분의 1 정도이며, 뛰어난 유연도와 탄성과 안정성을 가지고 있다. 또한 생산될 때 날카로운 쐐기모양으로 갈라져 나오기 때문에 표면의 접촉 효율이 개선되어 작은 입자들을 섬유 안으로 끌어들이는 특성을 갖고 있다. 이와 함께 천으로 직조할 경우 수많은 미세한 구멍을 가지고 있어 뛰어난 클리닝 능력을 발휘하게 된다.

이런 특성 때문에 광학·사진·보석·시계·컴퓨터·휴대전화·TV·캠코더, 가정용·전문용 클리닝 등의 분야에서 널리 사용될 효용성을 가지고 있었다.

따라서 나는 언젠가는 초극세사가 널리 쓰일 것이라고 확신했다. 전국의 카메라상를 돌기 시작했다. 그러나 그들의 반응은 냉담했다. 이미 양피 세무 가죽을 잘 쓰고 있는데 검증되지도 않은 제품을 쓸 수는 없다는 것이었다. 게다가 양피는 단가가 비싸 판매이익도 높았다. 값도 싸고, 세탁해서 쓸 수 있고, 환경친화적인 제품인 초극세사. 그런데도 보수적인 카메라 시장은 꿈쩍도 하지 않았.

이왕 시작한 일. 이를 꽉 물었다. 그렇게 전국 400여 개의 소매상을 5년이나 돌았다. 1990년부터는 해외 카메라 전시회를 찾아 해마다 네 차례씩 돌았다. 국내 전시회에도 꼬박꼬박 참가했다.

그처럼 열심히 시장을 개척했는데도 상황은 나아지지 않았다.

"다미상사에 돈을 꿔주지 마라."

씁쓸하게도 업계에서는 그런 말이 나돌기 시작했다. 초극세사 도입 초기, 나는 냉동기 부품 수입을 겸하고 있었지만 사업이 서서히 내리막길을 걸으며 어려움을 겪기 시작했다.

'홍보는 해야겠고…. 비용은 만만찮고….'

세계적으로 유명한 카메라 관련제품 전시회는 독일·일본·미국 등지에서 네 번 정도 열렸다. 제품을 수출하려면 여기에 참가해야 하는데 비용마련이 쉽지 않았다. 그래서 궁리한 방법이 전시회 참가업체 가이드였다. 전시회에 참가할 사람들을 모집해 전체 수속을 대행해주기 시작한 것이다. 참가신청서 작성에서부터 비행기, 호텔 예약, 관광 스케줄까지 그 모든 일을 대행하며 내 출장경비를 보충해 나갔다. 당시 내가 했던 전시회 참가 대행수속 업무는 현재 한국광학기계협회로 이관되어, 이를 통해 관련업체들이 자유롭게 해외전시회에 참가하고 있다.

국내외 잡지에 광고도 꾸준히 게재했다. 그렇게 시장개척에만 매년 1억 원 이상의 돈을 투자했다. 하지만 돌아오는 결과는 미미했다.

"안 되는 시장이다. 그만둬라."

친구는 그렇게 충고하고 있었다. 더 이상의 여력이 없었던 나도 서서히 포기할 생각을 하고 있었다.

2,000달러 주문에 3,000달러 여행경비를 쓰다

곤경에 처해 있던 1994년 말, 독일의 카메라 액세서리를 취급하는 우노마트(Unomat)라는 회사에서 한 통의 편지가 배달되었다.

"다미상사의 제품 2,000달러어치를 사겠다."

편지를 뜯어본 나는 눈물이 핑 돌았다. 시장을 개척한 지 5년. 첫 수출 오더를 받은 것이다. 편지를 받은 나는 곧장 독일로 날아갔다. 비행기를 타고 독일 프랑크푸르트로 간 후, 기차를 두 번, 버스를 한 번 갈아타고 가을비가 부슬부슬 내리는 뢰팅겐이라는 도시를 찾아갔다.

"아니, 왜 찾아왔느냐?"

우노마트의 구매담당자는 놀란 표정을 지었다. 편지를 해도 되는데 왜 굳이 찾아왔느냐는 것이었다.

"아니다. 나에게는 정말 중요한 첫 주문이다. 꼭 확인할 것이 있어 찾아왔다."

그러나 정작 감동한 것은 내가 아니라 구매담당자였다. 고작 2,000달러어치를 사겠다는데 아시아의 먼 나라에서 독일까지 찾아오다니?

"내가 주문을 한 것은 당신의 열정을 높이 샀기 때문이다. 잘 팔리지도 않는 제품을 매년 전시회에 가지고 나오는 당신의 열정에 놀랐다. 두고 봐라. 앞으로 이 제품은 잘 팔릴 것이다. 그리고 우리도 주문량을 늘리겠다."

2,000달러 주문을 받고, 여행경비를 3,000달러 가까이 썼지만 상담은 성공적이었다. 독일에서 돌아오면서 나는 새로운 힘이 솟아나는 것을 느꼈다.

첫 수출 오더를 받기 직전인 1994년 초. 우리나라에서도 초극세사가 생산되기 시작했다. 동양나일론에서 일본 가네보사와 기술제휴를 통해 소량의 초극세사를 만들어낸 것이다. 동양에서 초극세사가 나오자 대구의 임직공장들이 이를 가지고 소량의 편직을 하기 시작했다. 주로 의류용이었고, 안경시장에 렌즈닦이용 샘플이 조금씩 공급되었다.

나는 주문량이 많지 않아 직접 직조를 할 형편이 안 되었으므로 이 물량들을 받아다 썼다. 그러나 그 때의 국산품은 품질이 아주 낮아 세계시장에 내놓을 만한 것이 못 되었다. 나 역시 주문에 따라 일제와 국산으로 나눠서 출시하고 있었다.

첫 수출이 이뤄지자 조금씩 주문량이 늘어나고 빛이 보이기 시작했다. 부지런히 해외 전시회를 찾아다니고 홍보를 하자 우리 제품의 인지도가 높아지면서 1995년에 10만 달러의 수출실적을 올렸다. 10만 달러라고 해봤자 수출을 한다고 어디에 명함도 내밀 수도 없는 미미한 수준이었지만, 일단 수출량이 늘어나고 있다는 사실이 고무적이었다.

1996년에는 40만 달러의 수출고를 올렸고, 다시 1997년에는 80만 달러를 달성했다. 이듬해인 1998년에는 100만 달러를 넘어섰다. 해마다 100%의 신장률을 기록하며 수출액이 가파른 상승곡선을 타기 시작한 것이다.

수출액이 늘어나면서 공장의 필요성이 요구되었다. 1998년 중반, 서울 중화동에 60여 평의 임가공 공장을 마련했다. 본격적인 생산을 하는 공장이 아니라 구입한 원단을 용도에 맞게 자르고, 인쇄하고, 포장하는 소규모 후가공 공장이었다.

이듬해인 1999년에는 마침내 수출액 200만 달러를 넘어섰고, 경기도 양주군 백석면에 500여 평의 공장을 지으면서 본격적인 수출체제를 갖추었다.

〞〞〞당신이 저 환자 남편 맞나요?

열심히 수출을 하고 있는데 1999년 2월 갑자기 아내가 쓰러졌다. 병원에 가보았더니 수술을 해야 한다고 했다. 문제는 당시 내가 미국

가능성 1퍼센트에 도전하다 **239**

출장 중이었다는 것이다. 전시회 참가와 바이어 상담 등으로 바쁜 일정을 소화하고 있는데 아내의 수술 때문에 귀국하려 하니 난감했다. 더욱이 미국 출장 후에는 연간 300만 달러에 달하는 오더를 놓고 독일에서 상담할 예정이었다. 300만 달러라는 금액은 회사의 사활을 좌우할 만한 큰 금액이어서 도저히 포기할 수 없었다.

하는 수 없이 국제전화에 매달렸다.

"여보, 정말 어쩔 수가 없소. 독일에 가지 않으면 안 되니 당신이 이해해 주구려. 더욱이 의사도 아닌 내가 수술을 할 수 있는 것도 아니잖소."

나의 이야기에 아내는 힘없이 "일이나 잘 보고 오라"는 이야기를 했다. 수술에 필요한 보호자 확인서는 동생을 시켜서 서명을 하도록 했다. '사업 때문에 가정까지 버려야 하나?' 라는 생각이 들었지만 어쩔 수 없었다. 어쨌든 일을 서둘러 끝내고 하루라도 빨리 귀국하는 것이 최선이라는 생각이 들었다.

하늘도 나의 곤궁함을 알았는지 상담은 성공적이었다. 상담을 마치고 곧바로 귀국해 병실을 찾았다. 병실에 들어서며 나는 고개를 들지 못했다. 상담을 성사시킨 자랑스러움보다는 아내의 수술을 지켜보지 못했다는 자책이 너무 컸기 때문이다. 더욱이 내가 남편임을 알아차린 병실 사람들이 "남편이 맞느냐? 그러면 안 된다"는 질책을 퍼부어 완전히 죄인이 되고 말았다.

미안하다는 나의 말에 아내는 별 책망을 하지 않았다. 사정을 너무 잘 알고 있었기 때문이다. 오히려 "300만 달러를 수주했다"는 말에 몹시 기뻐했다.

출장 때문에 아내의 병실을 지키지 못한 일은 두고두고 마음의 빚으로 남아 있다.

초극세사는 우리와 같은 작은 중소기업이 생산할 수 있는 제품이 아니다. 그것은 대규모 석유화학 플랜트가 있어야 생산할 수 있는 하이테크 산업 제품이다. 어떤 사람들은 우리가 초극세사를 생산하는 줄 알고 있는데, 우리는 다만 초극세사를 잘 활용해 다용도 제품을 만들고 있을 뿐이다. 그런데 우리가 제품 홍보에 열심이다 보니 초극세사가 일반인에게 널리 알려진 것이다.

이러한 초극세사의 생산구조 때문에 우리는 초극세사 원단을 직접 생산할 필요성을 느끼고 있었다. 그러나 관련업체들은 나에게 그 일을 맡기려 하지 않았다.

"섬유학과를 나오지 않았다, 게다가 섬유업계 출신도 아니다."

이유는 대략 그런 것들이었다. 나는 애면글면 하지 않았다. 방법을 찾으면 되는 것이다.

나는 D회사 사람들을 상대로 많은 이야기를 나눴으나 누구 하나 나의 이야기를 귀담아 들으려 하지 않았다. 그런데 현재 (주)디엠씨 텍스컴의 전영규 사장이 나의 제안에 동의했다. 전 사장은 초극세 섬유분야의 전문가였다.

그는 D사를 나와 곧바로 나와 함께 공동으로 (주)디엠씨 텍스컴의 설립작업에 들어갔다. 많은 노력 끝에 2001년 11월 드디어 초극세사 원단 재직회사인 (주)디엠씨 텍스컴이 협력업체로서 같은 배를 타게 되었다. 지금은 한 달에 70만 야드의 초극세사 원단을 생산한다. 단일 품목으로는 국내 최대이며, 98%를 우리 회사에 공급하고 있다.

원단 재직회사가 설립됨으로써 다미상사는 안정적인 물량공급을 약속할 수 있게 되었다.

《《《24시간 이내에 샘플 공급

다미상사의 제품은 2001년 '우리나라의 세계일등 상품'으로 지정되었다. 2002년 9월에는 베트남에 공장을 준공해 세계화 전략을 펼치고 있다.

우리 제품은 유럽 초극세사 클리너 시장의 65% 이상을 석권하고 있다. 세계시장 점유율도 1위를 차지하고 있다. 현재 40여 개국 400여 개 업체에 수출하고 있으며, 제품 종수도 1,000여 종에 이른다.

이처럼 높은 신장세를 기록하는 것은 다른 업체보다 한 발 빠른 전략을 구사하고 있기 때문이다. 수출품의 경우, 어떤 업체든 샘플 제작에는 상당한 시간이 걸린다. 운송 기간까지 합하면 대개 20일이 넘어야 물건을 받아볼 수 있다. 그러나 다미상사의 샘플은 주문 접수 후 24시간 이내에 발송된다. 회사 내에 일원화된 시스템을 갖추고 있어 즉시 샘플 제작이 가능하기 때문이다. 이처럼 발빠른 대응을 하다 보니 자연히 바이어들 사이에서 신뢰가 형성되어 주문이 늘어나고 있는 것이다.

우리는 2002년 제39회 무역의 날 행사에서 '500만 달러 수출탑'을 수상했고 2003년에는 1,000만 달러를 수출했으며, 2004년 수출목표는 1,500만 달러다.

우리가 세계시장에서 명실상부한 최고 클리너 제품 생산업체로 인정받고 있는 이유는 기술이나 자본, 마케팅 등 모든 면에서 일본이나 기타 유럽 국가들을 따라잡기 위해 부단한 노력을 해왔기 때문이다. 그래서 우리는 기술연구소를 설립하고 연간 매출액의 10%를 연구개발비로 사용하고 있다. 그 결과 일본 업체들이 진을 치고 있는 광학용품 세계시장에서 최고급 클리너 제품 생산업체로 인정받았다. 다미상사는 앞으로 독일·중국에 이어 미국과 호주와 홍콩에 지사를 설립해 수출에 주력할 것이다.

  아무도 거들떠보지 않았던 틈새시장 제품을 세계 최고제품으로 만든 우리의 노력은 쉼없이 계속될 것으로 확신한다.

동양석판(주) | 손열호 명예회장

불량품은 바다에 버려라

'귀사를 대만정부 물자국의 석판 입찰에 초청하오니 참여해 주시기 바랍니다.'

서류에는 대만 정부의 관인이 선명하게 찍혀 있었다.

'기회가 왔다. 이제는 직접 수출을 해보자.'

즉시 무역부에 입찰 준비 지시를 내렸다. 그리고 외무부에 비자를 신청했다. 돌이켜보니 아무것도 모르고 석판 생산에 뛰어든 지 꼭 13년 만의 일이었다.

1959년 7월, 주변 사람의 권유로 서울 영등포 당산동에 있는 공장 하나를 인수했다. 비가 오면 장화를 신고 다녀야 할 정도로 진흙탕이 질척거리는 곳이었다. 허름한 공장을 인수한 이유는 단 한 가지. '통조림 깡통의 원판이 되는 그 좋은 석판을 우리 손으로 만들어보고 싶다'는 것이었다.

　나는 1940년대 초부터 헌 발동기 같은 기계를 모아 일본에 수출하는 일을 했다. 전쟁 중이라 물자가 아주 귀한 시절이었다. 그래서 일본에 가져가 수리를 한 다음 팔면 많은 이익을 낼 수 있었다. 그러나 태평양전쟁이 막바지에 이르러 운송이 불가능해지자 이 일을 중단해야 했다. 해방 후에는 서울 남대문로에 '신라양행'이라는 가게를 차려놓고 농기구 장사를 했다. 주변에는 허주열 회장이 경영하는 대원강업과 대한철강상공사 등 쇠를 원료로 하는 공장들이 성업 중이었다. 신라양행은 날로 번창해 곧 알아주는 기계 매매상으로 손꼽혔다. 한국전쟁 직전에는 제조업을 해볼 요량으로 대구의 '삼양연마'를 인수한 적이 있었다. 이는 공업용 연마석을 만드는 회사였다. 어려움은 있었지만 무리없이 경영을 해나갈 수 있었다.

　그런데 나이 마흔이 다 되어 시작한 석판사업이 덜컥 말썽을 부리기 시작한 것이다. 회사 설립 후 1960년 미국에서 처음 도입한 설비가 소형 성형물을 석도금하는 기계이지, 석판 생산용 설비가 아니었던 것이다. 당시 전량을 수입에 의존하던 석판에 대해 주변에 아는 사람도 없었고 모두가 석판 제조에 이른바 '깡통'이어서 생겨난 불상사이니 남을 탓할 수도 없었다.

　가까운 일본을 드나들며 기술을 익히는 방도밖에 없었다. 그렇게 3년의 세월을 흘려보냈다. 기계를 직접 설치해 1962년 9월에야 겨우 석판을 생산하게 되었다. 자금도 자금이려니와 최초의 국산 석판 한 장을 만들기 위해 공들인 노력은 필설로 다하기 어렵다. 인생의 전부를 국산 석판 제조에 매달렸다. 그 때는 자주 "깡통을 만들다 깡통 차면 되지 뭐"라고 중얼거리곤 했다.

산고 끝에 석판을 생산하기 시작한 지 10년. 드디어 우리의 석판이 해외로 진출할 기회를 잡은 것이다. 대만 정부의 입찰에 참가하기 전, 우리의 석판이 해외로 전혀 나가지 않은 것은 아니다. 동양석판은 국내 통조림업계의 내용물을 담아 세계시장으로 팔려나감으로써 간접 수출의 역할을 했다. 이것은 직접 수출의 결정적 계기가 되었다.

1970년대 초, 양송이가 수출품으로 각광을 받기 시작했다. 양송이는 서양음식을 만드는 데 반드시 필요한 재료로 재배에 성공하자, 전국적으로 재배 붐이 일 정도로 수출 주요 품목이었다. 미국·유럽으로 대량 수출되는 양송이 통조림의 원자재로 우리 회사 제품도 불티나게 팔려나갔다.

비슷한 시기에 굴 양식이 성공해 굴 통조림도 개발되었다. 굴 통조림의 공관은 제조 공정상의 기술적인 문제와 까다로운 품질조건 때문에 처음에는 전량 수입에 의존했다. 그런데 양송이 통조림이 우리가 생산한 석판으로 만들어진 공관에 담겨져 수출되는데도 아무런 하자가 발생하지 않자, 비로소 굴 통조림도 국산 공관으로 대체되기 시작했다.

국산 석판으로 만들어진 공관에 담겨진 통조림이 세계 곳곳에서 호평을 받자 대만이 석판 수입처를 우리나라로 돌려보려고 대만 물자국 명의의 입찰초청서를 우리 회사에 보내온 것이다.

나는 서둘러 대만으로 날아갔다. 그리고 그 동안 알고 지내던 손건농이라는 철강재 무역상의 도움을 받아 입찰에 참가했다. 그런데 그 입찰이라는 것이 단시일 내에 진행되지 않았다. 식품용 용기라서 각종 까다로운 규제사항을 통과해야 하고, 절차도 복잡했다. 당시는 어느 나라나 행정절차가 신속하게 이뤄지지 않아 절차를 밟는 데도 무려 한 달이나 걸렸다.

"낙찰자, 대한민국 동양석판!"

선진국들과의 치열한 정보전과 가격경쟁 끝에 드디어 우리 회사가 낙찰자로 결정되었다. 처녀 수출이 결정되었을 때의 기쁨은 이루 말할 수 없었다. 본사로 낙찰 사실을 알리고 나서야 호텔에서 다리를 쭉 뻗고 잘 수 있었다.

1972년 10월 처음으로 제품을 선적했다. 처녀 수출이라 할 수 있는 첫 수출 물량은 382톤, 가격으로는 9만 8,584달러였으며, 1972년 한 해 전체 수출 물량은 100만 달러를 기록했다.

선적을 앞두고 직원들에게 당부했다.

"불량품은 바다에 던져버려라. 품질만이 국제시장에서 살아남을 수 있는 유일한 길이다."

내수가 부진하면 해외로 뛰자

소득 수준의 향상에 힘입어 캔 제품 수요가 증가하자 회사 석판 매출이 자동적으로 올라갔다. 1977년 7월, 동양석판은 포항제철 단지 내에 최신식 공장을 세웠다. 연간 12만 5,000톤의 대단위 전기 석도금 2호 라인의 생산설비를 갖추고 본격적인 양산체제에 들어간 것이다.

우리가 포항에 공장을 세운 것은 순전히 원활한 원판 공급 때문이었다. 당시 석도용 원판은 전량을 수입에 의존해야 했기 때문에 언제나 원판 확보가 초미의 관심사였다. 더구나 까다로운 공정 때문에 원판 생산량이 많지 않아 물건을 사주는데도 아쉬운 소리를 해야 할 형편이었다. 그런데 포항제철에서 석도용 원판을 생산할 것이라는 소식에 귀가 번쩍 뜨였다. 당장 포항으로 달려가 박태준 사장을 만났다.

"3만 평과 7만 평짜리 부지가 남았으니 골라보시오."

박 사장은 흔쾌히 응하며 부지까지 추천해 주었다.

"국산 원판을 쓸 수 있다면 미룰 일이 없죠."

이튿날 3만 평짜리 부지매매 계약서를 쓰고, 곧바로 대금 전액을 지불했다. 1974년 크리스마스 전의 일이었다.

"3만 평짜리 계약을 하루 만에 해치우는 사람은 정녕 손 사장밖에 없다."

박 사장은 나중에 그런 말을 했다고 한다.

그렇게 공장을 증설하고 본격적인 생산에 박차를 가하고 있는데 갑자기 악재가 겹쳤다. 1978년 12월 우리 공장을 방문해 향나무 한 그루로 기념식수까지 하고 간 박정희 대통령이 이듬해 10월 서거한 것이다. 제2차 오일 쇼크에 따른 원가 상승 때문에 고전하고 있었는데, 설상가상 사회 전반의 혼란으로 내수에 결정적인 타격이 왔다. 더욱 삼각파도를 맞은 것은 I제강에서 석판을 대량으로 생산해 강력한 경쟁업체가 생긴 것이다. 당시는 우리 회사의 라인 증설로 국내 생산 규모가 이미 과잉상태였다. 이런 처지에 경쟁업체에서 대대적인 투자를 통해 석도금 라인을 만들었으니 판매에 비상벨이 울릴 수밖에 없었다.

"자유경쟁 체제에서 상대방을 탓할 수만은 없다. 국내 시장이 부진하다면 해외로 뚫고 나가자!"

조직을 전력 수출체제로 재정비하고 역량을 결집시켰다. 우선 도쿄사무소의 역할을 강화했다. 도쿄사무소는 일찍이 기술개발을 위해 1963년에 설치, 이듬해 말에 폐쇄했다가 1978년에 재개설한 바 있었다. 일본 아다까 산업에서 근무하던 미야하라 요시노부를 도쿄사무소장으로 임명해 세계 각지의 철강 정보를 모았다. 그 정보를 바탕으로 세계를 향해 뛰었다. 이미 상당한 기술 수준에 오른 우리 제품은 세계시장에서 각광을 받으며 수출 물량이 가파르게 증가했다.

1982년 2월에는 미국 샌프란시스코에 사무실을 개설했다. 또한 기존의 동남아 시장 거래선과 유대를 강화하고 새로운 수요창출에 노력을 기울였다. 수출신장에는 미국에서 MBA를 마치고 효성물산에 근무하며 해외시장 개척에 노력해 온 현 손봉락 회장의 힘도 컸다.

이처럼 수출에 주력한 결과, 1982년 제19회 수출의 날에는 '1,000만 달러 수출의 탑'을 받을 수 있었다. 1983년에는 1년 만에 수출 물량이 두 배로 늘어나 '2,000만 달러 수출의 탑'을 수상했다. 생각해 보면 정말 기적 같은 일이었다.

1년 만에 수출 물량 200% 달성을 기록한 것은 업계에서 전무후무한 일이었다. 기록적인 수출 물량 증대에는 자체의 노력과 함께 우리나라 종합상사의 역할도 컸다. 오랫동안 신뢰를 쌓아온 그들은 내수 부진을 수출로 돌파하려는 우리와 의기투합해 자기 일처럼 발벗고 나서주었다.

현재 5대양 6대주로 팔려나가고 있는 수출의 본격적인 초석은 그 때 다져진 것이다. 나는 당시의 경험을 살려 이야기하곤 한다.

"언제나 위기는 있다. 그러나 위기는 곧 기회다."

플랜트 수출로 세계적 기술 수준 입증

석판 사업에 뛰어들며 가장 고생한 일은 역시 기술개발이었다. 선진국의 높은 기술장벽에 막혀 사업추진에 애를 먹은 적이 한두 번이 아니었다. 초기에 주석을 강판에 입히는 기술을 도입하며 3년 간 내가 겪은 고초는 그야말로 '사느냐? 죽느냐?' 였다. 그 동안 벌어놓은 돈은 밑 빠진 독에 물을 붓듯 한없이 들어가기만 했다. 주변에서는 그만두자고 만류하기도 했다. 그 때 나는 결심했다.

'기술을 외국에만 의존하면 이 사업은 망한다. 어떻게든 이 기술을 단기간 내에 우리 것으로 만들어야겠다.'

그래서 주석을 끓여 강판에 입히는 열지식 석도금 라인 1호를 일본 동양강판의 기술 지원을 받아 설치하면서 가능한 자체 기술을 확보하려 애썼다. 1966년 이미 도입한 1·2호로는 수요를 맞출 수 없어 3·4호 라인을 증설하고자 할 때 회의를 열었다.

"이번에는 우리가 직접 만들어봅시다. 이미 열지식 기계를 두 번이나 다루어보았으니 못 만들 것도 없잖습니까?"

직원들도 전격 동의했다. 그 때까지만 해도 우리나라의 기계산업은 매우 낙후되어 있었다. 공정이 까다로운 우리 기계를 맡아줄 곳이 없었다. 그래서 생산기술부 직원들이 직접 쇠를 사다가 자르고, 깎고, 문지르고, 라인이 쉬는 틈을 타 기존의 기계를 분해해서 다시 조립해 보는 과정을 통해 기계를 만들어나갔다. 도면도 없이 순전히 눈썰미로 기계를 만든 것이다.

그런 노력 끝에 열지식 3·4호기가 연이어 탄생했다. 시험가동 결과, 일제보다 오히려 우수한 측면도 있었다. 우리 스스로도 놀라며 기술개발에 자신을 가졌다.

이렇게 시작한 기계 제작은 전기식 석도금 라인의 설치과정에서도 계속됐다. 1966년 당시 생산성이 열지식보다 20배 이상 뛰어난 전기식 라인을 도입하려고 하자 기술료로 40만 달러를 달라고 했다. 어마어마한 기술료 요구에 입이 다물어지지 않았다.

"까짓것, 부딪혀보자!"

'멧돼지'라는 별명답게 나는 직접 만들기로 결정하고 밀어붙였다. 그렇게 해서 다시 기계 제작이 시작되었다. 결국 4호 라인 증설 7개월 만에 전기식 라인을 만들어냈다. 기초도면에 따라 설비의 60%를 국내에서 제작했고, 나머지 40%는 일본에서 도입했다. 조립 설치는 모두 우리 손으로 마쳤다. 이로써 엄청난 외화를 절약했다.

"손 사장에게 훈장을 주어야 한다."

당시 상공부 장관 이낙선씨와 은행장들이 외화를 절약한 공으로 나에게 훈장을 주자는 말을 하고 다닐 정도였다.

이처럼 기술개발에 주력해 자체 기술을 확보한 결과, 포항공장 라인은 거의 우리 손으로 만들었다.

동양석판은 제품 수출에 주력하며 언젠가는 우리 손으로 해외에 공장을 지어주는 플랜트 수출을 해보자는 목표를 일찌감치 세워놓고 있었다. 그러다가 1982년에 기회가 찾아왔다. 대만의 야싱 틴플레이트(Tinplate) 주식회사와 플랜트 수출계약을 맺은 것이다. 연간 6만 톤 규모의 석도강판 및 틴프리스틸(Tin Free Steel) 겸용 제조설비를 해주기로 하고 계약금까지 받았다. 그러나 이 공장은 대만측의 자금 사정으로 3년을 끌다 결국 성사되지 못했다.

그러다가 태국의 유니코드사와 상담이 진행되어 그 회사의 사장 일행이 포항공장을 방문했다. 그들은 우리의 설비를 보며 깜짝 놀랐다. 그도 그럴 것이 포항공장은 박정희 대통령이 방문할 정도로 아주 청결한 공장이었기 때문이다. 수 차례의 협상 끝에 1989년 9월, 마침내 계약이 이루어졌다.

연간 12만 톤 규모의 석도강판 및 틴프리스틸 겸용 라인이었으며, 가격은 3,100만 달러였다.

이른바 '석판의 시옷자'도 모르고 사업에 뛰어든 지 30년, 일본 업체의 홀대에 남몰래 눈물을 훔치며 기술개발에 전력을 쏟은 지 30년 만에 남의 나라에 설비와 기술을 수출하는 수준에 올라선 것이다. 이는 회사 설립 초기부터 기술연구소를 설립하고 우수한 인재들을 모아 기술개발에 주력한 결과였다.

"1년 수출 물량을 한 번에 팔았다."

계약이 이루어지자 연구소 직원들이 웃으며 한 이야기다. 당시 수출액이 그보다 조금 많았으니 이 같은 이야기도 나올 만했다.

태국에 플랜트 수출이 성공한 이후, 수요 잠재력이 무한한 중국시장에 관심을 갖고 안산강철·본계강철 등 중국 굴지의 철강회사를 두드렸다. 그러던 중 1994년 12월 중국의 유색금속공업 해남공사와 투자계약을 체결했다. 대우와 합작투자를 통해 중국 하이난성(海南省)에 10만 톤 규모의 석판공장을 5,400만 달러에 건설하기로 한 것이다.

1998년 4월에는 미국 오하이오 주에 연산 25만 톤 규모의 공장을 준공해 '캔(can)의 나라'인 미국 전역에 우수한 석판을 공급하고 있다.

2002년 말 동양석판의 총수출액은 7,000만 달러에 이르고 있다. 1960년대 초 온통 진흙탕이었던 당시와 비교하면 정말 격세지감이 든다. 평생 '쇠'와 인연을 맺어온 나는 우리나라가 이만큼 공업화를 이룩한 것은 세계 최초로 금속활자를 만들어낸 선조들의 위대한 장인정신의 맥이 이어지고 있기 때문이라고 생각한다. 또한 과감히 세계로 눈을 돌려 빈약한 자원을 극복하려 한 수출지향 정책이 있었기에 세계 11위의 무역대국이 된 것이다.

그 인고의 세월 동안 비릿한 쇳내음을 맡아가며 동고동락한 임직원 및 관계사 여러분께 노수를 굽혀 감사할 따름이다.

중소기업협동조합중앙회 김영수 회장 / (주)케드콤 회장

세계적인 중소기업을 만들어라

"김 전무! 모든 책임을 당신이 지시오!"

채권자들이 사무실로 몰려와 닦달을 했다.

"알겠습니다. 제가 어떻게든 해보겠습니다."

회사가 경영악화로 부도가 나자 사장은 채권자들을 피해 잠적해버렸다. 그러자 채권자들은 회사에 남은 내게 책임 추궁을 하기 시작했다. 사실 내게는 아무런 책임이 없었다. 직원이었기 때문에 오히려 부도가 난 회사를 그만둘까 하는 생각도 들던 참이었다. 하지만 그럴 수는 없다고 생각했다. 채권자들보다도 직원들이 더 걱정되었기 때문이다. 회사가 공중분해되고 만다면 회사를 믿고 일했던 직원들은 도대체 어떡하란 말인가. 나는 사태를 최대한 수습하기로 마음먹었다. 마음을 다잡고 다시 거래처들을 찾아다녔다.

원래 나는 선생이었다. 한양대 공대 졸업 후 처음 발을 내디딘 곳이 대구 경북공고 전기과 교사 자리였다. 교사 생활은 그런 대로 즐거웠다. 그런데 어느 날 아는 선배가 취직을 제의해 왔다. 자동차 배선용 전선을 납품하는 회사인데 기술부장으로 오라는 것이었다.

나는 고민했다. 이미 학교에서 자리를 잡았는데 일반 기업체로 옮겨간다는 것이 불안했기 때문이다. 그러나 한편으론 호기심이 강한 성격 탓에 새로운 일에 한번 도전해 보고 싶은 마음이 불같이 일어나기도 했다.

'에라! 한번 해보자.'

결국 선배가 제안한 기술부장 자리를 받아들였다. 뒤도 돌아보지 않고 몇 년을 정말 쉴 새 없이 일만 했다. 이사·상무·전무까지 승진해 어느 정도 자리를 잡았다고 생각할 무렵, 그만 회사가 주저앉아 버린 것이었다. 그 후 바이어로부터 원자재 사급을 받아가면서 약 1년 간 노력했으나 결국 회사는 완전히 무너지고 말았다. 이 때 주위의 강력한 권유 때문에 자의반 타의반 회사를 설립하게 되었다.

이왕 이렇게 된 바에야 본격적으로 내 사업을 해야겠다고 결심했다. 마포 당인리 발전소 근처 조그마한 건물 2층에 '한국전장(주)'이라는 상호로 회사를 설립한다고 하자 많은 사람들이 나를 따랐다. 1976년 2월의 일이었다.

적자를 기록한 첫 수출

"한국전장의 제품을 보겠다는 바이어가 있습니다."

KOTRA의 소개를 받고 서울 소공동 프라자호텔에 가보니 바이어가 앉아 있었다. 바이어가 요구한 전자제품용 전선(wire) 샘플을 보여주며 부족한 영어로 제품을 설명해 나갔다. 바이어는 제품을 자세히 살펴보면서 "굿(good)!"이라는 표현을 여러 번 썼다. 가격협상에 들어갔고 얼마 후 순조롭게 계약서에 사인을 할 수 있었다.

당시 나는 무역에 대해 전무한 상태였다. 그도 그럴 것이 엔지니어 출신으로 기술개발에만 몰두했으니 무역에 대해 무지할 수밖에 없었다. 그런데 갑자기 수출을 하게 되자 마음이 다급해졌다. 계약에 대한 자세한 검토 없이 우선 사인부터 하고 제품생산을 독려했다.

수출을 한다는 기쁜 마음에 직원들도 신이 나서 밤샘작업을 강행했고 드디어 제품을 선적할 수 있게 되었다.

"수출이 잘 되게 해주십시오."

우리는 수출용 첫 제품을 공장마당에 쌓아놓고 돼지머리를 가져다 고사를 지냈다. 고사 덕분인지 제품은 무사히 수출되었고, 현지에서 좋은 반응을 일으키고 있다는 연락도 왔다.

"사장님! 금액이 안 맞습니다."

경리담당이 외환계좌를 보여주며 심각한 표정을 지었다. 살펴보니 정말 예상입금액보다 훨씬 적은 금액이 송금되어 있었다. 이상하다 싶어 조사를 해보라고 했다.

"사장님! 제품 수출단가가 잘못 책정되어 있었습니다."

경리담당이 새파래진 얼굴로 들어왔다. 자초지종은 이랬다. 원래 수출 품목의 책임소재는 지정된 선적항에서 수출 선박의 선측 난간을 통과할 때 매도인으로부터 매수인에게 이전되며 각종 운송비, 보험 등은 매수인이 부담하는 FOB 방식이 일반적이다. 그런데 계약서는 이 비용을 전부 우리가 부담하는 방식으로 작성되어 있었던 것이다. 당연히 바이어는 각종 비용을 떨어내고 우리에게 송금을 했고, 결국 돈이 부족할 수밖에 없었다. 단가를 따져보자 손해였다. 무역에 대한 깊은 지식이 없어 적자 수출을 한 셈이었다.

"할 수 없습니다. 단가는 나중에 조정하기로 하고 일단 수출은 계속합시다."

우여곡절을 겪긴 했지만 케드콤의 첫 수출은 이렇게 이루어졌다. 훗날 이 이야기를 듣고 "수출용 고사머리는 외제를 써야 한다"는 우스갯소리를 해 모두들 웃었던 기억도 있다.

그러나 당시는 수출 비중이 그리 크지 않았다. 제품경쟁력도 내세울 것이 못 되었고, 경험도 부족했다. 우선은 내수에 주력해야 했는데 우리 회사의 영업방식은 반대였다. 대부분의 중소기업은 규모가 작은 회사에 납품을 하다 점차 큰 회사로 옮겨가는데, 우리는 처음부터 금성사에 납품을 했다. 그 다음에 삼성 · 대우 · 대한전선 등의 순으로 거래선을 넓혀갔다. 그러다 보니 이른바 "어디와 거래를 하느냐?"는 물음에 대해서는 자신있게 이야기 할 수 있었다. 회사의 매출도 매년 200% 이상 신장되었다.

애플 컴퓨터에 컴퓨터 케이블을 납품하기 시작하면서부터 수출도 활기를 띠기 시작했다. 애플사 수출은 국내에서는 우리 회사가 처음이었다. 우리가 먼저 거래선을 개설하자 한참 있다가 국내 대기업이 뛰어들었다.

애플사 컴퓨터 케이블 수주를 석권하면서 휴렛패커드, 텐덤, 텍사스 인스트루먼트, 제록스, 코닥 등에도 수출을 하기 시작했다. 이 중 코닥은 100% 한국 이전 계획을 세우며 우리와 제휴를 검토했으나 공장이 허술하다고 해 결국 무산되었다.

동전 1,000만 개를 모으다

"연말까지 공장을 지을 수 있겠습니까?"

애플 담당자들이 우리에게 공장증설이 언제까지 되느냐고 재촉하고 있었다.

"물론입니다. 걱정하지 마십시오."

대답은 했지만 쉬운 일은 아니었다. 수출 물량이 확대되자 애플 담당자는 안정적인 공급을 위해 공장증설을 요구했다. 이리저리 알아보니 반월공단이 적절해 보였다. 그런데 반월공단은 이미 1차 분양을 완료한 상태였고 2차 분양은 6개월이나 기다려야 했다.

조급한 마음에 다른 자리를 알아보았으나 여의치 않았다. 그런데 마침 공단 분양담당자에게서 전화가 왔다. 1차 분양을 받은 업체 중 하나가 사정이 여의치 않아 분양권을 넘길 회사를 찾고 있다는 것이었다. 그래서 그 회사로부터 최초로 분양받은 조건 그대로 대지를 확보할 수 있었다.

"공장을 잘못 지었습니다."

한참 공장을 짓고 있는데 애플사 담당자가 공장을 둘러보면서 던진 말이었다.

"뭐가 잘못되었습니까?"

"데크(deck)를 만들어야 합니다."

그의 말인즉 수출을 하려면 상·하차가 원활하게끔 1층 출입구의 높이가 차량 적재함 높이만큼 되어야 하는데 그냥 평지로 만들어버렸으니 두고두고 고생할 것이라는 이야기였다. '아차' 싶었다. 머릿속으로 빠르게 계산해 보니 지금 고치는 편이 훨씬 나을 것 같았다. 그래서 설계변경을 지시하고 1층에 슬라브를 쳤다. 설계변경 등을 거치자 건축비가 상승했다. 그러나 나중에 공장을 가동하며 제품을 운송해 보니 그의 말이 딱 맞았다. 그런 어려움을 거치며 공장은 제때 준공됐다.

공장 준공 후 가장 중점적으로 추진한 일은 IBM과의 부품 장기공급 계약이었다. 우리의 제품이 해외에서 품질을 인정받자 IBM에서 조사단이 찾아왔다. 그들은 우리 회사의 모든 것을 샅샅이 조사한 다음 물었다.

"QC(품질관리) 매니저가 어디에 속해 있습니까?"

"공장장 밑에 있습니다."

"노(No)! 그러면 안 됩니다."

그들은 QC 매니저는 사장 직속이어야 한다고 주장했다. 제품에 문제가 생기면 먼저 조치를 취하고, 책임도 강화해야 하므로 사장과 핫라인(hot-line)이 되어 있어야 한다는 것이었다. 듣고 보니 맞는 말이었다. 지체없이 그들의 의견을 받아들였다.

IBM 담당자는 온갖 부문을 점검해 나갔다. 문제를 제기하고 해결 방법을 강구하는 '미국식 회의'를 수도 없이 했으며, 어떤 때는 30명이 넘는 인원이 회의를 하기도 했다.

'제품만 잘 만들면 되지, 뭘 이렇게 까다롭게 구나?' 라는 생각에 '확 때려치우고' 싶은 마음이 들 때가 한두 번이 아니었지만 꾹 참았다. 듣고 보면 그들의 말이 일리가 있었고, 그들의 의견을 반영해 나가다 보니 저절로 품질향상이 이루어졌다. 당시는 아주 생소했던 '식스 시그마' 교육도 받았다.

1987년 2월, 우리는 드디어 IBM과 부품 장기공급계약을 체결했다. IBM과 계약하는 데만 꼬박 3년이 걸렸다. 조그만 중소기업이 세계적인 컴퓨터 업체와 어깨를 맞대며 일을 할 수 있게 된 것이다. 창업한 지 11년 만의 일이었다.

막상 계약이 성립되자 IBM은 모든 부문에서 지원을 아끼지 않았다. 장비와 서비스는 물론이며, 자금이 달릴 때는 선금도 주었다. 우리 회사도 최고의 제품을 만들기 위해 전력을 기울였다. 그 결과 IBM으로부터 1989년에는 '무결점 상(Zero Defect Award)'을, 1991년에는 '우수공급자 상(On Time Delivery Award)'을 받기도 했다. 1991년에 받은 상은 납품기일을 제대로 지킨 공급자에게 수여되는데, 이는 기업의 신뢰도에 절대적인 영향을 미치는 부문이었다.

IBM과는 처음에 5년 동안 물품을 공급하기로 했다. 그러나 신뢰가 쌓이면서 공급계약은 10년으로 늘어났다. IBM 관계자가 청와대에서 한국전장과 거래를 한다고 밝힘으로써 회사 위상이 높아지기도 했다.

이에 힘입어 1988년에는 드디어 1,000만 달러 수출의 탑을 수상했다. 사실 우리 같은 부품업체가 1,000만 달러를 수출하기 위해서는 피나는 노력이 있어야 했다. 값이 비싼 완제품과 달리 부품은 그야말로 한 개에 영점 몇 센트의 싸움을 벌여야 했기 때문이다. 영점 몇 센트를 두고 경쟁력을 갖추기 위해서는 피나는 품질관리와 단가경쟁을 벌여야 했다. 따라서 우리는 이를 두고 "동전 1,000만 개를 모았다"고 말하곤 했다.

계란을 한 바구니에 담지 마라

내친 김에 1988년 8월에는 기업을 공개해 상장회사가 되었다. 생산품목도 다변화시켰다. 내가 음악을 좋아했던 관계로 앰프를 생산하기 시작했으며, 전자저울도 만들었다. 1987년에는 안산에, 1990년에는 서울에 기업부설연구소를 만들어 제품개발에 주력했다.

믿어지지 않을지 모르지만 그 동안 우리가 개발한 제품은 1,000가지가 넘는다. 이 중 수출품목은 250여 종에 이른다. 어떤 사람은 세계 제일을 목표로 주력 제품에 매달리지 않고, 왜 이처럼 많은 제품에 손을 댔느냐고 물을지 모른다. 그 이야기도 물론 일리가 있다.

그러나 이는 중소기업의 특성을 잘 모르고 하는 이야기다. 중소기업 제품은 시대변화에 아주 민감하다. 한동안 그 제품에 매달리다 보면 어느 사이에 시장이 쇠퇴해 버려 난감해지는 경우가 흔하다. 그래서 제품군을 다변화시킬 수밖에 없었던 것이다. 이른바 "계란을 한 바구니에 담지 마라"는 전략이다.

반면 케드컴은 주력 제품에 대해서는 세계 최고 수준을 지향하고 있다.

우선 디지털, 아날로그 셋톱박스를 연간 40만 대 생산하는 전문업체로서 유럽을 포함한 세계 각국에 수출하고 있으며, 위성 인터넷, 위성방송 송수신 시스템 개발 등 신규 프로젝트에 전념하고 있다.

이와 함께 전동타자기·프린터·금전등록기 등을 생산함으로써 21세기 정보화 사회를 위한 사무기기 혁신에 주도적 역할을 하고 있다. 특히 전동타자기 부문은 세계 유명 브랜드인 올림피아, 올리베티, 브라더, 스미스 코르나사와 함께 전세계 시장을 주도하는 탁월한 생산품으로 평가받고 있다.

아울러 설립 초기부터 PA 앰프를 개발해 이제는 세계적인 AMP 관련 수입업체들로부터 높은 관심을 끌고 있다. 특히 케이블 사업은 창업 당시부터 오늘날까지 주력 제품 자리를 굳건히 지키고 있으며 세계 굴지의 컴퓨터 회사인 IBM·HP 등과 거래를 하면서 높은 실적을 쌓아왔다. 최근에는 유럽형 이동전화기인 GSM 단말기 시장에 뛰어들어 가파른 매출신장을 기록하고 있다.

이들 제품에 힘입어 1998년에는 5,000만 달러 수출을 기록했고, 2003년에는 수출액이 1억 5,000만 달러에 이르고 있다.

《《《중소기업이 튼튼해야 나라가 잘 산다

오랫동안 중소기업을 경영하다 보니 과분하게 2000년 11월부터 중소기업협동조합중앙회 회장직을 맡게 됐다. 나 스스로도 중소기업을 경영하며 많은 애로를 느껴왔지만 실제로 회장직을 수행하다 보니 놀라운 일이 한두 가지가 아니었다.

일례로 2002년에 〈매일경제신문〉과 공동으로 1,600개 기업을 대상으로 조사를 실시했는데, 80%가 자식에게 기업을 물려주지 않겠다는 것이었다. 나 역시 장남으로부터 "그렇게 힘들 거면 뭐하러 사업을 시작했느냐?"는 핀잔을 듣기도 했지만 이런 결과가 나올 줄은 몰랐다.

또한, 65%의 기업이 한국에서 사업을 하지 않고 해외로 나가겠다고 했다. 참담한 심정이었다. 그만큼 이 나라에서 기업하고 싶은 마음이 없다는 뜻이다. 그렇다면 우리 국민의 일자리는 누가 책임지는가? 어디서 어떤 일을 해서 먹고살겠다는 것인가? 참으로 걱정스런 일이 아닐 수 없었다. 거리에는 실업자가 넘쳐나는데 중소기업은 인력이 부족해 기계가 녹슬고 있는 상황이다 보니 누가 기업을 경영하고 싶은 마음이 들겠는가?

하루 빨리 사회 인식이 달라져야 한다. 힘든 일을 싫어하고, 놀아도 중소기업에는 안 가겠다는 선입견에 사로잡혀 있는 한 우리나라는 균형적인 발전을 하기가 힘들다. 동서고금을 막론하고 중소기업이 튼튼한 나라가 부강한 나라라는 것은 잘 알려진 사실이다.

21세기는 중소기업의 시대다. 급변하는 시장환경에 발빠르게 대처하고 기술집약적인 회사를 지향하기 위해서는 중소기업에게 오히려 유리한 측면이 많다.

세계적인 전문가들 또한 21세기는 대기업보다는 중소기업의 효율성이 더 높아질 것이라고 예측하고 있다. 이런 인식이 공유되지 않는 사회 시스템은 하루 빨리 개선되어야 한다.

세계적인 중소기업을 만들기 위해서는 경영자뿐 아니라 근로자의 인식전환이 절대적으로 필요한 때라는 점을 강조하고 싶다.

(주)한화 | 송재복 부회장

리스크가 없으면 이익도 없다!

"무역을 하고 싶습니다."

1967년 한국화약 입사 당시 "어디에서 일하고 싶냐?"고 물었을 때 나는 무역부문을 자원했다. 그러자 골든벨 상사로 발령을 냈다. 내가 무역을 하고 싶었던 이유는 상경대 출신으로서 세계를 상대로 장사를 해보고 싶었기 때문이다.

골든벨에서는 주로 농수산물을 맡았다. 당시의 우리나라 수출품목은 1차 산업이 주종을 이룰 때였다. 나는 오징어·해태 등의 수출을 맡았다.

8월부터 속초에서 주문진, 묵호 등 동해안의 주요 항구를 따라 쭉 내려와 포항에 이르기까지 수협공판장을 통해 오징어를 매입했다. 그것만 가지고는 물량이 모자라 개인들에게 사들이기도 했다. 그렇게 사들인 오징어를 오징어 수출조합을 통해 팔았다. 당시 수출조합에는 삼성·효성·영풍·계양과 우리 회사 등이 조합원으로 가입해 있었다. 바이어는 주로 홍콩·대만·일본이었다. 그 때 골든벨은 3억 원 정도의 오징어를 수출했다. 김은 5억 원 정도였다.

그 후 35년 넘게 무역을 하며 정말 많은 일을 겪었다. 그 일들을 짧은 지면을 통해 일일이 다 열거할 수 없으므로 내가 성사시켰던 가장 큰 사례 하나를 소개할까 한다. 내 경험이 다소나마 후배들에게 도움이 되었으면 바람에서다.

이란의 석유와 물물교역(Barter Trade)하자

골든벨 미국 지사에서 6년을 근무하고, 1981년 우리나라에 돌아왔다. 귀국해 해외시장 개척에 몰두하고 있는데 1982년 1월경, 이란에 정통한 텔레시스라는 상호를 가진 오퍼상 심 사장으로부터 정보 하나가 날아들었다. 내용은 "이란의 석유와 우리나라의 철강을 바터 트레이드(barter trade : 물물교역)하고 싶다"는 것이었다. 규모는 수천만 달러어치.

구미가 당겼다. 그러나 규모가 엄청나게 큰 만큼 낭설일지도 모른다는 생각에 직접 확인 작업에 들어갔다.

확인결과 사실이었다. 당시 이란에는 호메이니 혁명정부가 들어서 의욕적인 산업개발을 실시하고 있었다. 따라서 심한 물자부족에 시달려 물물교역에 의한 원자재 도입도 마다하지 않고 있었.

교역의 주체는 이란석유공사(NIOC)와 파이프 제관을 하는 APM이라는 회사였다. APM은 NIOC의 자회사였기 때문에 바터 트레이드가 충분히 가능했다.

사실 확인을 거친 나는 즉시 포항제철로 달려갔다. 나는 한화그룹의 경인에너지를 통해 기름을 사고, 포항제철의 철강을 팔 생각이었다. 포철에 가니 현 포스코 회장인 이구택씨가 수출부장으로 일하고 있었다.

포철과 협의를 마치고 우리는 1월 하순 이란으로 날아갔다. 이란에서 APM 관계자를 만나 마라톤 협상을 시작했다. 그러나 가격이 맞지 않았다. 원유 가격은 이란 정부 공식공급가격(Government Suppling Price)이기 때문에 깎을 수 없고, 철강 가격을 깎아달라고 하는데 도저히 가격을 맞출 수 없었다. 1주일 정도 협상을 했으나 견해차가 너무 커 협상은 무산되고 말았다. 포철의 이구택 부장은 돌아가 버렸다.

한 마디로 너무 억울했다. 어렵게 여기까지 왔는데 빈손으로 돌아가야 한다는 사실이 허탈했다. 그래서 회사에 "며칠만 더 있다 가겠다"고 이야기를 하고 현지 조사를 시작했다.

'철강만 필요하겠나! 다른 것도 필요하겠지.'

당시 이란 혁명정부는 심각한 물자부족에 시달리고 있었다. 그래서 여러 분야의 원자재 구입에 주력하고 있었다. 그 가운데 PMPDC(Plastic & Materials Procurement and Distribution Center)라는 정부 구매기관이 있었다. 이 기관은 플라스틱 원료와 관련제품을 구매하는 곳이었다.

정보를 수집해 보니 PMPDC에서도 물자를 구매하고 있었다. 플라스틱은 한국에서도 여러 회사가 생산하고 있었기 때문에 거래 성사의 가능성이 있다고 생각했다. 그래서 PMPDC의 호자스테 사장을 찾아갔다. 본사와 부지런히 연락하며 사흘 동안 협상했다. 그 결과 3만 6,000톤 규모의 수출 물량을 계약했다. 금액으로는 3,300만 달러. 수출품목은 PVC · HDPE · PP · PS · LDPE 등의 석유화학 제품이었다. 이렇게 해서 일차적으로 PMPDC와 플라스틱 공급계약을 완료했다.

산 넘어 산

다음은 이에 상응하는 원유도입 계약을 체결하는 것인데 NIOC의 조건은, 원유도입 계약 금액은 플라스틱 제품 공급계약 금액 3,300만 달러보다는 많아야 한다는 것이었다. 협의결과 150만 배럴, 4,500만 달러의 원유도입 계약을 NIOC와 체결했다. 수출액과 비교해 보면 1,200만 달러의 무역적자를 기록한 것 아니냐는 의견도 있을 수 있지만 원유는 우리 산업의 밥과도 같은 것이었기 때문에 어차피 들여와야 하므로 문제될 게 없었다.

이란측에서도 더 많은 금액의 기름을 수출할 수 있었기 때문에 '좋은 거래'라며 싱글벙글 웃곤 했다. 그런데 바터 트레이드를 위해서는 많은 절차를 거쳐야 했다.

우선 이란 정부에서는 바터 트레이드를 총괄하는 BTC(Bilateral Transaction Committee)라는 기관이 있는데 상공부 장관이 위원장이고 중앙은행 총재, NIOC 총재가 위원으로 구성되어 있다. 바터 트레이드를 하기 위해서는 일차적으로 PMPDC와 플라스틱 제품에 대한 공급계약을 맺고 대응구매를 위해 NIOC와 원유도입 계약을 맺은 다음, 두 계약서를 기초로 BTC와 협정서(Memorandum of Agreement : MOA)를 체결해야 한다.

MOA에는 원유 및 플라스틱 제품 납기 일정, 신용장 개설(L/C Open) 조건 및 대금결제 방식 등이 들어 있는데, 이 모든 조건에 합의를 해야 하며 관련 당사자 모두의 서명을 받아야 했다.

또 다른 복병

모든 계약서를 가지고 급히 귀국했다. 1980년대 초 우리나라 석유화학업계는 불황이었다. 정부의 중화학공업 육성책에 따라 시설도 많이 증설되었으나 수요가 늘지 않아 전체 가동률이 60%에 머물고 있었다. 만약 내가 성사시킨 물량을 공급하게 된다면 우리나라 석유화학업계의 가동률을 단숨에 15% 정도 높일 수 있는 대단한 물량이었다.

내가 수주를 해가지고 오자 업계는 대단히 반겼다. 물량은 PVC RESIN은 한국플라스틱, PS는 한남화학, LDPE는 한양화학, HDPE와 PP는 대한유화와 공식적인 공급계약을 맺었다.

이제 마지막으로 남은 일은 상기의 모든 계약서를 첨부해서 정부의 동력자원부로부터 원유도입계약의 승인을 받는 것이었다. 그런데 여기에서 다시 문제가 발생하기 시작했다.

당시 우리나라의 원유수입 사정은 대단히 복잡해서 외교문제까지 발생할 소지가 있었다.

왜냐하면 당시 우리나라는 2차 오일 쇼크이후 적극적인 에너지 절감정책으로 인해 원유수입이 줄어들고 있었다.

따라서 각 정유회사들은 원유수출국과 장기공급 계약에 의해 원유를 수입해 오고 있었는데, 장기공급 계약 물량을 다 들여오지 못했기 때문에 원유수출국으로부터 계약물량을 이행하라는 압력을 받고 있을 때였다.

이러한 때에 이란과 바터 트레이드를 위해서 골든벨이 경인에너지를 통해 150만 배럴의 원유 도입을 승인해 달라고 하니, 동자부에서는 국가적인 차원에서는 승인을 해줘야 하지만 현실적으로는 어렵다는 입장을 표명했다.

또한 외무부 쪽에서도 "골든벨의 원유수입을 절대 허가하지 마라"는 견제가 들어왔다.

이유인즉 이란 주재 한국종합상사들이 골든벨의 바터 트레이드를 승인할 경우 몇 년 동안 시장개척을 해서 수출기반을 확보했는데, 앞으로는 이란에 제품을 수출할 수가 없게 된다는 이유를 들어 이란 주재 한국대사관을 통해 외무부에 강력히 항의를 했기 때문이다.

반면 상공부는 수출에 적극적이었다.

"원유는 어차피 필요한 것이니까 들여오면 된다. 대신에 수천만 달러어치의 우리나라 석유화학제품을 수출할 수 있다면 얼마나 좋은 일이냐. 대국적인 견지에서 생각해야 한다."

끝내 계약 기간을 넘기다

3개 부처의 각기 다른 입장 때문에 일이 진척되지 않았다. 시간은 자꾸 흘러갔다. 이란과의 MOA 유효기간은 2월 말까지였다.

매일 3개 부처를 방문해서 설득을 했으나 부처 간 입장차이로 결론을 보지 못하고 결국 시한을 넘겨버렸다. 나는 안되겠다고 생각했다. 그래서 관계자 연석회의를 제안했다. 상공부 · 동자부 · 외무부 · 대한석유화학협회 · 경인에너지 · 골든벨 등 6자 회의가 열렸다.

"그렇다면 우리나라 수출을 위해서 이번 건에 한해서만 바터트레이드를 허가하자."

몇 차례의 회의 결과 간신히 이런 결론을 도출해 낼 수 있었다. 그때가 3월 말경. 문제는 이란측이었다. MOA 시한을 이미 훌쩍 넘겨버렸기 때문이었다. 3월 중순경 이란으로부터 본 계약은 시한이 지났기 때문에 무효로 한다는 텔렉스(Telex)를 받은 상태였다.

나는 속으로 엄청나게 걱정이 되었지만 정부부처와 협의할 때 MOA 시한에 대해서는 일체 언급하지 않았다. 계약기간을 넘겼다고 하면 아무도 협조하지 않을 것이 뻔했기 때문이다.

협의를 하고는 있었지만 속으로는 애가 닳았다. 만약 이란측에서 계약기간을 문제 삼아 재계약을 안 해주면 나는 완전히 '사기꾼'이 될 처지였다.

하루하루가 살얼음판처럼 불안했지만 왠지 '이건 된다'라는 자신감이 있었다.

"300만 달러를 깎자"

우리 정부의 승인을 간신히 받자마자 이란으로 날아갔다.

"계약기간이 끝났다. 없던 일로 하자."

이란의 관계자는 전부 등을 돌렸다. 만약 거래를 다시 하고 싶으면 이란 BTC의 위원장인 상공부 장관의 허가를 다시 받아야 한다는 것이었다. 허가를 얻기 위해 상공부에 갔으나 장관이 만나주지를 않았다. 방법이 없었다. 이란 정부의 실력자를 알고 있는 것도 아니어서 매일 상공부로 출근을 했다. 그리고 비서실에서 대기를 했다. 대기하며 비서를 공략했다. 1주일쯤 지났을까? '오늘도 허탕이구나' 생각하며 허탈해하고 있는데 비서가 나를 불렀다.

"장관이 당신을 부른다"는 것이었다. 정신이 번쩍 들었다.

"당신, 한국인 나쁜 사람들이야!"

장관은 나를 보자마자 대뜸 버럭 화를 냈다. 계약기간을 넘겼으므로 할 말이 없었던 나는 그가 실컷 화를 내도록 내버려두었다.

당시의 세계 원유시장 상황은 다음과 같았다.

즉 내가 NIOC와 원유도입 계약을 할 때인 2월 초에는 이란 정부의 원유공급 가격인 GSP가 시장가(Spot Market Price : SMP)보다 배럴당 2달러 정도 높은 가격이었다.

그런데 우리 정부가 원유도입 계약을 승인한 3월 말부터는 이란·이라크 간 중동전쟁으로 인해 SMP가 GSP보다 배럴당 2달러 정도 높게 형성되어 있었다.

따라서 골든벨 입장에서는 GSP로 원유를 도입하는 것이 시장가격으로 사는 것보다 배럴당 2달러, 즉 150만 배럴에 약 300만 달러의 이익이 발생하게 되었던 것이다.

따라서 장관의 말을 요약하면 우리가 불리할 때에는 정부 승인을 핑계로 계약을 이행하지 않다가, 이제 유리해지니까 계약을 성사시키려고 하는 나쁜 의도를 가지고 다시 왔다는 것이다.

따라서 재계약을 허가할 수 없다는 것이었다.

나는 장관에게 우리나라 원유수급 사정 등을 자세히 설명하고 왜 정부 승인이 늦어졌는지를 성의를 다해서 설명했다.

그랬더니 단서를 달고 나왔다.

"이유는 알겠다. 어쨌든 너희가 약속을 어겼고 골든벨이 이익을 보는 것은 아니지만 한국이 300만 달러 이익을 보니, 그 금액을 석유화학제품 수출가격을 깎는 데 동의해야 승인하겠다."

정말 첩첩산중이었다. 한 가지를 해결하면 다른 것이 가로막았다.

"안 된다. 그럴 수는 없다."

오후 내내 장관과 나의 기싸움이 시작되었다. 결국 우리는 플라스틱 수출가격을 150만 달러 깎는 데 합의했다. 그리고 그는 허가서를 써주었다.

"당신, 지독한 장사꾼이다."

이란 상공부 장관이 마지막으로 나에게 한 말이다.

드디어 선적

이란 상공부 장관의 허가서를 가지고 이란의 관계기관을 다시 돌았다. 프랑스로 날아가 BNP에 계좌도 다시 열었다.

우여곡절 끝에 우리 석유화학 제품을 선적했다. 원유도 50만 배럴씩 세 차례에 걸쳐 도입했다. 양쪽의 물량을 전부 주고받는 데 무려 8개월이 걸렸다. 그 결과 단 한 건의 거래 성사로 3,150만 달러를 수출할 수 있었다. 정말 1년에 걸친 대장정이 막을 내린 것이다.

"송 이사에게 상을 줘야 한다."

석유화학 업계에서는 그런 이야기를 하곤 했다.

다소 장황한 이야기가 되었는지 모르지만 나는 당시의 수출 건에 대해서 큰 자부심을 가지고 있다. 내가 성사시킨 거래로 인해서 우리나라의 석유화학 업계에 숨통이 트이게 되었기 때문이다.

그 일을 계기로 나는 큰 경험과 교훈을 얻었다. 그것은 "리스크를 감수하지 않으면 이익도 없다(No Risk No Gain)"는 것이다.

그 후 베어링 업계에 들어서 일을 할 때도 나는 거시적인 관점에서 일을 처리하고자 노력했다. 그 결과 만성적자에 허덕이던 한국종합기계를 흑자로 전환시킬 수 있었고, 경쟁력 있는 기업으로 만들어낼 수 있었다.

'모든 가능성을 다 열어놓고 일을 하는 것. 그리고 리스크를 감당할 철저한 준비를 하는 것.'

이것이 나의 수출 노하우다. 오래 전 나의 경험이 수출전선에서 뛰고 있는 후배들에게 조금이라도 타산지석이 될 수 있기를 빌면서 지난 일을 회고해 보았다. 그리고 나는 지금도 어떤 거래라도 온 몸을 던져 일할 수 있는 준비가 되어 있는 현역이다.

수출의 역사를 개척한 사람들 5

남덕우 | 전 국무총리

쓴맛, 단맛 수출 20년

"남 교수! 그 동안 정부정책에 대해 비판을 많이 하던데, 이제부터 맛 좀 봐!"

박정희 대통령은 재무부 장관 임명장을 주면서 한 마디 툭 던졌다. 그러면서 내 손을 꽉 잡았지만, 나는 어리둥절할 수밖에 없었다. 내가 정부정책을 비판한 글을 종종 쓴 것은 사실이지만, 내딴에는 어디까지나 건설적이고 온건한 것이라고 생각했기 때문이다. 어쨌든 그후 나는 10여 년 동안 박정희 정부에서 일하면서 쓴맛, 단맛을 다 본 셈이다.

정확히 말한다면 1969년 10월 21일, 나는 재무부 장관이 되어 행정부에 들어선 후 1979년 10월 27일 박 대통령이 서거하기까지 그분을 위해 파란 많은 세월을 보냈고, 사적으로는 단맛보다 쓴맛이 많은 나날이었다.

내가 어떻게 해서 정부에 들어가게 되었느냐고 묻는 사람이 많다. 상세한 이야기는 그만두고, 제1차·제2차 경제개발계획이 추진되던 무렵 나는 미국 유학에서 돌아와 서강대학교에서 경제학을 가르치고 있었다. 평가교수단의 일원이 되어 정부정책의 자문 역할을 하고, 박 대통령이 주재하는 평가교수단 회의에서 정책 문제에 대해 몇 차례 보고를 했다. 그것이 박 대통령과의 첫 만남이었다.

그러다가 1968년 미국 스탠퍼드 대학교의 초청을 받아 1년 동안 그 곳으로 가게 되었는데, 어느 날 평가교수단회의가 끝난 후 박 대통령이 교수들과 일일이 악수를 하고 퇴장할 무렵, 안내하던 총리실 기획조정실장이 내가 미국으로 간다고 귀뜸을 했다. 그러자 박 대통령은 놀란 듯이 나를 돌아보고 청와대에 들어오라는 것이었다. 청와대 집무실로 들어가자 대통령은 다음과 같이 물었다.

"남 교수! 미국으로 간다던데, 아주 가는 거요?"

"아닙니다. 1년입니다."

대통령이 "무엇 하러 가느냐, 가족들을 두고 가느냐" 등을 물어보기에 노모와 두 아이를 남겨두고 내자와 어린 놈 하나만을 데리고 간다고 변명처럼 대답했다.

박 대통령은 벨을 찍 눌렀다.

"비서실장! 여기 남 교수가 미국에 가는 모양인데, 미국에 있는 동안 식구들 좀 돌봐줘요."

적은 월급으로 미국과 국내에서 생활비를 나눠 써야 하는 처지를 배려한 대통령의 인정에 나는 감격할 수밖에 없었다.

"남 교수는 미국에 가서 우리 실정에 꼭 맞는 경제정책을 열심히 연구해 가지고 돌아오시오."

1년 후 8월에 귀국했는데 10월 21일 뜻밖에도 내가 재무부 장관으로 임명되었다는 사실을 라디오를 듣고 알게 되었다. 사전 연락을 하려고 청와대에서 나를 찾다가 시간이 없어 미리 발표한 모양이었다.

쥐어짜지만 말아라

당시 재무부 장관이 하는 업무는 대부분 개발 자금을 대는 일이었다. 재무부는 통화를 조절하고, 금융을 관장하며, 세제를 다루는 일이 주 업무였지만 그 때는 무엇보다 내자 및 외자조달이 급선무였다. 한 마디로 돈이 있어야 무슨 일을 벌이든지 말든지 할 것 아닌가?

박 대통령은 직관적으로 수출의 중요성을 인식하고 있었다. 자원 빈국인 우리나라는 무엇으로 먹고살 것인가? 5000년 동안 파먹고 살아온 손바닥만한 땅덩어리를 또 파고 있을 것인가? 우선 먹고살자면 수입이 필요한데, 수입대금을 치르자면 수출을 해야 하지 않는가? 수출을 하자면 원자재 수입이 필요한데, 그것을 가공해 수출하면 남아 떨어지는 것이 있지 않은가? 뿐만 아니라 수출을 하면 당장 먹고 살 물자뿐 아니라 경제개발에 필요한 물자를 수입해서 이 나라 경제를 일으킬 수 있지 않은가?

그러므로 첫째도 수출이요, 둘째도 수출이다. 이러한 소박한 생각이 박 대통령의 수출제일주의 철학이었다. 그런데 정부의 수출 드라이브 정책을 둘러싸고 학계에서 논란이 없지 않았다. 일부 학자들은 수출이 확대되면 선진국의 경제체제에 종속될 수밖에 없다는 후진국 종속론을 강조하며, 수입대체에 중점을 두어야 하고 경쟁력이 있는 농업부터 개발해야 한다는 주장을 펼치기도 했다. 그러나 박 대통령은 이를 일축했다. 결과적으로 박 대통령의 수출제일주의가 우리 경제를 성장궤도에 올려놓은 것이다.

박 대통령은 1965년부터 '월례 수출진흥확대회의'를 열어 직접 수출을 챙겼다. 이 회의에는 수출에 관계되는 행정부·기업·금융·유관기관의 대표들이 모두 참석하는데, 수출에 관련된 문제들이 상세히 논의됐다. 월별 수출액이 차트로 보고되고 수출이 잘 되고 있다는 보고가 행해지면 대통령의 얼굴이 밝아지고, 반대의 상황이 펼쳐지면 금세 얼굴이 어두워졌다. 따라서 관계자들은 수출액을 늘리기 위해 직접 기업들을 찾아다니며 독려했고, 때로는 바이어들의 주문이 있기 전에 우선 외국에 나가 있는 현지법인에 물건을 보내놓고 그것을 수출로 잡는 일도 있었다. 이 회의에서는 월별·품목별·지역별 수출동향을 점검하며, 수출증대를 위한 각종 시책들도 펼쳐졌다.

그런데 회의가 있을 때마다 재계 대표들은 자금과 세금 타령을 하는 것이 예사였다. 요컨대 재무부 장관이 도와주지 않기 때문에 수출이 안 된다는 말투였다. 그럴 때마다 나는 피고의 입장에서 물가안정을 위해 통화긴축이 불가피함을 설명하느라고 애를 먹었다. 박 대통령은 이 자리에서는 아무 말도 하지 않고, 일어서면서 나보고 청와대로 들어오라는 것이었다.

청와대에 들어가자 박 대통령은 "재무부의 고충을 모르는 바 아니나 기업의 호소를 들어주는 방법이 없겠느냐?" 하는 것이다.

"남 장관, 쥐어짜지만 말고…."

두손으로 빨래 쥐어짜는 시늉을 하는 대통령에게 물가안정을 위한 긴축정책이 얼마나 어려운 것인지를 설명하고, 일본에서는 긴축재정 정책을 펴다가 암살당한 대신이 있었다는 말까지 덧붙였다. 그러나 결국 "장단기 대책을 강구하겠습니다" 하고 그 자리를 물러나왔다. 24시간 수출만을 생각하는 대통령이 이 지구상에 또 있을까 생각하면서….

사채 동결

기업계 자금난의 아우성은 계속되었다. 자기자본이 빈약한 기업들이 1년 기한의 단기자금을 빌려 몇 년이 걸리는 장기투자에 투입하다 보니 언제나 운전자금이 부족하고, 어쩔 수 없이 사채를 쓰지 않을 수 없는 형편이었다. 그렇다고 무작정 은행에서 돈을 풀면 인플레이션이 일어나고 결국에는 수출 기반이 약화된다.

1969년에 경제성장률은 13.8%로 경이적인 것이었지만, 그 해의 소비자 물가상승률은 12.5%였다. 그런데 세계경기 불황의 여파로 1970년의 경제성장률은 7.6%로 뚝 떨어졌으나 물가는 16.1%나 상승했다. 당연히 경제지표에 빨간불이 들어온 것이다. 그런데 어느 날 김용완 전경련 회장이 청와대를 방문해 대통령에게 업계의 자금난과 사채 문제를 읍소했다. 여기에서 발단한 것이 1972년 8월 3일의 사채동결 조치(이른바 8·3 조치)다. 대통령의 특명으로 청와대 비서실장, 김용환 경제수석, 그리고 나 자신이 주축이 되어 극비리에 8·3

조치를 준비하고 있었는데, 나는 이 조치가 기업에게 일시 도움을 주고, 사채의 문화적 고질을 혁파하는 효과는 있겠지만 정부가 금리를 통제하는 한 사채가 재발할 것이라고 생각했다. 그리고 사유재산권의 침해를 회피하기 위해 사채를 주식으로 전환하는 것을 주요 내용으로 삼았다. 예상했던 대로 그 후 국회 특별위원회에 불려나가 1개월 동안 의원들의 모진 질타에 시달렸다.

제2금융권 개발

8·3 조치로 기업들이 한숨을 돌린 것은 사실이다. 그러나 그것만으로 자금부족 문제가 해결된 것은 아니었다. 후진적인 우리나라 금융제도를 선진화하는 것이 근본대책이라고 나는 생각했다. 그래서 8·3 조치와 때를 같이해 이른바 '금융3법'을 국회에 제출했다. 첫째는 사채를 제도금융으로 유도하기 위한 단자회사, 둘째는 종전의 무진회사 등을 제도권으로 흡수하기 위한 상호신용금고, 그리고 셋째는 서민금융을 담당하는 신용조합 등의 설립과 운영에 관한 법률이었다. 그 밖에 증권시장을 투기장소가 아니라 기업의 자금조달 창구로 개편하고, 중소기업신용보증제도를 창설한 것도 이 때의 일이다. 이러한 제도를 통틀어 '제2금융권'이라고 하는데, 이 부문의 특징은 정부의 규제를 비교적 적게 하고 시장원리를 활용해 내자 동원을 극대화하고자 했던 것이다.

그것은 박 대통령께 장단기 대책을 마련하겠다고 약속한 일의 실천이었다.

《《《다만 경제의 운명을 걸고 있을 뿐이다

그러나 만성적 자금 부족이 더욱 가중되는 일이 벌어졌다. 1973년 1월 12일, 박정희 대통령은 연두 기자회견에서 이른바 '중화학공업 선언'을 발표했다. 그 동안 대통령비서실 경제 제2수석비서관 오원철씨를 중심으로 청와대에서 비밀리에 중화학공업 개발계획을 만들어왔던 것이다. 중화학공업 개발계획은 철강·비철금속·조선·전자·화학 등 6개 분야의 생산시설을 건설한다는 매우 야심적인 계획인데, 이 방대한 투자계획을 뒷받침할 자금계획이 전혀 없었다. 그러므로 그 후 중화학공업 개발에 관한 회의가 있을 때마다 나는 자원조달 문제를 거론할 수밖에 없었다. 그러다 보니 나는 중화학공업 반대론자로 비쳤던 모양이다.

그러나 나 자신도 중화학 공업개발의 필요성을 인식하고 있었다. 당시 장예준 상공부 장관은 신발이나 섬유 같은 노동집약적 경공업 제품은 미구에 후발 개도국들에게 비교우위를 잃게 될 것이므로 중화학공업의 개발이 시급하다고 보고한 일이 있었는데, 그러자 섬유업계는 상공부 장관이 섬유산업을 경시하고 있다며 반발하고 나섰다. 나는 장예준 장관의 견해가 백 번 옳다고 생각했다.

어느 날 대통령과 독대한 자리에서, 대통령은 내게 이렇게 말하는 것이었다.

"과거 일본의 지도자들은 나라의 운명을 걸고 세계를 상대로 전쟁을 하다가 패배했다. 그러나 지금의 일본은 어떠한가? 다음 세대의 지도자들이 다시 분발해 일본을 세계 굴지의 경제대국으로 만들지 않았는가? 민족에게 패기가 없으면 그 민족은 살아남기 힘들다. 나는 이 나라의 중화학공업을 일으키기 위해 나라의 운명을 거는 것이 아니다. 다만 경제의 운명을 걸고 있을 뿐이다. 그러니 남 장관은 기운을 내서 잘 해보기 바란다."

대통령은 나에게 타이르듯 말했지만 그의 결심이 얼마나 확고하고, 동시에 대통령도 자원조달을 크게 걱정하고 있다는 사실을 감지할 수 있었다.

한편 당시 베트남이 패망한 후 다음 공산화 차례는 한국이라는 이른바 도미노 이론이 국제언론에서 유행했는데, 대통령이 자주국방을 위해 중화학공업의 개발을 서두른 것도 사실이다. 이에 대한 학계와 언론의 비판이 있자, 대통령은 "경제적 성장을 기반으로 평화적 남북통일의 기반을 구축하자는 것이지, 전쟁을 하자는 것도 아니지 않느냐?"고 반론했는데 다음날 신문에 대서특필되어 두고두고 이 말이 사람들의 입에 오르내렸다.

대통령의 당부를 받고 나서 혼자서 며칠 동안 궁리한 끝에 생각해 낸 것이 '국민투자기금' 이다. 이 기금은 중화학공업 건설을 위한 자금조달의 큰 부분을 담당하게 되었는데, 이것이 관치금융과 금융억압(Financial Repression)의 전형(典型)이라고 해 학자들로부터 많은 비판을 받아왔다. 필자가 이 기금을 만들 때에는 두 가지 생각을 했다. 첫째는 만약 이러한 장치가 없으면 중화학공업 기업들이 자금이 달릴 때마다 정부에게 금융 알선을 요구해 올 것인데, 그 때마다 정부가 금융에 간섭하면 금융질서는 엉망이 될 것이다. 차라리 법정기금을 설치해 그 테두리 안에서 자금운용을 하도록 하면 금융질서는 그런 대로 유지될 수 있을 것이다. 둘째는 재무부와 금융기관의 방호벽이 될 수 있다는 생각을 했다. 매년 투자기금의 자금수급계획을 편성해 경제각의의 의결을 얻어놓으면, 타 부처들은 그것을 마치 예산과 같이 생각해 그 이상의 자금 요구를 자제하게 될 것이다. 그렇게 해서 타 부처의 무리한 자금 요구를 견제하고 재무부의 재정안정계획을 방호할 수 있다고 생각했던 것이다.

오일 쇼크로 위기에 처하다

1974년 9월 18일 김종필 총리로부터 전화가 걸려왔다. 내가 부총리로 임명되었으니 청와대로 올라오라는 것이었다. 나는 지난 5년 동안의 풍상(風霜)을 겪으면서 지칠 대로 지쳤고 학교로 돌아가고 싶은 생각밖에 없었는데, 이러한 전화를 받고 당황할 수밖에 없었다. "사람을 잘못 택하셨습니다"라고 대답했지만 소용 없는 일이었고 또다시 체념할 수밖에 없었다. 이번에는 박 대통령이 임명장을 주면서 하는 말이 좀 달랐다.

"남 장관은 고생 좀 더해야 되겠소."

1978년 12월 그만둘 때까지 4년 3개월 동안 또다시 쓴맛을 보아야 했다. 1973년 제1차 오일 쇼크로 나라 경제가 국제수지 악화, 물가 폭등, 성장 둔화의 3중고에 빠져들었는데 태완선 부총리가 위기관리에 골몰하다가 결국 쓰러지고 말았다. 그 뒤를 이어 내가 경제기획원으로 자리를 옮기게 되었는데 국제수지·물가·성장의 세 마리 토끼를 동시에 좇다가는 한 마리도 잡을 수 없고, 벌여놓은 중화학 프로젝트를 중단하면 엄청난 손실이 예견되므로 내가 할 수 있는 선택이란 미착수 사업은 연기하고 진행 중인 사업은 조속히 마무리하는 것이었다. 그리고 그를 위해 해야 할 일은 오일 쇼크로 세계 금융시장이 불안한 상태에 있었음에도 불구하고 외자를 최대한 유치하는 것이었다. 그래서 IMF · IBRD · AID · ADB 등의 국제금융기관과 중동 산유국과 차관 교섭을 하는 일이 업무의 큰 비중을 차지하게 되었고, 외국 출장이 잦아졌다. 아마도 역대 경제장관 중에서 나만큼 돈을 빌리러 해외로 돌아다닌 사람도 없을 것이다.

말도 많고 탈도 많았지만 중화학공업 건설은 꾸준히 지속되었다. 그러자 일부 중화학 건설 사업이 준공되어 수출로 이어지고 세계적 인플레도 진정 국면으로 들어선 덕택으로 1977년에는 1962년 이후 처음으로 국제 경상수지가 1,200만 달러의 근소한 흑자를 기록했다. 박 대통령은 경제자립의 첫 걸음이라며 크게 기뻐했고 월례경제동향 보고 석상에서 나를 비롯해 경제 각료들의 노고를 치하하기도 했다. 그러나 이 '단맛'은 일장춘몽에 불과했다. 그 이듬해에는 경기 과열로 인플레가 심화된데 더해 부가가치세를 도입하자 세금을 적게 내려고 영수증 받기를 싫어하는 상인들의 불만의 소리가 들끓었다.

그 해 12월 12일 국회의원 총선거가 있었는데 투표 결과는 여당의 참패로 나타났고, 그 패인은 부가가치세의 실시와 물가고라는 것이 정치권의 중론이었다. 대통령은 어쩔 수 없이 1978년 12월 22일 경제팀의 개각을 단행했다. 청와대로 박 대통령께 인사를 드리러 갔다. 대통령은 정치권에서 떠드니 별 수가 없는데 2개월 후에 다시 부를 터이니 그 때까지 지방경제를 두루 살피고 그 결과를 보고하라는 것이었다. 속으로 '맙소사' 하고 물러나왔는데 18일 후에 나는 또다시 대통령의 부름을 받아 경제특별보좌관으로 임명되었다. 그러나 이듬해인 1979년에는 제2차 오일 쇼크가 일어나서 후임 경제장관들도 고전을 면치 못하고 있었는데, 12월 27일 대통령 시해라는 청천 벽력 같은 비극이 일어났다. 18년 간의 박정희 시대가 막을 내린 것이다.

 자나깨나 나라를 생각하고, 방방곡곡에 나무를 심어 헐벗은 강산을 푸르게 만들고, 저수지를 만들고, 경지 정리와 품종 개량으로 조상전래의 보릿고개를 없애버리고, 새마을 운동을 전개해 자조·근면·검약의 국민 정신을 진작하고, 도로와 항만과 댐을 건설해 경제 기반을 쌓아올리고, 수출과 중화학공업에 온갖 정열을 쏟아 '한강의 기적'을 이룩한 지도자가 있었기에 한국은 지금 세계 제12위의 수출국, 제12위의 경제대국이 된 것이다.

최각규 | 전 상공부 장관

수출 100억 달러, 그 후의 노래

《《《 "임자, 100억 달러 이후가 문제야!"

1977년 12월의 개각으로 나는 농수산부 장관에서 상공부 장관으로 전보되었다.

"임자! 임자가 농수산부 장관 하면서 우리나라 쌀 생산량이 4,000만석을 돌파했어요. 주곡자급의 숙제를 풀게 됐네."

"금년 수출도 100억 달러 목표를 달성할 수 있을 것 같구먼. 헌데 앞으로는 더욱 어려워질 것이야. 임자가 한번 100억 달러 이후의 난제에 새롭게 도전해 지속적으로 수출할 수 있는 기반을 닦는 데 소신을 가지고 잘 해보시오."

박정희 대통령이 상공부 장관 임명장을 수여하면서 하신 말씀으로 기억된다. 흡족한 미소를 띄우며 내 손을 꽉 부여잡았다. 그 분의 손 아귀에는 새삼 강한 힘이 실려 있었다.

《《《주곡의 자급 실현

한동안 우리나라는 보릿고개라는 말이 일상화될 정도로 만성적인 식량부족에 시달리고 있었다. 그러던 중 쌀 생산은 1971년에 다수확 품종인 통일벼 육종에 성공한 이래, 우리의 식성에 맞도록 품질을 지속적으로 개량·육종하는 한편 다수확 신품종의 식부면적의 확대, 영농기술을 개선, 보급, 쌀 수매가격의 인상 등으로 주곡 자급자족의 발판을 마련하게 되었다.

 1977년 단보당(段步當) 쌀 수확량은 평균 494kg으로 세계 최고기록을 수립했고 드디어 쌀 생산 4,000만 석을 달성하게 되었다. 쌀 절약을 위한 밀가루 분식, 잡곡을 섞은 혼합곡의 방출, 쌀의 7분도 정미(精米) 등의 구차함에서 벗어나 우리도 인도네시아에 쌀을 수출하고, 쌀막걸리 양조를 허용할 수 있을 만큼 쌀이 남아도는 주곡의 자급을 이룩한 것이다. 쌀막걸리 양조를 허용할 때, 박 대통령께서 "농민이 마시는 막걸리 농주는 술이 아니고 식량이다"라고 하셨던 말씀이 지금도 기억에 새롭다.

《《《특명(特命) 1호 '산업구조의 고도화'

당시까지 우리나라의 수출은 비교우위에 입각한 노동집약적인 산업에 집중되었다. 섬유 · 신발 등 단순 가공조립한 노동집약적인 경공업 제품을 세계 곳곳에 수출해 1977년 100억 달러 수출을 이룬 것이었다.

지금은 '메이드 인 차이나(Made in China)' 상품으로 채워지고 있지만 당시 우리 국민들은 외국을 여행하면서 그 곳의 백화점에 넘쳐 있는 '메이드 인 코리아(Made in Korea)' 상품을 목격하면서 보람과 흐뭇함을 느낄 수 있었다.

그러나 1970년대 후반에 들어서면서 멕시코, 동남아의 말레이시아 · 태국 · 인도네시아 등이 우리의 수출주도 경제성장 전략을 모방하면서 세계시장에 뛰어들어 우리를 바싹 뒤쫓아오고 있어, 우리의 수출상품은 그들과의 경쟁에서 차츰 밀리지 않을 수 없었다. 뒤쫓아오는 이들을 탓하기보다는 앞서가고 있는 선진국과 격차를 좁혀 그들을 따라잡기 위해 새로운 활로를 개척하지 않을 수 없었다. 100억 달러 이후의 500억 달러, 1,000억 달러의 수출전략은 우리나라 산업구조의 선진화 · 고도화에서 찾아야 했다.

'100억 달러 수출'은 우리의 수출전략이 세제, 금융 지원 등의 단선적 수출 드라이브 정책에서 장기적 · 종합적인 산업전략으로 전환하는 새로운 출발이었다.

《《《 '중화학 공업화'를 선언하다

박 대통령은 이미 1970년대 초에 산업구조 고도화를 위해 산업의 중화학 공업화, 기술입국을 천명했다. 그래서 울산공업단지, 구미전자

공업단지에 이어 새롭게 대규모의 창원 기계공업단지, 여천 제2석유화학단지, 반월(현재는 안산)중소기업 공업단지 건설에 착수했다. 포항제철에 이은 제2제철소 건설을 서두르게 되었으며, 이에 맞추어 '국민투자기금'을 신설해 중화학 투자를 위한 자금조달제도를 마련했으며, 정부 내에 중화학계획단이 구성되어 중화학투자의 장·단기 계획의 수립에 착수했다.

정부가 수립한 계획에 따라 앞서 말한 공업단지는 물론 기타 공업지역에서 석유화학·철강·기계·발전설비·조선·자동차·전자·통신 등 중화학 투자가 불붙기 시작했다.

1977년 말 상공부 장관으로 전임되었을 때는 중화학 투자가 본격화되고 있었으며, 부분적으로는 업체 간 과당경쟁, 과잉·중복투자의 폐단이 노출되고 있었다. 따라서 상공부는 이미 착수된 사업의 차질 없는 건설뿐 아니라 업체 간 중복, 과잉투자의 조정과 시정에 주력하지 않을 수 없었다. 그러나 민간기업의 투자의욕을 꺾지 않으면서 지나친 의욕과 과당 경쟁을 조정하는 것은 정부로서는 여간 어렵고 까다로운 일이 아니었다. 원론적으로는 해야 한다고 강조하면서도 각론에서는 부작용과 폐단을 책망해야 하는 모순을 극복해야만 했다.

발전설비 일원화, 자동차 공업의 다원화를 둘러싼 재벌 그룹 간의 치열한 경쟁뿐 아니라 심지어는 그룹 내 형제 간 영역 다투기 등은 그 폐단과 부작용의 대표적 사례라고 할 수 있다. 지나고 보면 과당경쟁과 과잉투자가 경영부실의 요인이었음을 결코 부인할 수 없으나, 또 다른 한편 장기적으로는 이들 중화학 투자가 성장잠재력을 키우는 효자노릇을 했으며, 수출증대의 원동력이 되었다고 생각한다.

뒤돌아보면 이것은 본질적으로 정부주도 산업정책의 폐단이었으며, 시장원리만이 궁극적 해결사라는 진리를 다시금 되새기게 한다.

기술입국 '대덕연구단지' 조성

산업구조 고도화는 산업의 고부가가치화와 기술집약화를 의미하는 것이었다. 1973년 1월 박 대통령의 지시로 대전시 유성구 일원 840만 평을 과학·기술 연구단지로 고시했다. 5년 간의 조성공사 끝에 1978년부터 업종별 전문연구소가 발족·입주하면서 연구활동이 본격화되었다. 대덕연구단지는 현재 232개 연구기관이 입주, 연구인력도 2만여 명에 달해 명실공히 우리나라 산업기술 개발의 산실이 되고 있다.

중화학공업에 대한 애착

박 대통령의 중화학공업 공장에 대한 애착은 마치 제대로 키우고 가르치지 못한 채 시집보낸 딸을 걱정하는 친정어머니의 심정과도 같았다.

예를 들면, 1977년 여름은 가뭄이 심했다. 당시 나는 농수산부 장관으로 가뭄 피해 극복을 위한 한해대책을 현지 농촌에서 독려하고 있었다. 마침 진해 저도에 있는 대통령 별장 청해대에서 휴가 중에 있으면서도 가뭄 피해를 걱정하고 있던 대통령은 내가 가까운 곳에 있다는 소식을 듣고 나를 불렀다.

"임자! 임자가 서울 올라가는 길에 준공예정인 여수 제7비료공장 (현 남해화학)에 한번 들러봐요."

"예? 그쪽은 상공부 소관이긴 한데…."

"음, 그냥 한번 들러. 곧 준공될 텐데 준공에 차질이 없는지도 보고."

"거기서 생산될 비료는 농민들이 쓸 테니까 농수산부 소관이기도 해요."

당시 남해화학은 요소 66만 톤, 복합비료 70만 톤의 생산능력을 가진 세계 최대 규모의 비료공장이었다. 따라서 당시 남해화학의 건설을 둘러싸고 비료의 생산 과잉과 재원 낭비와 경영부실 염려 등 비판론이 제기되고 있었고, 박 대통령도 내심 매우 걱정하고 있었다. 당시 농수산부 장관인 내게 건설현장을 직접 둘러보라고 지시한 것은 준공 후 공장이 순조롭게 가동되고 회사가 정상운영될 수 있도록 비료의 수급계획과 가격결정을 관장하는 농수산부가 각별히 관심을 가져야 한다는 뜻이라고 짐작되었다.

또한 내가 상공부 장관에 재직하고 있을 때는 그 동안 추진되었던 중화학산업 공장들의 건설이 본격화되고, 일부는 가동단계에 있었다. 그러나 1979년 제2차 오일 쇼크로 인해 우리 경제는 또 한번의 유가 인상, 세계적인 경기후퇴 등 대외여건이 악화되었다. 게다가 국내적으로는 그 동안 누적되었던 인플레 압력이 가중되는 어려운 여건을 맞아, 그간 건설해 온 중화학공장의 정상운영 전망을 어둡게 하고 있었다. 정부 내에서도 중화학산업의 과잉·중복투자, 인플레 가속을 우려하는 목소리와 안정우선론이 제기되고 있었다.

이렇듯 어려운 상황에서 박 대통령을 뵐 때면 늘 "오늘은 또 어느 공장이 잘못되었다고 하던가?"라고 물으면서 공장건설 현황을 챙기고, 공장의 정상 가동과 운영을 걱정하고 있었다.

물론 이들 공장은 대부분 민간기업에 의해 성사되고 있었으나, 당해 기업주 못지않게 그 건설과 운영의 어려움을 걱정하는 그 분의 심정은 마치 제대로 가르치지 못하고 시집보낸 딸을 걱정하는 친정어머니 같이 느껴졌으며, 위기를 기회로 삼아야 한다는 불굴의 의지도 감지할 수 있었다.

방위산업을 육성하자

"일하면서 싸우고, 싸우면서 일하자."

이것은 1968년에 창설된 향토예비군의 캐치프레이즈다. 그러나 일하면서 싸우려고 해도 우리나라의 무기체계는 형편없었다. 당시는 전력 면에서 북한에 크게 뒤져 안보가 늘 위협받는 상황이었다.

더구나 1970년대 초 베트남의 패망과 미국 닉슨 대통령의 "스스로 지키려는 우방만을 도울 것이다"라는 이른바 '닉슨 독트린' 발표는 우리의 자주국방 태세를 재촉하는 계기가 되었다.

정부는 1973년 2월 방위산업에 관한 특별조치법을 제정해 적극적인 방위산업 육성에 착수하게 되었다. 그러나 현대적 군사장비와 병기를 국산화한다는 데에는 고도의 기술과 정밀성을 갖춘 산업설비와 기술력의 확보가 필수불가결했다.

일례로 방위산업 육성 초기에 이런 일화가 있다. 방산업체로 지정받은 한 업체에서 칼빈 소총을 완전 분해했다. 그리고 그 모양을 본따 그대로 만들었다. 제작을 완료해 시험사격을 했다. 모두 다 기대를 하고 있는 가운데 방아쇠를 당겼다. 그런데 '쾅' 하며 멀리 날아가야 할 총알이 바로 앞에 툭 떨어져버렸다.

군사장비와 병기의 생산은 고도의 기술과 정밀도를 요하는 기술력, 그리고 현대적 설비와 장치를 갖추고 있어야 가능한 것이었다. 정부는 국방부 산하에 국방과학연구소를 설립하고, 부문별로 방위산업 업체를 지정, 이를 중점 육성해 나갔다.

창원공단의 기계공업 업체는 우리나라 방위산업의 주력이 되었으며, 정부가 지정한 부문별 방산업체는 핵심기술의 도입, 자체 기술개발, 생산장비와 설비의 구축 등으로 일반 병기의 국산화에 성공할 수 있었다.

산업구조 고도화를 위한 중화학 투자는 기술의 개발과 축적, 설비의 구비로 방위산업 분야에서도 성과가 나타나기 시작했으며, 또한 방산품의 생산능력은 금속·기계·정밀공업의 수준을 한층 높이는 촉진제가 되었으며, 이를 통해 우리나라 공업구조를 한층 고도화할 수 있는 터전이 되었다.

겁없는 수출꾼, 전자부문으로

당시 우리나라 방송사는 흑백 TV를 방영하고 있어, 컬러 TV의 국내 시장은 전무한 상태였다. 그러나 흑백 TV 생산에서 생산기반을 마련한 우리 업계는 세계시장을 상대로 이미 컬러 TV 100만 대 생산능력을 갖추고 있었다.

이 때 한·미 통상협의차 내한한 미국 대표가 "한국은 국내 시장에서 한 대의 컬러 TV도 팔 수 없으면서 100만 대의 컬러 TV 생산설비를 갖추는 것은 결국 미국 시장을 겨냥하고 있는 것이 아니냐?"고 시비를 걸어왔다. 우리로서는 이에 대응하기 어려웠다.

고심 끝에 상공부는 컬러 TV 방영을 건의하지 않을 수 없었다.

"각하! 우리나라도 이제 TV 방송방식을 컬러로 바꿔야 할 때가 된 것 같습니다."

내가 그런 말을 꺼낸 데는 다 이유가 있었다. 당시 우리나라 전자산업계는 흑백 TV 생산이 포화상태에 이르고 있었다. 세계시장 수출도 한계에 이르렀다. 컬러 TV의 보급이 빠르게 진행되고 있었기 때문에 흑백 TV는 더 이상 팔리지 않았다. 그래서 전자회사들은 컬러 TV를 만들어 팔았다. 그러나 컬러 TV에 대한 해외경쟁력이 높지 않아 고전을 면치 못하고 있었다. VTR 같은 부가가치가 높은 제품은 선진국들이 기술이전을 해주지 않아 아직 진입을 못하고 있었다. 결론적으로는 내수 시장에서 컬러 TV를 사줘야 전자업계가 살아날 판이었다.

"음, 임자 말이 맞아. 그래, 우리도 이제는 컬러 TV 방송을 할 때가 됐어."

박 대통령은 그렇게 이야기하고 한동안 침묵을 지켰다. 그러다 무겁게 입을 뗐다.

"그런데 말이야. 우리가 새마을 운동하면서 생활을 바꾸고, 아들, 딸들이 어렵게 돈 벌어서 TV도 사다주고 했는데 갑자기 컬러 TV로 바꾸면 다시 몽땅 구입해야 하잖아. 가계 경제에 미치는 영향이 너무 커. 조금만 기다려 봅시다."

그렇게 말하면서 호텔 등 필요한 곳에는 컬러 TV를 놓도록 하라고 지시했다. 이렇게 해서 1979년부터 부분적으로 컬러 TV가 설치되었다.

한편 10·26 사태 이후 신정부가 주저없이 컬러 TV 방영을 단행한 것은 우리가 익히 알고 있다.

오늘날 우리나라는 반도체 기술 면에서 세계 톱 랭킹의 위치를 차지하고 있다. 그러나 1978년 당시 삼성전자 부천 반도체공장의 연구원들이 우주인과 같은 복장을 착용하고 있었던 것이 당시 무척 생소한 모습으로 기억된다. 당시 시설 역시 현재 수원의 반도체공장과 비교하면 초라하기 짝이 없는 작은 규모의 가건물이었다. 세계 제1위의 최첨단 반도체기업으로 성장한 소식을 들으면서, 당시의 초라했던 모습이 다시 또 상기된다. 비록 초라했지만 그러한 출발이 있었기에 오늘의 성과를 낳은 것이 아닌가?

《《《《중진공과 섬산련 설립

정부의 산업구조 고도화 정책과 더불어 중소기업의 육성으로 산업의 저변을 확충·강화하는 것이 또한 당면한 과제였다. 그래서 상공부는 중소기업 근대화 촉진법을 제정하고 중소기업의 애로 타개와 육성을 위한 전담기구로서 중소기업진흥공단을 신설했다.

  당시 중소기업청의 신설도 고려했으나 정부기구 중복을 피하면서 오히려 중소기업의 애로분야인 자금·기술·경영 지원과 산업의 계열화·협동화·협업화의 촉진 등을 직접 지원하는 중진공의 신설을 선택했다. 중진공은 설립 이래, 지속적으로 지원범위를 확충하고 지원 내용과 방법을 개선하고 있어, 지금도 중소기업계가 가장 신뢰하고 의지하는 명실상부한 지원·육성기관으로 발전하고 있다는 소식을 들으면서 지난날의 한 보람으로 생각하고 있다.

  당시 우리나라 섬유산업은 국제경쟁력 약화로 이미 수출 주도산업은 아니었으나 산업의 저변을 지키고 일자리를 마련하는 산업이었다. 상공부는 섬유산업 합리화 촉진법을 제정하고, 화섬·면사·방직 등 '업 스트림' 대기업과 봉제·의류·가공 등 중소영세 '다운 스트림'을 연결시켜 섬유업계가 상부·공영할 방책을 자율적으로 마련할 수 있도록 '섬유산업연합회'를 신설했다. 그러나 지나고 보니 당초의 설립 취지는 많이 퇴색되고 연합회의 고층빌딩만이 솟아 있다.

수출 500억 달러 고지를 넘어

지속적인 산업구조 고도화, 기술입국의 실현, 중소기업 지원을 통한 산업의 저변강화 등의 제반 정책을 수출전략으로 구체화했다. 그에 따라 전자·통신·가전전기·석유화학·철강·조선·가공기계·정밀기기·자동차·시멘트 등 '10대 수출역점 산업'을 선정했으며, 500억 달러 수출계획을 입안하게 되었다.

이러한 상공부의 수출전략은 이후 10·26 사태, 제2차 오일 쇼크 등 대내외적 격변을 겪으면서 조정을 면치 못했으나, 이후 500억 달러 수출목표 달성에 기여한 업종별 수출비중 변화 추이를 지켜보면 대체로 당시의 정책이 주효했음을 알 수 있다. 지난 일들을 되새겨보며 역시 그 동안의 수출상품 구조의 변화를 실감할 수 있었다.

끝으로 10·26 사태와 정치적 혼미 속에서, 경제운용은 큰 혼란 없이 정상궤도를 회복할 수 있었던 것은 뒤이은 정부의 지도력과 경제팀의 올바른 판단과 노력의 결과도 있었지만, 그 동안 우리나라 기업과 근로자들이 쌓아놓은 저력과 경쟁력이 그 뒷받침이 되었다고 생각한다. 우리 기업들의 저력과 경쟁력은 그 동안 더욱 자라고 커져서 2004년에는 수출 2,000억 달러의 대업을 성취할 것으로 예상된다.

이제는 옛이야기가 되었지만 한때 수출전선에 섰던 사람이었기에 치열한 국제경쟁에서 승리, 2,000억 달러 수출을 이뤄낸 정부, 기업, 근로자를 비롯한 관계자 여러분께 격려의 박수를 보내고 감사의 마음을 전하고 싶다.

지난 일도 결코 쉽지 않았으나 앞으로는 더욱더 어려워지지 않겠는가? 봄철에 씨를 뿌려야 가을에 추수할 수 있고, 뿌리깊은 나무라야 흔들리지 않는다.

김정렴 | 전 상공부 장관

수출은 국력의 총화

《흔들리는 혁명정부

5·16을 통해 들어선 혁명정부는 조국 근대화와 민족중흥을 표방하면서 국민경제를 계획적으로 발전시키기 위해 1962년부터 경제개발 5개년 계획을 실시했다. 그러나 여러 가지 문제로 인해 이의 추진까지는 우여곡절이 많았다. 특히 민정 이양을 종용하는 미국측의 원조 감소와 연이은 쌀 흉작으로 극히 어려운 국면이 지속됐다. 경제정책에 있어서도 학계·언론계·실업계에서는 "수입대체 산업을 육성해 자립자급경제를 확립해야 한다"는 측과 "무슨 소리냐? 수출이 우선 되어야 한다"는 측이 강하게 맞서 혼미를 거듭했다.

이런 상황이 지속되다 보니 혁명정부 기간 동안 재무부 장관이 5명이나 교체되고, 상공부 장관은 4번이나 경질되었다. 혁명정부의 진로에 대한 뚜렷하고 장기적인 정책이 없어 국정이 표류하고 있었다.

혁명정부에서 재무부 차관을 하다 사임한 뒤 연세대 교수 임용을 추진하고 있을 때였다. 1964년 3월 최두선 내각으로부터 한·일 회담 청구권 대표위원을 맡아달라는 요청을 받게 되었다. 도쿄로 가라는 훈령을 받고 급히 현지에 당도했다. 내 임무는 당시 〈한국일보〉 사장으로 있던 장기영씨가 한·일 농림장관회담과는 별도로 추진하고 있던 어업 및 선박협력자금 확보를 위한 비밀막후교섭에 조력하는 것이었다.

당시는 태평양 전쟁 후 맥아더 사령부가 한·일 간 어업분쟁을 사전에 막기 위해 동해 가운데에 이른바 '맥아더 라인'을 설정해 양국 어선의 무단 월선을 금지하고 있었다. 미국의 일본 점령이 종료되어 이 라인이 철폐될 때, 이승만 대통령은 '평화 라인'을 선포함으로써 일본 어선의 월선을 금지시켰다. 그러나 한·일 국교가 정상화되면 국제법에 의해 영해 2마일 밖은 공해로 인정되어 우수한 장비를 갖춘 일본 어선의 자유로운 조업이 가능해, 우리 어민들이 타격을 입게 될 것이 명약관화했다.

장기영씨의 노련하고 정력적인 막후교섭으로 1964년 3월 말까지 협상한 결과, 당초 김종필-오하라 간 협상결과(金·大平 메모) 이상으로 일본측이 상당한 금액의 어업 및 선박차관을 제공한다는 데 합의했다. 이 막후교섭으로 양국은 이듬해인 1965년 4월, 무상 3억 달러, 장기저리 정부차관 2억 달러, 민간상업차관 1억 달러 이상이라는 기본합의 외에 어업 및 선박협력 자금으로 1억 2,000만 달러를 제공키로 한 것이었다. 이 합의는 우리나라 수산업 부흥의 기반이 되었다.

마침내 한·일 양국 정부는 한·일 회담의 조기 타결과 5월 조인이라는 기본방침에 합의를 보았다. 이 사실이 국내에 알려지자 서울에서는 '한·일 회담 즉각 중지' 요구와 '대일 굴욕 저자세 외교'를 규탄하는 대규모 학생시위가 연일 지속되었다.

학생시위가 계속 격화되자 한·일 농림장관회담도 4월 3일 일단 중단되었고, 장기영씨가 추진한 막후교섭도 일시 정지되면서 나는 4월 18일 귀국했다. 일본에서 체류한 기간 동안 거의 매일 같이 장기영씨를 만나 일본과의 협상전략을 상의하는 한편, 짬짬이 일본 경제와 우리나라 경제 진로에 대해서 토론을 벌였다.

뉴욕 연방준비은행과 IMF에서의 연수, 두 번에 걸친 한국은행 뉴욕사무소 근무, 미국에서 경제학 석사과정 이수 등을 거치는 동안 미국 경제에 대해서는 나름대로 식견을 가지고 있었다. 또 일본에 관해서는 한국은행 도쿄지점 조사담당 참사로 1년 간 근무하고, 한·일 회담관계로 3개월여 일본에 머무르는 동안 일본 경제에 관한 서적을 많이 탐독할 기회가 있었다.

미국의 경우에는 광대한 국토와 2억 명이 넘는 인구, 그리고 자원이 풍부한 나라로서 수출에 그다지 신경을 쓰지 않아도 국내 시장만으로도 경제를 발전시킬 수 있었다. 특히 달러화가 국제결제통화인 만큼 국제수지상의 적자는 화폐발행으로 충당할 수 있어 민간 주도의 자유경제가 적합했다.

반면에 협소한 국토를 가진 일본은 빈약한 자원으로 1억 명 이상의 인구를 먹여살려야 하는 처지에 있어 해외로부터 원료를 수입·

가공해 국내 수요를 충족시키는 동시에 수입대금을 마련해야 했다. 이에 일본은 극히 제한된 자원과 자본을 최대한 효율적으로 활용하기 위해 정부주도 산업정책 하에 수출지향적 공업화를 추진하고 있었다. 특히 자원 소모량이 적고 외화 가득률이 높으며, 수출에 있어 장벽이 거의 없는 고도 공업부문과 중화학 부문에 치중하고 있었다.

장기영씨와 나는 한국 경제의 나아갈 길은 여러 조건에 비추어 볼 때 일본과 같아야 한다고 생각의 일치를 보았다. 즉 수입대체 산업 육성에 안주하지 말고 보호장벽을 없애는 자유화를 실시, 국제경쟁력을 강화하는 동시에 수출지향적 공업화에 착수하고, 나아가 중화학공업과 고도 기술산업으로 발전해 나가야 한다는 것이었다. 귀국 전, 장기영씨의 요청으로 그간 장기영씨와의 논의 요지를 정리해 드렸다.

박 대통령에게 한·일 막후교섭을 보고하는 기회가 마련되었다. 이 자리에서 장기영씨는 한국 경제가 나아가야 할 길은 수출입국과 수출지향적 공업화라는 점을 강조했다. 박 대통령은 전폭적인 동의를 표하는 동시에 국가 기본정책의 하나로 삼겠다고 약속했다. 이로써 흔들리던 혁명정부의 경제정책은 수출과 수출지향적 공업화로 방향을 잡게 되었다.

수출을 국시로

장기영씨와 더불어 도쿄에서 귀국한 지 23일 만인 5월 9일, 이른바 '방탄내각' 이라고 불리던 최두선 내각이 총사퇴했다.

"급히 좀 봅시다."

장기영 사장의 전화였다. 그 날 오후 늦게 〈한국일보〉로 찾아갔다.

"내가 경제기획원 장관으로 입각교섭을 받고 있는데, 아직 결심을 못하고 있어요."

그는 우리나라가 당면한 주요 경제문제와 그 대책에 대한 아이디어를 요약해 내일 아침 6시까지 가져와달라고 주문했다.

당시 IMF는 매년 우리 정부와 연차협의를 할 때마다 수입대체 산업에 대한 각종 보호정책의 시정, 즉 환율과 금리의 현실화, 수입의 자유화, 관세율의 인하 등 이른바 '시장자유화 정책'을 강력히 권고하고 있었다. 그러나 정부는 경제계에 미칠 엄청난 충격과 격렬한 반발을 예상해 감히 엄두도 내지 못하고 있었다.

나는 어떤 난관을 무릅쓰고서라도 시장자유화 정책을 단행해야만 우리 산업의 체질개선과 지속적인 경제성장이 이루어질 수 있다고 굳게 믿고 있었으므로, 시장자유화 정책을 위주로 메모를 작성했다.

환율을 대폭 절하하고 금리를 시중금리 수준으로 크게 인상하면, 외국차관을 도입한 기업체와 금융기관으로부터 융자를 받고 있는 기업들의 차관원리금 상환과 이자부담이 일시에 크게 증가해 경영에 주름살을 주게 될 것이었다. 또한 수입을 자유화하거나 고율의 관세를 인하하면 수입규제나 관세장벽으로부터 보호를 받으며 안주하고 있던 국내 산업이 크게 타격을 받게 될 상황이었다.

즉 시장자유화 정책이 단행되면 거의 모든 국내 기업들은 체질개선을 하지 못할 경우, 도산될 위험이 뒤따르기 때문에 모든 경제계의 반발과 아우성이 이만저만 아닐 것이었다. 민심에 민감한 여당도 이에 가세할 공산이 컸다. 만일 경제계의 반발과 정치권의 압력으로 시장자유화 정책이 중도에서 좌절되면 국민경제에 일대 혼란과 불안정을 가져오고, 경우에 따라서는 집권여당의 기반조차 흔들릴지 모를 일이었다.

따라서 시장자유화 정책을 시행하는 데 있어서는 최고통치권자인 대통령의 충분하고도 확실한 이해와 끊임없는 지지, 그리고 주무부처인 재무부와 상공부의 적극적인 추진노력과 기타 경제부처의 긴밀한 협조 없이는 성공할 수 없었다.

나는 그 점을 강조해서 메모를 작성했다.

이튿날 아침 충정로의 장 사장 댁으로 갔다.

"내 포부를 유감없이 펼 수 있는 조건이 갖춰지지 않으면 입각하지 않겠습니다. 나에게 완전한 재량권을 준다면 시장자유화 정책을 성공적으로 이루어내겠습니다."

나의 설명을 들은 장 사장은 그렇게 말한 다음 자리에서 일어섰다.

5월 11일 정일권 내각이 발족되었다. 경제부총리제가 신설되면서 부총리 겸 경제기획원 장관에 장기영씨가 임명되었고 상공부 장관에는 박충훈씨가 기용되었다.

이틀 후 장 부총리로부터 다시 만나자는 연락이 왔다.

"대통령에게 국제경쟁력 강화를 위해서는 시장자유화 정책이 급선무이고, 이에 대한 대통령의 확고하고 지속적인 지지와 경제팀의 일사불란한 추진이 절대 필요하다는 점을 역설했습니다."

다음날 아침 일찍 찾아갔더니 장 부총리는 괄괄한 목소리로 말했다.

"그래서 시장자유화 정책에 대한 전폭적인 지지를 약속받았고, 경제팀은 언제든지 장 부총리가 원하는 대로 구성해 주겠으니 기필코 시장자유화 정책을 성공시키라는 당부가 있었어요. 그러니 같이 일해 봅시다."

누룽지, 대구포, 장아찌, 김치 등으로 차려진 아침상을 받으며 그 분은 내게 이 같은 제안을 하는 것이었다. 그러나 나는 곧 연세대에 출강하기로 예정되어 있음을 이유로 고사했다.

한 달쯤 지난 6월 12일, 강의 준비에 여념이 없었던 나에게 사전의 의향타진은 물론 예고도 없이 상공부 차관 발령이 떨어졌다. 내가 고사를 하자 장 부총리가 그냥 밀어붙여버린 것이다. 많은 고민 끝에 나는 다시 정부로 돌아갈 수밖에 없었다.

장 부총리는 취임하자마자 '불도저'라는 별명처럼 시장자유화 정책을 단숨에 밀어붙여 성공시켰다.

시장자유화 정책이 성공하자 IMF 당국은 크게 감명을 받아 각국에 우리의 성공사례를 널리 알렸으며, 국가 신인도도 높이 올라갔다. 차관도입이 훨씬 순조로워졌으며 지원이 잇따랐다.

박 대통령은 이를 크게 기뻐하며 수출을 '국시'로 정하고 각종 경제정책의 초점을 수출증대에 맞췄다.

우리나라가 수출입국을 표방한 것은 무엇보다도 박 대통령의 굳은 의지가 있었지만, 장 부총리의 강력한 건의가 크게 작용했고, 두 번 상공부 장관을 역임한 박충훈씨의 적극적인 추진도 주효했다고 생각한다.

이런 정책기조에 때맞춰 1964년 11월 30일, 마침내 수출 1억 달러를 달성했다. 정부는 이 날을 '수출의 날(1987년에 무역의 날로 변경)'로 선포하고 강력한 수출 드라이브 정책을 펴게 되었던 것이다.

GATT에 가입하다

나는 1966년 1월 상공부 차관에서 재무부 장관으로 임명되었다. 재무부 장관이 되면서 무역부문에 있어서는 관세 및 무역에 관한 일반협정(GATT) 가입과 외국환 전문은행 설립 추진에 중점을 두었다.

GATT는 제2차 세계대전 후 자유무역의 신장을 목표로 IMF, 국제부흥개발은행과 더불어 자유진영의 거의 모든 국가들이 가입하고 있는 범세계적 국제무역기구였다. GATT에 가입하면 전체 가입국과 일괄무역협정을 체결할 수 있어 양자 간 무역협정체결의 번잡성을 피할 수 있었다. 특히 가입국 상호간의 관세양허 교섭을 통해 이미 인하된 6만 6,000개 품목의 양허 세율을 자동적으로 적용받게 되어 우리나라 수출품목의 국제경쟁력이 일약 증대되는 효과도 있었다. 아울러 무역협정을 체결하지 못해 지장을 초래했던 후진국 수출이 용이하고, 쿼터 면에서도 최혜국대우 규정에 따라 유리한 위치를 점할 수 있었다.

그럼에도 우리가 GATT에 가입하지 못했던 이유는, 그간 우리의 무역제도에 수출입 링크제, 쿼터제, 구상무역, 수출보조금 지급 등 이른바 비관세 장벽이 많았기 때문이다.

나는 재무부 장관에 취임하면서 GATT 관계를 전담할 '국제과'를 신설했다. 그 전에 나는 상공부 차관으로 2년여 일하는 동안 관련업계의 반발을 설득·무마해 비관세 장벽을 거의 철폐했다. 더욱이 미국의 케네디 대통령이 주창한 GATT 가맹국들의 대폭적인 일괄관세인하 협정, 즉 케네디 라운드의 타결도 목전에 다다르고 있어 GATT 가입의 대내외적 환경이 조성되어 있었다.

이에 나는 호기로 판단해 GATT 가입을 적극 추진했다. 1966년 5월 20일 국무회의 의결을 통과시켰고, 지체없이 가입신청서를 냈다. 신청 후 제네바 GATT 본부에서 가진 수 차례의 관세양허협상도 순조롭게 진행시켰다.

당시 대상품목은 관세 상호인하 품목 17개, 관세 거치품목 41개, 관세인하 한계점 표시품목 2개 등 총 60개였다.

이 같은 협상 끝에 1967년 4월 15일 GATT에 가입할 수 있었다. 이어서 1개월 후인 5월 15일에 타결된 케네디 라운드에도 참여함으로써 도합 18개 품목의 양허로 1972년까지 관세율을 35~50% 인하할 것을 골자로 하는 케네디 라운드의 혜택을 누릴 수 있었다.

GATT 가입을 통해 우리나라는 수출증진에 크나큰 도움을 받았고, 향후 100억 달러, 200억 달러 수출달성의 기틀을 마련했다.

섬유수출을 지켜라

1967년 10월 3일, 나는 뜻밖에 상공부 장관으로 임명되었다. 장 부총리가 사임하고 박충훈씨가 기용되면서 박 장관의 후임이 된 것이다.

그 동안 정부는 미국·호주·뉴질랜드와 매년 통상장관 회담을 갖기로 합의한 바 있었다. 이에 따라 연례 통상장관 회의가 지속되었고, 1·2차 한·미 통상장관회담은 매우 우호적인 분위기에서 진행되었다. 그런데 1969년 가을 서울에서 열린 회담에서 미국측은 대미 섬유류 수출규제 문제를 느닷없이 제기해 왔다.

원래 미국의 섬유공업은 동북부에서 발달되었으나 점차 노동력이 싼 남부로 이전되어 갔다. 그런데 동북아산 수입품이 밀려들어오자 경쟁력이 떨어져 섬유업계의 불황이 심화됐다. 불황이 심해지자 실업 등 각종 사회문제가 발생해 외국산 섬유 수입이 큰 이슈가 되었다. 1968년 미국 대통령직에 오른 닉슨은 240만 섬유노동자를 대변하고 있었던 더몬드 상원의원의 지지를 얻어 당선되었기 때문에, 이들에게 단단히 빚을 진 셈이었다.

미 상공장관 스텐스는 대선 때 막대한 선거자금을 조달한 재정책임자로 지지자들의 요구사항을 무시할 수 없었다. 이 같은 이유로 스텐스 장관은 일본·대만·한국 등 3국과 대미 섬유수출협정을 체결하고자 했다. 그런데 문제는 일본·대만과의 협상이 쉽지 않을 것으로 판단되자 우리나라를 우선협상국으로 먼저 찍은 것이었다.

회담이 시작되자 스텐스 장관은 다른 의제를 서둘러 처리한 다음 섬유문제를 집요하게 물고 늘어졌다. 나는 난감했다. 왜냐하면 당시 섬유산업은 우리나라의 주력품목이었다. 제조업체에서 차지하는 비중이 24.6%나 되고 고용인원도 41만 명에 이르러, 전체 제조업 취업인구 130만 명의 32%를 차지하고 있었다. 이런 형편이니 수출이 규제되면 경제가 큰 타격을 입을 것이 뻔했다.

미국측의 요구는 과거 1년 간의 수출을 100으로 하고, 향후 연간 수출증가율을 3%로 제한하자는 것이었다. 나는 우리 수출이 미국 섬유 소비량의 0.6%밖에 안 된다는 점 등 여러 가지 이유를 들어 '예외조치'를 강조했다.

그러나 유권자를 의식한 미국측은 계속 강하게 요구해 왔다.

나는 미국의 정치·경제·사회적 사정상 언젠가는 대미수출규정에 관해 협정을 맺지 않을 수 없다고 생각했다. 그러나 신생 섬유국가인 한국으로서는 10년, 20년 앞을 내다볼 때 시간을 벌어 연간 수출증가율의 산정기준이 되는 수출실적을 증대시키는 것이 절대적으로 필요하다고 판단했다.

나는 이에 한 치의 양보도 없이 맞서되 성심성의껏 대응했다. 드디어 일정이 끝나 '장차의 재교섭으로 넘어가는구나' 생각하며 안도의 숨을 쉬고 있는데 스텐스는 굳은 표정으로 말했다.

"우리는 이 문제를 마무리 짓기 전에는 돌아갈 수 없습니다."

스텐스 장관은 회담 연기를 요구하며 주한 미국 대사 등과 함께 총리를 방문했다. 난감해진 정일권 총리는 국방·외교 등 대국적 견지에서 판단해 보라는 견해를 밝히기도 했다. 양쪽에 낀 나는 대통령에게 보고해 지시를 받을까 하는 생각도 들었으나 내 판단대로 밀고나가기로 결심했다.

"한국이 우리의 요구를 듣지 않으면 미국은 일방적으로 수입규제를 할 것입니다. 또한, 일체의 군사원조와 경제원조는 없을 것이니 그리 아십시오."

회담이 재개되자 스텐스 장관은 격렬한 어조로 말했다. 사실 말이 회담이지, 협박이나 다름없었다.

"미국측 요구는 잘 알겠습니다. 그러나 우리 산업계의 준비도 필요하니 시간을 가지고 다시 논의해 봅시다."

나는 우리의 사정을 설명하며 거듭 예외조치를 요청했다.

"알겠습니다. 우리는 더 이상 회의를 할 필요가 없습니다."

스텐스 장관은 내가 하등의 양보도 하지 않는 것을 알자 벌떡 일어섰다. 그리고 작별 악수도 없이 참모들을 데리고 상공부를 떠나버렸다. 나는 30여 년 동안 공직생활을 했는데, 그런 작별은 전무후무했다.

어쨌든 협상은 해를 넘겨버렸다. 우리는 대미섬유수출에 총력을 기울였다.

그 후 한·미 섬유협상은 2년이 지난 1971년 10월 타결되었다. 그때는 이미 우리의 섬유 수출실적이 크게 증대되었고, 수출증가율도 10% 가까이 따내 국내 산업에 큰 타격을 주지 않았다. 미국의 압력을 견뎌내며 협상을 지연시킨 것이 결국 큰 성과를 거둔 셈이다.

《《《수출지원에 필요한 돈을 만들어라

지금 서울 강남 삼성로 한복판에는 55층의 무역센터 건물이 수출대국의 위용을 자랑하며 우뚝 서 있다. 그 옆의 코엑스와 아셈타워도 우리나라 수출입국의 상징물처럼 도시의 랜드마크를 장식하고 있다. 나는 그 앞을 지나갈 때마다 경제성장의 기념물을 보는 것 같아 가슴이 뿌듯해지곤 한다.

내가 상공부 장관을 하던 1968년은 우리나라의 수출업계가 성장을 위해 발버둥을 치던 시기였다. 1968년의 수출액은 3억 5,000만 달러로 1962년의 3,200만 달러에 비하면 11배나 증가했으나, 그 해의 수출목표에는 100만 달러가 미달했다.

박 대통령은 재임 초기부터 월례 수출진흥확대회의를 만들어 꼬박꼬박 수출액을 점검했고, 목표치에 미달하면 얼굴색이 어두워졌다. 그런 정도니 담당관들은 수출액이 미달할 조짐을 보이면 "목 달아난다!"고 초비상이 걸려 발이 부르트도록 업계를 찾아다니며 수출을 독려했다.

상공부도 수출진흥을 위해 각종 묘안을 짜냈으나 예산이 부족해 안타깝기 짝이 없을 때가 많았다. 수출증진을 위해서는 해외시장 개척을 위한 세일즈단의 파견, 국내외 박람회의 개최와 참가, 수출품의 뒤떨어진 포장기술과 세련된 디자인의 개발 등 필요한 일이 한두 가지가 아니었다. 한 마디로 성장을 위한 '영양분'이 절대 필요했던 것이다.

'목적세를 만들면 어떨까?'

그 당시에는 수출진흥을 위해 국경세·수입세·수입과징금 등의 명목으로 수입에 대해 일정한 과세를 하는 나라들이 더러 있었다. 그러나 우리는 무역자유화를 표방했기 때문에 수입세 등을 철폐하면 했지, 수입관세를 올릴 처지는 아니었다. 그렇다면 방법은?

1968년 7월 나는 수출확대회의에서 수출지원 예산의 필요성을 역설하고, 이의 충당을 위해 수입에 대한 과세가 아닌 방법을 고안해 수출진흥기금을 만들겠다고 보고했다. 박 대통령은 보고를 청취하더니 좋다고 하며 관계부처끼리 원만한 협의를 거쳐 성사시켜 보라고 지시했다.

"김 장관, 누구 죽일 작정이요? 목적세는 안 됩니다."

회의가 끝난 후 황종률 재무부 장관이 상기된 표정으로 다가와 따졌다.

"목적세는 재정운용에 경직성을 가져오기 때문에 예산당국이나 세정담당 부처에서 절대 배척하는 제도 아닙니까? 전직 재무장관으로서 그걸 잘 알고 있는 김 장관이 어떻게 그런 정책을 추진할 수 있습니까?"

나는 몹시 미안했으나 "방법은 그와 비슷한 것밖에 없다"고 양해를 구했다.

그러나 역시 입안과정은 쉽지 않았다.

"대체 친정집을 말아먹을 작정입니까? 목적세는 말도 꺼내지 마십시오."

기획원, 상공부 장·차관의 양해를 간신히 구했더니 이번에는 각 관계국장들이 들고 일어나 강력히 반대를 하는 것이었다. 나는 완전히 자기 업무만 생각하는 배반자로 찍혀 있었다.

'안 돼, 방법이 없어. 밀어붙이는 수밖에.'

나는 담당자들을 일일이 찾아다니며 설득했다.

협의는 난항을 거듭했고 5개월 만인 1968년 12월 18일, 간신히 합의를 볼 수 있었다.

"1969년 1월 1일부터 상공부 장관이 정하는 품목 이외의 모든 품목을 수입할 때, 수입금액의 1%를 수입허가나 수입인증시 무역협회의 특수회비로 징수한다"는 것이 합의의 골자였다. 수출진흥에 필요한 원자재 이외의 품목을 수입할 때 수입액의 1%를 징수해 수출진흥기금으로 사용한다는 내용이었다.

　이렇게 만들어진 자금은 앞서 이야기한 수출촉진 비용으로 유용하게 사용되었다. 많은 세일즈단이 외국에 파견되었고, 포장 디자인의 수준도 높이 신장되어 국제 경쟁력이 강화되었다. 각종 수출검사소 시설이 들어섰고, 전시장도 지을 수 있었다.

　이 특계자금의 징수율은 점차 낮아져 1990년에는 0.15%가 되었다가 1998년 폐지되었다. 그러나 많은 사람들의 반대를 무릅쓰고 신설한 특계자금은 우리나라 수출의 훌륭한 영양소가 되었다.

《《《18년 동안 한번도 거르지 않은 수출확대회의

　수출은 국력의 총화라는 신념을 갖고 있던 박 대통령은 재임 18년 간 매월 개최한 수출진흥확대회의를 한번도 거르지 않고 주재함으로써 수출업계의 애로를 즉시즉시 타개해 주었다.

　지방시찰 때는 기회만 있으면 수출품 생산업체를 방문·격려했는데 특히 나이 어린 기능공들의 후생복지에 많은 관심을 표했다. 또한 수출 1억 달러가 달성된 11월 30일을 '수출(무역)의 날'로 정해 매년 무역업계, 수출품 생산업계는 물론 그 종업원, 수출유관기관과 수출유공 공무원들을 포상해 수출에 대한 국민의 관심을 계속 드높였다.

　이와 같은 대통령의 진두지휘 아래 '수출입국'을 강력히 건의한 장기영 부총리는 수출의 기본 기반이 되는 시장자유화 정책을 관련업계의 크나큰 반발을 무릅쓰고 단행, 우리 수출의 지속적 발전 기반을 다졌다. 상공부 차관과 두 번이나 상공부 장관을 역임한 박충훈씨도 도합 5년 간 시종 '수출제일주의'를 내걸고 상공행정을 밀고나갔다. 이낙선, 장예준 장관도 상공행정의 중점을 수출증대에 두었다.

상공부는 상역(商易)부문과 공업부문이 합쳐진 부서다. 상역부문이 수출 증진의 주력이지만 수출할 수 있는 것을 생산하는 공업부문 또한 중요하다. 경공업의 수출특화산업 육성을 비롯해 제철·비철금속·조선·전자·석유화학·기계 등 중화학공업을 육성하느라 공업부문의 노력도 매우 컸다.

우리나라는 외국에서 그 예를 찾아볼 수 없는 20년이라는 짧은 기간에 수입대체 경공업, 수출지향적 경공업, 중화학공업, 방위산업이라는 전방위(Full Set) 공업화를 이룩해 수출증대를 뒷받침했으며 산업화의 기반을 확립했다.

이 글을 쓰고 있자니 온갖 험로를 헤쳐온 지난날들이 주마등처럼 스쳐간다. 박 대통령과 수출 현장에서 발벗고 뛴 수많은 사람들의 얼굴이 떠오르고, 그들의 커다란 육성이 지금도 귓가에 들리는 듯하다. 그 분들을 떠올리면 새삼 눈시울이 뜨거워진다.

짧은 지면 탓으로 그 분들의 생생한 이야기를 여기에 다 싣지 못함은 유감스런 일이지만 그 분들의 노고가 있었기에 오늘의 대한민국이 있었다는 점은 정말 자랑스러운 일이다. 그리고 수출과 수출지향적 공업화는 나의 전부나 다름없었다.

이제는 젊은 후배들이 그 분들의 맥을 이어 세계로 뛰어다녀야 할 때다.

김진현 | 전 과학기술처 장관

수출입국(輸出立國)은 한국혁명이었다

《《《우리나라 제조업 수출 1호는 광목

"우리 회사가 미국에 수출을 했습니다."

1958년 어느 날, 부흥부 기자실에 어떤 분이 들어와 보도자료를 돌리고 있었다. 그는 자신을 삼호방직의 상무라고 소개했다.

"수출이요? 그래 무엇을 수출했소?"

어느 기자가 비웃듯 물었다. 그도 그럴 것이 당시에 우리나라 제품을 수출한다는 것은 꿈 같은 일이었다. 미국의 원조물자를 얼마나 많이 받아 잘 쓰느냐가 초미의 관심사였던 시절에 수출이라니? 도대체 어느 누가 조악하기 짝이 없는 우리나라 제품을 수입한다는 말인가? 정말 "우리 제품을 수출했다"고 하면 지나가는 개가 웃을 정도로 제조업 경쟁력이 열악하던 때였다.

"광목입니다."

그 분은 다소 머쓱하게 말했다. 정재호씨가 운영하던 삼호방직은 우리나라 최대 방직회사였다. 면사와 광목이 주력 생산품이었다. 면 제품을 만들다 보니 방직회사 사람들은 직조에 필요한 원면의 확보에 사활을 걸고 있었고, 이를 관장하는 부흥부를 뻔질나게 드나들었던 것이다.

"어디다 수출했습니까?"

다른 기자가 퉁명스럽게 물었다.

"미국입니다."

"아니, 미국 원면을 미국 원조자금으로 수입해다 쓰는 처지에 우리 제품을 미국에 수출해요? 그 사람들이 우리 제품을 받아나준답니까? 말도 안 되는 소리 하지 마시오."

기자들은 콧방귀도 뀌지 않았다. 기자들이 면박을 주자 상무는 무안했는지 멀뚱하게 앉아 있다 슬그머니 자리에서 일어났다.

선배들의 이야기를 유심히 듣고 있던 나는 그 분을 따라나갔다. 그 때 나는 막 〈동아일보〉에 입사한 1년차 햇병아리 기자였다.

"자세히 이야기 좀 해주십시오."

무안을 당한 기색이 역력한 그는 내가 관심을 보이자, 구세주라도 만난 듯 진지하게 설명하기 시작했다.

"분명 우리는 수출을 했습니다."

그 날 내가 취재한 내용은 이랬다.

삼호방직은 분명 뉴욕에 광목을 수출했다. 그러나 수입한 사람은 정식 수입업자가 아니고 세탁업자였다. 뉴욕의 어떤 세탁업자가 여러 호텔과 계약을 맺고, 그 호텔에서 나오는 세탁물을 독점적으로 세탁해 주고 있었다. 그는 독점권을 갖는 대신에 객실 침대 시트를 무료로 제공해 주었다. 무료로 제공되는 제품이다 보니 당연히 가격이 싼 것을 찾게 되었고, 그것이 바로 삼호방직의 제품이었다. 수량은 얼마 되지 않았지만 분명 돈을 받고 외국에 내다 판 것이니 수출은 수출이라는 것이었다. 햇병아리 기자로 선배를 보조하는 처지인 나로서는 그 같은 내용을 기사로 쓸 수는 없었다.

그러나 나는 지금도 그 때의 삼호방직 광목이 우리나라 제조업 수출 1호 품목이라 생각하고 있다. 이는 당시 우리나라 제조업의 상황을 가장 극명하게 보여주는 사례다.

한국도 외화를 버시오

1958년경에는 원조계획이 일단락되고 경제안정의 조짐이 보이면서, 당시 부흥부 산하의 산업개발위원회에서 경제개발 3개년 계획을 입안하고 있었다.

당시 미국은 대한 원조의 사용실태를 점검하기 위해 매년 조사단을 파견했다. 그 때는 군사원조와 경제원조 간 구분이 모호했다. 우리나라 쪽에서는 경제원조로 구분된 것도 미국측 법률에서는 군사원조의 카테고리였다. 1960년에 이르러서야 구분이 확정되었다. 그러던 중 1959년 2월 6일 미국의 군사원조계획 조사단이 한국에 왔다. 단장은 퇴역장성인 드레이퍼씨였다. 15~20여 일 간의 조사를 마치고 한국을 떠나기 전 그는 중앙청에서 기자회견을 가졌다.

원조와 관련된 많은 질문들이 오간 끝에 드레이퍼 단장은 이런 이야기를 했다. "이제 한국은 경제부흥의 기초가 잡혔다고 생각합니다. 그리고 계속해서 원조만 바랄 수는 없으니 자립계획을 세워야 합니다. 이제 한국도 수출을 해서 외화를 벌어야 합니다."

기자회견이 끝나자 기자들 사이에서는 시끄러운 토론이 오갔다. 그가 왜 저런 말을 했느냐? 이제 미국에서 원조를 하지 않으려고 하는 것 아니냐? 그리고 다음날 각 신문에 대문짝만하게 기사가 실렸다.

"미국, 대한 원조 감축할 듯."

이 기사가 나가자 정부는 다시 벌집을 쑤신 듯 시끄러웠다. 미국에서 원조를 안 하면 당장 굶어죽을 듯이 생각하던 시절에, 이제 알아서 살아가라니? 청천벽력과 같은 내용이었다. 거듭된 확인 끝에 드레이퍼의 발언은 구체적인 미국 정부의 정책이 아니라 원론적인 내용인 것으로 확인됐지만, 이 해프닝이 당시 우리 경제의 실상이었다.

그 당시 우리 기업이 수출을 해서 외화를 번다는 것은 상상할 수도 없는 일이었다. 기껏해야 오징어·김·한천·인삼·중석·철광석 등의 1차산업 품목을 소량으로 내다 파는 처지에 수출을 해서 먹고 살라니 충격적이지 않을 수 없었다. 수출 전체가 1,500만 달러도 안 되던 때였다. 필요한 외화의 80%가 미국의 원조자금으로 충당되고 있었다.

'우리나라 제품의 수출은 불가능하다'는 인식은 일반인뿐 아니라 경제상황을 잘 안다고 하는 기자들도 마찬가지였다. 기자들 사이에서도 그런 인식이 팽배했으니 정말 '세계경제 맹인시대'에서 살았던 셈이다. 우리나라의 수출 성장을 바라보면서 드레이퍼의 발언은 지금도 귀에 쟁쟁하다.

《《《보세무역을 합시다

전택보(全澤珤). 그는 천우사(天友社)라는 무역회사를 경영하고 있었다. 전택보씨는 1930년 일본 고베고등상업학교를 졸업한 후, 1938년부터 무역 및 정미업을 자영했다. 광복 후에는 월남해 1947년 천우사를 설립했다. 1955년에는 대성목재공업(주)을 설립해 우리나라 합판 산업을 크게 일으키신 분이다. 1960년 4·19 이후에는 과도정부의 상공부 장관을 지내기도 했다.

그는 천우사를 경영하던 당시 3~4개월이면 한번씩 부흥부 기자실에 보도자료를 돌렸다. 내용은 "우리나라 경제를 부흥시키려면 보세가공무역을 해야 한다"는 것이었다. 홍콩이 조화(造花)를 만들어 수출하는데 원료와 기계는 미국 등 수출국에서 대고, 보세구역에서 여성 노동자들이 조화를 만들어 다시 원료와 기계를 댄 나라로 수출한다는 내용이었다.

이 보도자료를 읽어보고 기사를 쓰는 기자는 없었다. 경제를 바라보는 안목이 없었기 때문이다. 그럼에도 불구하고 그는 3~4개월이면 한번씩 꼬박꼬박 보도자료를 돌렸다.

5·16이 일어나고 혁명정부가 들어섰다. 이재에 밝지 않고 경제는 더더욱 몰랐던 박정희 최고회의 의장은 경제에 눈을 뜨게 됐다.

박 의장은 1961년 6월 하순, 기업인들과의 만남을 시작했다. 유원식 최고위원을 통해 김용완 경성방직 사장, 전택보 천우사 사장, 정인욱 강원산업 사장 등을 최고회의로 불렀다.

"경제를 어떻게 하면 살릴 수 있을 것인지에 대해 고견을 듣기 위해서 뵙자고 한 것입니다. 순서 없이 평소의 생각을 자연스럽게 말씀해 주십시오."

전택보 사장이 먼저 입을 열었다.

"1947년에 홍콩에 갔을 때 목격한 일입니다. 모택동군에 쫓겨 홍수처럼 밀려온 피난민들이 우글거리고 있었습니다. 물까지 수입해서 마시는 홍콩에서 수백만의 피난민들이 직장을 가지고 활기차게 살아가는 것을 보고 그 비결이 궁금했습니다. 알아보니 바로 '보세가공'을 해서 먹고살고 있더군요. 우리도 보세가공무역을 시작해야 합니다. 우리나라는 홍콩에 비교해 볼 때 유리한 여건을 가지고 있다고 생각합니다."

전택보씨가 실감 있게 설명해도 박 의장은 확실한 감을 잡지 못했다고 한다. '보세가공'이 무엇을 의미하는지 모르는 것 같았다. 박 의장은 "미안하지만 내일 또 시간을 낼 테니 다시 오셔서 설명해 주실 수 있습니까"라고 했다.

그 후 박 대통령과 전택보씨가 어떤 만남을 가졌는지는 알 수 없다. 그러나 박 대통령은 1964년 서울 구로구 구로동과 금천구 가산동 일대에 총 60만 평 규모의 산업단지를 조성했다. 이 산업단지는 부평·주안까지 확장되면서 '한강의 기적'의 주역이 됐다. 지금은 서울디지털 산업단지로 명칭이 바뀐 구로공단의 정식명칭은 '한국수출산업공업단지'였다.

  이 단지가 들어섬으로써 전택보씨가 그렇게 부르짖고 다니던 보세가공무역의 구상이 이루어진 셈이다. 그래서 지금도 전택보씨를 보세무역의 전도사라 부른다.

《《《코리안의 고동─세계로 향하는 한국, 한국인, 한국 상품

"3개월 간 해외출장을 보내주십시오. 세계로 뻗어가는 한국을 취재해 보겠습니다."

  1965년 말 경제부 차장이었던 내가 '코리안의 고동─세계로 향하는 한국, 한국인, 한국 상품'이라는 제목의 장기 해외취재계획서를 올리자 부장을 포함한 편집국 상사들은 매우 난감해했다. 예상했던 일이었기 때문에 담담했다. 그러나 나는 해외취재를 위해 노트 두 권 분량의 자료조사를 해놓았기 때문에 그 기획을 꼭 성사시켜 보고 싶었다.

  당시 우리나라 경제는 점점 시동이 걸리며 동력을 뿜어내기 시작하고 있었다. 더욱이 1964년 말 우리나라 수출이 1억 달러를 달성하며 '수출의 날'이라는 것도 제정되었으므로, 수출에 대한 국민적 인식을 확산시킬 필요가 있었다.

  나는 기회가 있을 때마다 해외취재를 역설했다. 내가 보채대자 부장은 국장에게 올렸고, 천관우 국장도 으레 안 될 거라 생각하며 결재를 올렸다. 그 때는 해외취재라는 것이 하늘에서 별따기였다. 설령 해외취재를 나간다고 해도 정부의 외교적인 행사에 기자단의 일원으

로 따라가는 것이 전부였다. 그것도 길어야 며칠이었다. 그런 형편인데 3개월 간의 장기 해외 취재계획을 올렸으니 누가 봐도 안 되는 일이었다.

그런데 보통 몇 주일씩 또는 한 달씩 걸리던 결재가 이틀 만에 이뤄졌다. '허락!' 모두 입을 쩍 벌리며 놀랐다. 그리고 김상만 부사장이 나를 불렀다. 당시 사장은 고재욱씨였다.

"김 차장! 정말 시의적절한 기획이야. 돈은 얼마가 들든지 내가 밀어줄 테니까 잘 써봐. 1930년대에 〈동아일보〉가 비슷한 기획을 했던 것이 생각나는군."

김 부사장은 나의 어깨를 꽉 잡으며 용기를 북돋워줬다.

회사에서는 어렵게 결재를 받았지만 문제는 외환관리규정이었다. 당시 정부 규정상 한 달 이상의 해외체류 경비지급은 불가능했다. 그렇다고 비싼 비행기삯을 내며 한 달마다 들어왔다, 나갔다를 반복할 수는 없었다.

결국 관계 요로에 계속 로비를 해 청와대까지 방문·설명해 특명을 받아 재무장관의 특별재가로 3개월분의 경비를 지급받을 수 있었다.

취재계획에 따라 홍콩·태국·말레이시아·싱가포르를 돌았다. 세계 무대에서 활동하는 한국인과 한국 상품을 르포 형식의 기사로 써서 사진과 함께 회사로 보냈다. 송고는 지금처럼 정보통신이 발달하지 않았기 때문에 텔렉스와 국제우편을 이용했다.

기사가 나가자 아주 반응이 좋다는 소식이 들려왔다. 용기를 얻은 나는 동남아 취재를 끝내고 인도·이란·레바논 등의 중동지역을 거쳐 이집트·우간다·케냐 등 아프리카를 돌며 그 곳에 진출한 면직물업체, 의사, 태권도 교관 등 한국인의 활동상을 그려나갔다.

많은 나라를 취재하다 보니 예정된 3개월이 훌쩍 지나갔다. 회사에서는 연재 계속의 방침을 세우고 다시 3개월 추가 취재명령을 내렸다.

유럽으로 건너가 이탈리아·스위스·프랑스·네덜란드·독일·영국을 돌아 스웨덴까지 갔다. 6개월 동안 20여 개국을 취재하며 세계 속의 한국을 생생히 보도했다.

특집기사는 대성공이었다. 독자들의 성원이 답지했고, 어렵게 취재허가를 내준 정부에서도 대만족이었다. 〈동아일보〉의 앞선 기획을 보게 된 다른 신문사들은 혀를 내둘렀다.

취재를 마치고 귀국해 보니 나는 유명인이 되어 있었다. 정부에서는 훈장을 준다고 했다. 나는 극구 사양했다. 그래서 국익신장에 기여한 공로로 〈동아일보〉가 훈장을 받고, 나는 수출에 기여한 공로로 표창장을 받았다.

당시 6개월 간의 해외취재 기간 동안 나는 뻗어나가는 한국인의 역동성을 몸으로 체험할 수 있었다. 그 때 세계 속에 한국이라는 씨앗을 어렵게 심기 시작한 한국인들은 진정한 개척자들이었다. 한국 언론에 '세계에 진출한 한국'이라는 보도 장르를 최초로 개척한 보람을 느꼈고, 지금도 그것을 자랑스럽게 생각한다.

이를 계기로 나는 1960년대 말부터 상공부 수출아이디어 심사위원회 위원, 무역협회 무역진흥위원회 위원, KOTRA 자문위원을 10년 넘게 역임했고, 1975년인가, 76년인가에는 〈동아일보〉 논설위원으로 무역협회에서 파견하는 중동무역사절단 부단장으로 사우디아라비아·바레인·쿠웨이트를 순방한 적도 있다.

프랑스에는 인간의 자유를 천명한 프랑스혁명이 있다. 영국에는 근대 산업사회를 열게 한 산업혁명이 있다. 미국에는 근대 대중민주주의를 표방한 미국혁명이 있다. 그렇다면 우리나라에는 어떤 혁명이 있는가? 동학혁명, 4·19 의거, 5·16 쿠데타 등이 혁명인가? 물론 역사가들의 평가는 다를 것이다.

나는 우리나라의 수출 드라이브 정책이야말로 본래적인 성격의 경제혁명이라고 생각한다. 우리나라의 모든 체제를 바꿔버린 '수출입국(輸出立國)'은 진정한 의미의 '한국혁명'으로 평가받아야 할 것이다.

●
대한민국을 세일즈하라
●

지은이 / 한국무역협회
펴낸이 / 김경태
펴낸곳 / 한국경제신문 한경BP
등록 / 제 2-315(1967. 5. 15)
제1판 1쇄 인쇄 / 2004년 3월 1일
제1판 1쇄 발행 / 2004년 3월 5일
주소 / 서울특별시 중구 중림동 441
홈페이지 / http://bp.hankyung.com
전자우편 / bp@hankyung.com
기획출판팀 / 3604-553~6
영업마케팅팀 / 3604-561~2, 595
FAX / 3604-599

●

파본이나 잘못된 책은 바꿔 드립니다.
ISBN 89-475-2470-0

●

값 11,000원